SUSANNE GARSOFFKY
BRITTA SEMBACH

DIE KÜMMERFALLE

SUSANNE GARSOFFKY
BRITTA SEMBACH

DIE KÜMMER-FALLE

KINDER, EHE, PFLEGE, RENTE – WIE DIE POLITIK FRAUEN SEIT JAHRZEHNTEN VERRÄT

Deutsche Verlags-Anstalt

Sollte diese Publikation Links auf Webseiten Dritter enthalten, so übernehmen wir für deren Inhalte keine Haftung, da wir uns diese nicht zu eigen machen, sondern lediglich auf deren Stand zum Zeitpunkt der Erstveröffentlichung verweisen.

Viele Frauen und Männer haben uns für dieses Buch ihre Geschichten erzählt. Wir haben ihre Namen und Lebensumstände geändert. Ihre Geschichten sind jedoch wahr und die Zitate authentisch. Wir haben bewusst auf Gendersternchen oder Ähnliches verzichtet, verwenden aber immer wieder zusätzlich zu den männlichen Formen das generische Femininum.

MIX
Papier aus verantwortungsvollen Quellen
FSC® C083411

Klimaneutral*
Druckprodukt
ClimatePartner.com/14044-1912-1001

Penguin Random House Verlagsgruppe FSC® N001967

1. Auflage

in der Penguin Random House Verlagsgruppe GmbH,
Neumarkter Str. 28, 81673 München
Umschlaggestaltung: total italic/Thierry Wijnberg
Satz: KCFG – Medienagentur, Neuss
Druck und Bindung: CPI books GmbH
Printed in Germany
ISBN 978-3-421-04872-1

www.dva.de

INHALT

EINLEITUNG

Um es gleich vorwegzuschicken: Wir haben die Nase voll. Gestrichen voll, um genau zu sein. Damit jetzt kein Zweifel aufkommt: Wir sind deshalb nicht verzagt oder kleinlaut, wir sind wütend. Wir fühlen uns im Stich gelassen, verraten und verkauft. Und wir haben jeden Grund dazu. Warum das so ist? Weil wir alles geleistet haben, was Frauen im 21. Jahrhundert aus Sicht der politisch Verantwortlichen zu leisten haben. Wir haben sämtliche uns angebotene Chancen ergriffen, gewissenhaft Ausbildungen absolviert und Studiengänge abgeschlossen. Wir arbeiten in aufreibenden Berufen und zahlen dafür in einem nicht unerheblichen Maße Steuern und Sozialbeiträge. Damit nicht genug, haben wir auch noch die durchschnittliche Geburtenrate unseres Jahrgangs übererfüllt und je zwei Kinder geboren, die wir mit vollem Einsatz zu halbwegs zufriedenen Menschen zu erziehen versuchen. Und zwischendurch führen (oder führten) wir mehr oder weniger glückliche Ehen, füllen Kühlschränke, denken an Arzttermine, kochen Mittagessen und/oder Abendbrot und kümmern uns um unsere Eltern. Dafür hätten wir und alle anderen Frauen, die ihre Leben Tag für Tag, Jahr für Jahr so oder so ähnlich leben, mindestens die Zusicherung einer auskömmlichen Rente, wenn nicht gleich einen Lebensleistungsbonus in sechsstelliger Höhe verdient.

Frauen wie wir, Mitte vierzig bis Ende fünfzig, lachen schon an dieser Stelle laut auf. Wir müssen nicht erst unsere Rentenbescheide öffnen, um zu wissen, wo wir stehen. Die Quadratur des Kreises ist den meisten von uns nicht gelungen. Wir haben Familie und Beruf nur in einer Teilzeitstelle miteinander vereinbaren können, dafür auf Gehalt und Karrierechancen verzichtet und damit natürlich auch auf einen auskömmlichen Rentenanspruch im Alter. Dieser Spagat hat uns oft ans Ende unserer Kräfte und unsere Ehen an den Rand der Belastbarkeit getrieben, bei vielen ist nur noch ein Trümmerfeld übrig. Wer sich in der Lebensmitte trennte, dem brach auch noch der letzte Rest partnerschaftlicher Unterstützung weg, und vielen, auch uns, wird erst jetzt bewusst, dass das aktuelle neue Unterhaltsrecht uns keinerlei Schutz bietet. Willkommen in der Kümmerfalle.

Dies ist vielleicht unser persönlichstes Buch. Eine von uns hat eine schwierige und schmerzhafte Scheidung nach einer langen Ehe hinter sich, immerhin aber hat sie die meiste Zeit ihres Berufslebens fest angestellt und fast immer in Vollzeit gearbeitet. Die andere hat als Zuverdienerin und Freiberuflerin einen, zumindest was die eigenständige finanzielle Absicherung angeht, unsicheren Platz in ihrer langjährigen Beziehung. Allerdings hat sie einen Partner an ihrer Seite, der Ehe ganz selbstverständlich als eine Wirtschaftsgemeinschaft sieht, sein verdientes Geld als gemeinsames Einkommen betrachtet und sich ihrer enormen Leistungen als die Kümmernde bewusst ist.

Wären wir Soziologinnen, würden wir wahrscheinlich sagen: Jede Einzelne von uns wird zu einem Symbol für das Ganze. Und das bei aller Einzigartigkeit jeder individuellen Geschichte. Wir werden in diesem Buch einige solcher Geschichten erzählen, und es ist sicher kein Zufall, wenn Ihnen das ein oder andere Detail vertraut vorkommt. Leider ähneln sich die Geschichten trotz der persönlichen Besonderheiten oft. Vor allem dann, wenn es unschön wird.

Das hat viel mit der ungleichen Verteilung von Sorgearbeit in Partnerschaften zu tun. Denn es sind immer noch wir Frauen, die den Löwenanteil an unbezahlter Arbeit in der Familie leisten. Wir wissen ganz genau, dass wir das eigentlich nicht tun sollten. Die politischen Signale, sogar die entsprechenden Gesetze, sind eindeutig. Seit Jahrzehnten wird uns um die Ohren gehauen, dass wir auf keinen Fall Zeit in Haus- und Sorgearbeit, dafür aber viel Zeit in Ausbildung, Beruf und Erfolg stecken sollen. Wir wissen das – und tun dennoch Letzteres viel mehr als Ersteres.

In diesem Buch wollen wir hinschauen, warum das trotz des wachsenden politischen Drucks und des Wissens um die drohende Altersarmut immer noch so ist. Eine Erklärung ist: Weil es diese Arbeit nun einmal gibt. Weil Kinder großgezogen, alte Menschen gepflegt und Haushalte geführt werden müssen. Und zwar 24 Stunden am Tag, sieben Tage die Woche. Da kommt kein Dienstleister mit. Väter oder Söhne schon eher, aber bei ihnen ist trotz anderslautender Bekundungen kein messbarer Verhaltensunterschied zu sehen, wir werden später darauf zurückkommen. Die Arbeit ist da, wir machen sie und werden dabei alleingelassen.

Von unseren Liebsten, von unseren Arbeitgebern, und ja, leider auch von diesem Staat. Eines muss dabei klar sein: Wir übernehmen diese Sorgearbeit nicht nur aus

Nachgiebigkeit oder mangelndem Kampfgeist, sondern auch, weil wir es wollen. Weil die Menschen, um die es dabei geht, uns am Herzen liegen. Wir übernehmen Verantwortung für Aufgaben, ohne die ein Miteinander undenkbar ist. Wir geben zu: Auch wir haben über 20 Jahre, zwei Kinder und zwei Bücher dafür gebraucht, um zu erkennen, in welche Falle wir getappt sind. Denn das ist ja das tückische an Fallen: Sie sind gut getarnt, im Unterholz versteckt, sie schnappen erst zu, wenn es zu spät ist.

Wir haben zu gerne dem Märchen geglaubt, dass diese Arbeit, die wir plötzlich mit der Familiengründung im Übermaß tun mussten, nicht wichtig und mit Leichtigkeit zu bewältigen oder abzugeben sei. Wir sind dem Ruf nach unserer eigenen Emanzipation gerne gefolgt, wir wollten in unseren Berufen bestehen und erfolgreich sein, irgendwann auch Familie haben, und haben erst sehr spät gemerkt, dass wir plötzlich zwei Jobs hatten: Unseren eigentlichen und den einer Hauswirtschafterin. Auf Letzteren hatte uns aber niemand vorbereitet, es hatte uns niemand gewarnt. Wie sollte man auch: Denn diese Arbeit gibt es als Arbeit bis heute offiziell nicht. Sie wurde mit der Industrialisierung ins Private verschoben, als Zeitvertreib geringgeschätzt – und damit dem Individuum überlassen. Sie verschwand so aus der öffentlichen Sichtbarkeit und dem Diskurs. Einziges Problem: Sie musste immer noch erledigt werden, denn sie war ja de facto noch da. Das war so lange zu bewältigen, solange Partnerschaften so funktionierten, dass einer (fast immer der Mann) das Geld verdiente und eine (fast immer die Frau) sich um den Rest kümmerte.

Spätestens seitdem der Anspruch an Frauen, am besten immerzu und ununterbrochen vollerwerbstätig zu sein, eindeutig formuliert wurde, brach dieses Konstrukt zusammen. Noch einmal: Die Arbeit war immer noch da. Was dann passierte, haben wir in der *Alles ist möglich-Lüge* schon detailliert beschrieben:

Wir haben als junge Mütter verzweifelt versucht, es irgendwie hinzukriegen. Jede neu gegründete Familie nach uns steht seither vor demselben Problem. Und alle denken, wie wir damals auch, sie seien ganz allein dafür verantwortlich, wenn es nicht klappt. Auch deshalb sind wir entsetzt: Weil sich, wenn überhaupt, Grundlegendes nur im Zeitlupentempo verändert, Verbesserungen – vor allem für Frauen und Kinder – nur in homöopathischer Dosis verabreicht werden. Die Einführung einer Kindergrundsicherung, einer finanziellen Unterstützung haushaltsnaher Dienstleistungen, wie sie die neue Bundesregierung jetzt plant, sind begrüßenswert, aber waren eigentlich schon vor mindestens einem Jahrzehnt fällig.

Und es ist noch lange nicht genug. Denn nach wie vor ist vor allem die Existenz von Müttern bedroht, wenn Ehen scheitern und sie im Beruf schlecht bezahlt mit verringerter Stundenzahl arbeiten.

Jede Häme an dieser Stelle ist unangebracht, ja eine Frechheit. Und wahnsinnig ungerecht. Denn: Wir sind nicht feige. Wir sind nicht dumm oder unbegabt, nicht bequem und auch keine Schattenfrauen. Wir sind Mütter und Töchter und Ehefrauen. Wir lieben unsere Kinder und haben sie trotz aller Schwierigkeiten großgezogen. Egal, welches Verhältnis wir zu unseren Eltern haben – wir kümmern uns jetzt im Alter um sie.

Wir alle haben viel in unsere Beziehungen gesteckt. Viel Kraft, viel Zeit, viel Liebe und viel Aufmerksamkeit. Das haben wir gerne getan und meist ohne darüber nachzudenken, was wir am Ende dafür bekommen. Jetzt aber, in der Mitte unseres Lebens, kommt etwas auf uns zu, womit wir nicht gerechnet haben: Wir erhalten die Quittung dafür, wie wir unser Leben und unsere Beziehungen führen. In der Mitte unseres Lebens wird abgerechnet. Unsere Kinder gehen aus dem Haus, ohne sich umzudrehen, viele unserer Männer haben uns betrogen, verlassen und feilschen mit uns seit Jahren um Kindesunterhalt und die Aufteilung unserer Ersparnisse, oft genug ziehen sie uns dabei gnadenlos über den Tisch – und der Gedanke an unser Leben im Alter erfüllt uns mit Furcht.

Aber statt Unterstützung ernten wir Spott. Wir lesen, dass wir uns besser um unsere Altersvorsorge statt um unsere Kinder hätten kümmern sollen. Dass wir selbst schuld seien, wenn uns die Vereinbarkeit nicht gelungen ist und unsere Männer uns als erschöpfte Teilzeitarbeiterinnen nicht mehr sonderlich attraktiv und spannend finden.

Dies ist ein Buch von und für Frauen in der Lebensmitte. Und für junge Frauen, die alle diese Erfahrungen noch machen müssen. Die ihre Partnerschaften mit Streitereien belasten müssen, wer wann das Klo putzt und das Erbrochene der lieben Kleinen aufwischt. Es ist ein Buch für Frauen, die sich allen Anforderungen gestellt, mit den damit verbundenen Schwierigkeiten gekämpft und viele davon souverän gemeistert haben. Frauen, die dachten, sie hätten es endlich geschafft. Nun müssen sie und wir erkennen: Wir haben viel geleistet, auf allen Ebenen, beruflich wie privat – und stehen trotzdem im Regen.

Unsere Renten sind halb so hoch wie die der Männer, das Gesetz schützt uns im Falle einer Scheidung seit der Reform des Unterhaltsrechts 2008 bewusst nicht mehr, und wir erleben um uns herum eine Altersdiskriminierung, gerade in der Wirtschaft, die wir nie für möglich gehalten hätten. Zu einem Zeitpunkt, an dem wir genau das Gegenteil davon bräuchten: Anerkennung und Unterstützung für einen Neustart; Möglichkeiten, noch einmal richtig loszulegen. Vom Ideal einer On-Off-Biografie, das wir in unserem Buch *Die Alles ist möglich-Lüge* beschrieben haben, einem sozial abgesicherten Wechsel zwischen Phasen intensiver Berufstätigkeit und intensiver Sorgearbeit, sind wir weit entfernt.

Dass umfassende Berufstätigkeit für Frauen heute selbstverständlich ist, müssen wir hier nicht erwähnen. Keinesfalls selbstverständlich ist aber, dass Frauen immer noch einen Großteil der Beziehungs- und Care-Arbeit[1] leisten. Obwohl klar ist, dass diese Arbeit weder bezahlt noch wertgeschätzt noch unterstützt wird. Warum, um Himmels willen, tun sie das? Wo bleibt der landesweite Aufstand von Frauen? Warum hören wir nicht einfach auf, uns zu kümmern, und überlassen die Kinder, Alten und Kranken sich selbst?

Die Beantwortung dieser Fragen ist komplexer, als man auf den ersten Blick meinen mag. Natürlich können wir historische und soziokulturelle Gründe dafür anführen. Gängige Argumente sind, wir seien halt so erzogen worden, wir übernähmen mehr oder weniger unreflektiert tradierte Rollen, wir folgten einem übersteigerten Frauen- und Mütterbild. Besonders interessant daran ist: Selbst Frauen, die anders erzogen wurden, die bewusst tradierte Rollenbilder ablehnen, die in vermeintlich gleichberechtigten Partnerschaften leben, finden sich irgendwann in der Kümmerfalle wieder.

Mittlerweile müsste aber allen klar sein, welches Risiko das Sorgen für andere birgt. Sich um andere zu kümmern, ist in einer Gesellschaft, in der die Existenz fast ausschließlich vom eigenen Erwerb abhängt, nahezu lebensgefährlich. Also noch einmal: Warum übernehmen Frauen immer noch neben der Erwerbsarbeit den Löwenanteil der Fürsorgearbeit, was läuft da schief?

Es gibt gute Gründe dafür. Sie liegen jenseits von Konventionen, Erziehung und historischen Rollenbildern. Wir werden sie in diesem Buch vorstellen und diskutieren. Eines vorweg: Uns haben diese Erkenntnisse entlastet und neue Perspektiven eröffnet. Wir müssen uns nicht schuldig oder falsch fühlen, wenn wir Hausaufgabenbetreuung für sinnvoll erachten, drei Mal in der Woche den Haushalt der Schwiegermutter schmeißen oder im Lockdown plötzlich jeden Mittag wie selbstverständlich für alle das Essen auf den Tisch stellen. Im Gegenteil: Es ist unsere Stärke, dass wir das tun, und es ist eine Qualität, die allen zugutekommt. Und für die wir uns nie mehr rechtfertigen wollen.

Gleichzeitig aber macht Kümmern enorm verletzlich. Weil es abhängig macht. Der Umkehrschluss kann aber nicht sein, dass wir uns deshalb nicht mehr kümmern. Stattdessen müssen wir das Kümmern aufwerten. Initiativen dafür gibt es genug und seit Jahren – passiert ist nichts. Und wir müssen Erwerb neu denken. Wie kann es sein, dass Erwerbsarbeit immer noch nach männlichen Spielregeln abläuft? Höher, schneller, weiter statt weniger, intensiver und nachhaltiger? Die Rufe nach einer Familienarbeitszeit von 30 Stunden schallen seit Jahren ungehört durch die Republik. Wie kann es sein, dass der Druck auf Wirtschaft und Politik offenbar immer noch nicht hoch genug ist, um Arbeit und vor allem Arbeitszeit, Zeitregime überhaupt, anders zu denken und zu strukturieren?

Wir haben unsere Leben genug optimiert und angepasst.

Dass wir jetzt trotzdem in der Kümmerfalle sitzen, ist nicht unsere individuelle Schuld, es ist strukturelles Versagen. Auch deshalb greift allein der Ruf nach mehr Beteiligung der Männer an der Sorgearbeit viel zu kurz. Das kann keine Lösung sein für den Konflikt zwischen Sorge- und Erwerbsarbeit. Warum das so ist, werden wir in den folgenden Kapiteln ausführlich erläutern.

Dieses Buch ist ein Plädoyer für mehr Zusammenhalt und für einen Blick auf Frauenleben aus allen Generationen, so unterschiedlich sie auch sein mögen. Und eine politische Aufforderung zum Aufruhr. Denn wir können etwas ändern. Wir sind viele. Wir sind die Frauen der Babyboomer-Generation, eine Generation Frauen, für die es selbstverständlich ist, den Mund aufzumachen. Wir können sicher sein: Wenn wir zusammenhalten, wenn wir Gerechtigkeit fordern, wenn wir laut sind, wird man uns hören. Vielleicht haben wir gerade jetzt – weil die Pandemie ein Schlaglicht auf vieles vorher Unsichtbares geworfen hat – die Chance zu einer Veränderung, von der nicht nur wir, sondern auch unsere Söhne und Töchter profitieren können.

Frauen werden noch immer nicht genug gehört und gesehen. Dabei ist jedes Frauenleben immer zutiefst politisch. Weil ihre Entscheidungen unsere Gesellschaft gestalten, prägen und verändern. Frauen wirken durch ihre Art, Beziehungen zu führen, ihre Möglichkeit, Kinder zu bekommen und sie von Anfang an zu prägen, tief in die Gesellschaft hinein.

Wie tief, das zeigt exemplarisch die Situation in den neuen Bundesländern. Dort hat schon vor Jahrzehnten, gleich nach dem Mauerfall, eine Entwicklung eingesetzt, deren Folgen vollkommen unterschätzt wurden: Frauen verließen ländliche Regionen und suchten ihr Glück woanders. Gut ausgebildete, junge Frauen, die ihr Leben in die Hand nehmen und nicht in strukturschwachen Räumen versauern wollten. Das hatte gravierende Folgen. Frauen, die nicht mehr da sind, feiern keine Kindergeburtstage, backen keine Muffins für Schulfeste, pflegen keine Mütter oder Schwiegereltern und spülen kein Geschirr nach dem Grillabend im Verein. Männer haben diese Rollen nicht übernommen. Im Gegenteil, wie eine Studie des Berliner Instituts für Bevölkerung und Entwicklung zeigt: Sie trauten sich nicht, etwas Neues zu wagen, waren unbeweglich, vereinsamten und wurden entweder depressiv oder aggressiv.[2]

Frauen sind für den Zusammenhalt unerlässlich. Unsere Art, Beziehungen zu pflegen und in Bindungen zu investieren, ist ein konstituierendes Moment unserer Gesellschaft. Das liegt auf der Hand und ist erforscht. Trotzdem werden diese Qualitäten nicht wertgeschätzt, geschweige denn abgesichert. Wie kann das sein?

Dieses Buch ist eine Fortschreibung unserer Kampfschrift *Die Alles ist möglich-Lüge.* Und weil wir immer wieder junge Frauen treffen, die uns auch heute noch sagen – übrigens genau wie wir damals in unseren Zwanzigern – »Frauenbewegung brauchen wir nicht mehr. Wir sind emanzipiert und gleichberechtigt genug«, ist es auch ein Buch, das auf den Nachttischen der Töchter, Schwiegertöchter und Enkelinnen landen sollte. Weil wir doch irgendwann mal anfangen müssen, aus der Geschichte, ja aus dem, was gerade vor unserer Nase passiert, zu lernen und nicht immer dieselben Fehler zu machen.

Die aktuelle gesellschaftliche Debatte um die drohende Altersarmut von Frauen macht deutlich, wie brisant dieses

Thema ist. Alle Frauen, die wir dazu interviewt haben, vor allem diejenigen, deren Ehen relativ spät im Leben gescheitert sind – im Übrigen ein eher neuer und politisch nicht zu vernachlässigender Trend –, haben davor Angst. Aus guten Gründen. Es bedarf einer gesellschaftlichen Diskussion darüber, wie es so weit kommen konnte, wie man gegensteuern kann und wie die Verantwortung wieder bei den Richtigen ankommt. Denn Frauen sind mitnichten selbst schuld an dieser Situation. Wir sind auch nicht zu blöd, die negativen Folgen unserer privaten Entscheidungen einzuschätzen. Wir treffen sie aber dennoch. Aus zutiefst menschlichen Gründen.

Aus dieser Beziehungsarbeit entstehen vor allem für Frauen existenzielle Probleme – das darf in einer Gesellschaft, die sich Gleichstellung und Gleichberechtigung auf die Fahnen geschrieben hat, nicht sein. Die einzige Antwort, die man darauf derzeit hört, lautet sinngemäß: Lebe halt wie ein Mann, dann bist du sicher. Aber das ist zu wenig und zu kurz gedacht. Fakt bleibt: Wir zahlen jetzt, ab 50, die Zeche für die Fehler der Politik vor allem im Bereich Fürsorgearbeit und Familienpolitik der vergangenen 25 Jahre.

Zur kaum entrinnbaren Falle wird das Ganze, wenn die Ehe scheitert und der Partner, auf den man sich verlassen hatte, nichts anderes im Sinn hat, als schnell viel Geld zur Seite zu schaffen. Bitter wird es, wenn man merkt, dass es keinerlei Solidarität mehr gibt mit der Mutter seiner Kinder. Der Unwille zur nachehelichen Solidarität ist in Deutschland, so Experten im Zweiten Gleichstellungsbericht für die Bundesregierung, besonders groß (siehe Kapitel 3). Und nicht einmal mehr das Gesetz schützt Frauen vor dem Sturz ins Bodenlose. Frauen, die einen großen

Teil ihres Lebens damit verbracht haben, dem Mann eine gute Berufstätigkeit zu ermöglichen, indem sie neben ihren eigenen Jobs weitgehend hauptverantwortlich waren für die Kinder, den Haushalt und die sozialen Kontakte.

Wenn man sich die gesellschaftliche Realität in Deutschland ansieht, erkennt man sehr schnell, dass unser sozialpolitischer Rahmen nicht in der Gegenwart angekommen ist. Wir schleppen einen Regel- und Werteballast mit uns herum, der aus einer anderen Zeit stammt. Wir stülpen ihn jungen Familien über, die anders leben wollen, und wundern uns, dass das nicht zusammenpasst. Dennoch versuchen alle, sich durchzuwurschteln und individuelle Lösungen für die strukturellen Probleme zu finden.[3] Der Vollständigkeit halber zählen wir hier die schlimmsten Stolpersteine auf dem Weg in eine moderne, gleichberechtigte Gesellschaft noch einmal kurz auf:

- Altersarmut ist weiblich. Im Durchschnitt erhalten Frauen in Deutschland 45 Prozent weniger Rente als Männer. Damit belegt Deutschland neben Luxemburg den unrühmlichen Spitzenplatz in Europa.
- Das Steuerrecht unterstützt immer noch Alleinverdiener-Ehen. Es setzt starke Anreize, damit die sich kümmernde Person beruflich enorm zurücksteckt, dabei aber keine eigene Altersvorsorge aufbaut. Bleibt abzuwarten, wie die geplante Reform des Ehegattensplittings der Ampelkoalition ausformuliert und angewandt wird. Das Grundproblem bleibt aber: Die Sorgearbeit und ihre Absicherung werden nicht thematisiert.
- Wenn die Ehen scheitern, bestraft das Scheidungsrecht Fürsorge sogar regelrecht. Wie diese gravierende Ungerechtigkeit beseitigt werden kann, dafür gibt es zurzeit

noch gar keine Ideen. Altersarmut bleibt ein Schreckgespenst, weil Care-Arbeit nirgends anerkannt wird. Nicht mal vom eigenen Mann und Vater der Kinder, der davon enorm profitiert hat. Und im Fall einer Trennung relativ unbeschadet vom Hof reitet, während Frauen existenziell bedroht sind.

- Die Vereinbarkeit ist eine Lüge. Der Spagat zwischen Familie und Beruf war und ist nicht zu schaffen. Wenn die Kinder aus dem Haus sind, wird uns klar, welchen Preis wir für eine falsche Arbeits- und Sozialpolitik zahlen, weil es immer noch keine Wiedereinstiegsprogramme und keine späten Karrieren gibt.
- Der »neue« Mann ist ein Mythos oder zumindest ein relativ seltenes Exemplar. Zur Lösung sämtlicher Probleme wird er gerne herbeigewünscht oder auch mal herbeigeredet, allein: Es stimmt nicht, dass Männer nur darauf warten, endlich regelmäßig den Wasserkocher entkalken zu dürfen. Es ist ein Märchen, dass er nur von schlechten politischen Rahmenbedingungen, der fehlenden Toleranz in Unternehmen oder der eigenen Partnerin davon abgehalten wird. Selbstverständlich gibt es fürsorgliche Männer, die – wie die meisten Frauen zusätzlich zu ihrem Job – ihre Kinder gerne erziehen, den Haushalt schmeißen, alle Arzttermine im Blick haben und die Geschenke für den nächsten Kindergeburtstag kaufen. Aber ihre Anzahl ist immer noch beschämend gering. Männer verbringen durchschnittlich nur halb so viel Zeit mit Fürsorgearbeit wie Frauen. Noch skandalöser ist der Anteil bei Familien mit betreuungspflichtigen Kindern. Da liegt der Unterschied aktuell bei 83,3 Prozent![4]
- Pflege ist immer noch meistens Privatsache, sie wird zu

Hause geleistet und vor allem von Frauen. Fast 75 Prozent aller alten Menschen werden zu Hause gepflegt.[5] Davon mehr als zwei Drittel von ihren Angehörigen, in der Mehrzahl von Töchtern und Schwiegertöchtern zwischen 45 und 60, also von uns. Kaum sind die Kinder aus dem Haus, droht uns also das nächste Vereinbarkeitsproblem. Wieder keine Zeit und Kraft für eine Vollzeitstelle, wieder ein Ausfall in der Rentenkasse. Wir zahlen die Zeche für eine verfehlte Pflege- und Gesundheitspolitik.

- Wir sind die erste Frauengeneration, die mit dem Gedanken aufgewachsen ist, wir könnten alles genauso gut wie Männer, uns stehe die Hälfte von allem zu und Gleichberechtigung sei selbstverständlich. Wir haben den Feminismus der dritten Welle nicht für notwendig gehalten, weil wir davon ausgegangen waren, dass wir längst auf Augenhöhe mit Männern sind. Wir hatten das Selbstbewusstsein der gut ausgebildeten jungen Frauen, die auch heute wieder sagen: »So etwas kann und wird mir nicht passieren«, wenn uns erfahrenere Frauen vor den Fallstricken gewarnt haben. Was wir uns – auch schon vor über 20 Jahren! – überhaupt nicht vorstellen konnten: Haben wir Beziehungen und übernehmen Verantwortung für andere, werden etwa Mutter, ist es schneller mit der Gleichberechtigung vorbei, als wir gucken können. Und das nicht, weil wir nicht wollen oder nicht leistungsbereit sind. Wir haben versucht, unsere Leben individuell zu optimieren. Aber niemand hat sich bisher erfolgreich politisch dafür eingesetzt, die Weichen für ein gleichberechtigtes Leben auch in den Familien und am Arbeitsplatz zu stellen. Elterngeld hin und Kitaausbau her. Fürsorgearbeit ist nach wie vor nicht abgesichert und führt im schlimmsten Fall zu einem prekären Leben.

Alle diese Zumutungen wollen wir nicht länger hinnehmen. Wir wollen auch, dass die Generationen nach uns nicht immer wieder dasselbe erleben und erfahren und letztlich an den Strukturen scheitern müssen. Und: Wir haben keine Lust mehr, für das bestraft zu werden, was eine Gesellschaft dringend braucht und was viele von uns tatsächlich verantwortungsbewusst und mit Leidenschaft tun. Wir fordern eine echte Gleichstellungspolitik, in der alle Rahmenbedingungen auf ihre Konsequenzen für Frauen hin überprüft werden. Und eine Sozialpolitik, die Fürsorge für andere endlich anerkennt und absichert!

1

DIE SCHEIDUNGSFALLE

WER SICH SPÄTER TRENNT, WIRD FRÜHER ARM

Ausgerechnet an Ostern. Warum musste es ausgerechnet an den Feiertagen sein? Andreas hatte noch vor ein paar Tagen mit ihr und den Kindern Eier gefärbt und am Vorabend bei einem Glas Wein die Geschenke für die Kinder eingepackt. Sicher, die Spannungen zwischen ihnen beiden waren schon länger spürbar gewesen. Eine gewisse Lieblosigkeit hatte sich eingeschlichen, und auch nachdem sie das Schlafzimmer blutrot gestrichen hatte, war die Intensität ihrer Liebe nicht proportional zur Wandfarbe gestiegen. Und ja, sie hatten schon länger nebeneinanderher gelebt, er voll absorbiert in seinem Führungsjob und sie beschäftigt mit den Kindern und ihrer Teilzeitstelle in einem Kindergarten. Trotzdem war es ein Schock, als er am Ostermontag verkündete: »Ich ziehe aus. Ich bin schon seit letztem Sommer in Sabine verliebt. Ich dachte, wir könnten hier noch etwas retten, aber ich habe mich entschieden. Ich will mit ihr zusammenleben.«

Ausgerechnet Ostern also und ausgerechnet Sabine!

Eine ihrer besten Freundinnen, wie sie bis vor wenigen Minuten noch dachte. Brigitte blieb die Luft weg. Plötzlich fühlte sich alles sinnlos an. Der ewige Kampf, dieser Beziehung mehr Leben einzuhauchen. Mit dem Mann, der nur ungern über Gefühle sprach, geschweige denn zeigte. Der unwirsch mit den Kindern war und oft hart gegen sich und andere. Der irgendwie abgetrennt wirkte von seinen Gefühlen. Und der nun plötzlich in einem emotionalen Aufruhr zu sein schien, den sie all die Jahre nie zu sehen und zu spüren bekommen hatte.

Brigitte, die in Wirklichkeit anders heißt, ist Mitte 40, als Andreas geht – und mittendrin in der Kümmerfalle. Ihr wird schlagartig klar, dass sie einen hohen Preis bezahlen wird dafür, dass sie gut 15 Jahre lang wesentlich mehr Zeit für die Familie aufgewendet hat als er. Sie ist eine von unzähligen Frauen in der Lebensmitte, die in diesem Alter vor die Aufgabe gestellt werden, noch einmal ganz von vorne anzufangen. Und die neben dem emotionalen Chaos und all den praktischen Problemen, die so eine Trennung in der Lebensmitte mit sich bringt, auch vor großen finanziellen Schwierigkeiten steht. Denn während sie in ihrem sozialen Beruf – zwar immer in Teilzeit – weitergearbeitet hat, bekommt sie ein lächerlich kleines Gehalt im Vergleich zu ihm, der in einer großen Institution eine klassische Karriere gemacht hat.

SPÄTE TRENNUNG: EIN TREND

Mit ihrer Trennung im mittleren Alter ist sie Teil eines Phänomens, das längst auch wissenschaftlich erforscht wird. Allerdings begreift man hierzulande erst langsam, was da auf uns zukommt mit dem Trend zur späten Trennung. Denn während die Scheidungszahlen in Deutschland insgesamt sogar rückläufig sind, stieg das Alter, in dem Menschen sich scheiden lassen, in den vergangenen Jahren stetig.

Waren Frauen etwa im Jahr 2007 noch durchschnittliche 40,9 Jahre alt, wenn ihre Ehe auseinanderging, lag das Alter 2019 schon bei 44,4 Jahren. Und das liegt nicht nur daran, dass im selben Zeitraum die Ehen später geschlossen wurden. Mit Erstaunen hat die Schweizer Psychologin Pasqualina Perrig-Chiello festgestellt, dass sowohl die öffentliche Diskussion als auch die Forschung sich hierzulande immer noch hauptsächlich mit Scheidungen jüngerer Paare mit oft kleinen Kindern beschäftigen. Dabei betreffen die meisten Scheidungen die Altersgruppe der 45- bis 50-Jährigen. Weil auch sie Antworten auf die drängenden Fragen suchte, die in der Lebensmitte oft ganz anders aussehen als in jüngeren Jahren, machte sie eine Studie dazu.[1]

Auch Jocelyn Elise Crowley beschreibt in ihrem Buch zu späten Trennungen die massiven Auswirkungen dieses Phänomens. Mehrere Fragen drängen sich in diesem Zusammenhang auf:

- Was bedeuten die späten Trennungen für eine alternde Gesellschaft?
- Sind die Auswirkungen für Männer und Frauen die gleichen? Wenn nein: Wie unterscheiden sie sich? Und:
- Haben Männer und Frauen ähnliche Nach-Scheidungs-Leben im mittleren Alter? Haben sie die gleichen Herausforderungen und Möglichkeiten, während sie diese familiären Veränderungen durchlaufen?

Um eine Antwort auf die letzte Frage gleich vorwegzunehmen: Natürlich nicht. Die Auswirkungen sind für Männer und Frauen extrem unterschiedlich. Das sollte uns nicht erstaunen, da ja auch ihre Leben ganz anders verlaufen. Vor allem, wenn Kinder im Spiel sind.

Grundsätzlich gilt: Die Antworten auf diese Fragen haben weitreichende Auswirkungen nicht nur auf jede und jeden Einzelnen, sondern auf unsere Gesellschaft als Ganzes. Sie bestimmen, wie wir in der Lebensmitte leben, wie wir später unseren Lebensabend gestalten können, wie viel Teilhabe für jede und jeden möglich ist, wie unsere sozialen Beziehungen aussehen.

Eine spannende Erkenntnis liefern die Forscher der Binghamton University und des University College London:[2] Sie fanden in Befragungen von knapp 6000 Personen in 96 Ländern heraus: Frauen neigen dazu, unter einer Trennung stärker und intensiver zu leiden als Männer. Sie spüren größeren emotionalen, ja sogar körperlichen Schmerz. Aber: Sie erholen sich auch vollständiger und gehen aus der Trennung emotional gestärkt hervor. Männer, so die Forschenden, erholen sich nie ganz, sie machen einfach weiter.

Der Grund dafür, so Craig Morris, der die Studie leitete, sei, dass Frauen mehr in eine Beziehung investieren als Männer (siehe dazu auch Kapitel 2). Aus der einfachen biologischen Tatsache heraus, dass eine kurze romantische Begegnung zu Schwangerschaft und damit Mutterschaft und somit einer lebenslangen Verantwortung führen kann. Diese »Gefahr« besteht für Männer nicht. Deshalb seien Frauen wählerischer und auf der Suche nach einem, wie er schreibt, »high-quality mate«. Geht die Beziehung zu diesem »Qualitäts«-Mann in die Brüche, schmerzt das mehr.

Generelle Unterschiede der Geschlechter im Umgang mit Trennung, auch wenn vieles natürlich grob verallgemeinernd ist, haben auch die Macher der Website beyondbreakup.de[3] ausgemacht: Sie kommen zu dem Schluss, dass Männer sich eher ablenken, nicht so tief in die Trauer, in Vergangenheitsbewältigung und Aufarbeitung einsteigen – und deshalb länger und immer wieder von Wellen von Liebeskummer überrollt werden. Frauen dagegen trauern heftig, intensiv, sprechen mit anderen über ihre starken Gefühle und sind irgendwann bereit für einen Neuanfang. Groll und Wut dagegen können sich bei Männern länger festsetzen. Diese Wut, so die beiden Coaches hinter der Website, sei Ausdruck der enormen Kränkung, die Männer empfinden, wenn sie verlassen werden.

Grundsätzlich seien sie leidensfähiger, zufrieden mit dem, was sie haben, und hielten es deshalb auch länger in einer schon unbefriedigend gewordenen Beziehung aus. Deshalb würden sie oft völlig überrascht, wenn die Partnerin die Trennung will. Und bei vielen Männern schmerze der Verlust ihres weiblichen »high-quality mate«, so die Forscher der Binghamton University, anfangs nicht so sehr, da sie ständig in Konkurrenz um romantische Aufmerksamkeit stünden, frei nach dem Motto »Auch andere Mütter haben schöne Töchter.« Es dauere länger, bis sie begriffen, dass sie nun ein wirklich gutes Exemplar verloren haben und wieder in den Konkurrenzkampf einsteigen müssen. Einige merken irgendwann, dass ihr Verlust unersetzlich ist. Und kommen gar nicht darüber hinweg.

Doch nicht nur unsere emotionale Verfasstheit ist je nach Geschlecht nach einer Trennung offenbar eine andere: Leider sieht auch unser Lebensstandard nach dem Ende einer Beziehung in der Regel anders aus. Während Männer oft ohne große Einbußen einfach so weiterleben können wie bisher, müssen sich Frauen häufig total umorientieren. Und einschränken.

Beim Thema Finanzen kann auch Anja nur müde lachen. Bis zur Trennung von ihrem Mann hatte sie – durch ihn und seine Selbstständigkeit – ein gutes Einkommen und einen klar definierten Platz in der Dorfgemeinschaft. Er war als selbstständiger Handwerker in der ländlichen Gemeinde sehr angesehen, sie hat ihm mit der Buchhaltung geholfen und die gemeinsame Tochter betreut. Sie lebten in dem schmucken Fachwerkhaus, das er von seinen Eltern geerbt hatte. Sie hat in den vergangenen zehn Jahren aus dem Garten ein verwunschenes Paradies gemacht, in das Freunde gern zum Feierabendgläschen kamen. Vor der grün gestrichenen alten Eingangstür begrüßen rosafarbene Stockrosen die Gäste – ein Idyll wie aus dem Bilderbuch.

Bis Jens eines Tages erklärt, dass ihn das alles anödet, er keine Lust mehr hat auf dieses Puppenhausleben – und längst eine neue Freundin. Nach dem ersten Schock fühlt sich Anja noch sicher, sie hat ebenfalls ein Haus geerbt und denkt, sie wird schon zurechtkommen. Doch in den folgenden Monaten spielt sich ein Drama ab, mit dem sie beim besten Willen nicht gerechnet hat:

Jens rechnet sich als Selbstständiger vor Gericht arm, verweigert ihr jede Unterstützung. Dann stellt sich heraus, dass er bei ihrem Haus im Grundbuch steht und nicht sie. Es gehört also offiziell ihm, und er macht in dieser Situation keinerlei Anstalten, den offensichtlichen Fehler richtigzustellen. Zu guter Letzt verliert sie sogar noch die Tochter, an der sie sehr hängt. Weil sie mittlerweile in eine kleine Mietwohnung gezogen ist und das Mädchen sich dort überhaupt nicht wohlfühlt. An einem wolkenverhangenen Februartag erfährt sie völlig unvorbereitet bei einem Termin im Jugendamt, dass das Mädchen sich entschieden hat, fortan beim Vater zu leben. »Weißt du Mama, das schöne Haus ist einfach mein Zuhause«, sagt sie entschuldigend und kann ihr in diesem Moment kaum in die Augen schauen.

Als ob das alles nicht genug wäre, nutzt Jens diese Situation noch dafür aus, sich von ihr Unterhalt für das Kind zahlen zu lassen, da es ja mehr als die Hälfte der Zeit bei ihm lebt. Sein Unternehmen hat er natürlich immer noch, offiziell macht es nach wie vor Verluste – und Anja verdient das Geld für sich und den Unterhalt für die Tochter nun als Schuh-Verkäuferin. Sie arbeitet Vollzeit, ist jeden Abend vom vielen Stehen total k.o. und ihr Konto ist am Monatsende leer.

DER PREIS IST HOCH

Trennungsforscherin Crowley hat in ihrer Forschungsarbeit belegt, dass es eine – wie sie es nennt – »Gray-divorce-Penalty«, also eine besondere Strafe für die späte Trennung gibt. Und zwar für Männer wie für Frauen. Sie sieht nur anders aus: Während Männer durch die späte Trennung eher sozial »bestraft« werden, ist die Strafe der Frauen meist monetär.[4] Diese »Strafe« hat Anja schmerzlich am eigenen Leib erfahren. Denn nun ist sie über 50, der Zug für eine richtige Karriere längst abgefahren, um ihr Erbe ist sie betrogen worden. Und es tröstet Anja überhaupt nicht, dass sie mit ihrer Geschichte Teil eines sehr speziellen Phänomens ist. Crowley und Perrig-Chiello haben sich die späten Trennungen genauer angeschaut und versucht, die Gründe dafür wissenschaftlich zu erfassen.

1. In den vergangenen Jahrzehnten hat sich eine Scheidungskultur in der Gesellschaft ausgebreitet.

Individuen in einer solchen Gesellschaft haben bestimmte Erwartungen an eine Ehe. Wenn diese nicht erfüllt werden, ist eine Scheidung möglich, zulässig und statthaft. Eigentlich leben wir längst mehr in einer Trennungs- als in einer Zusammenbleib-Kultur. Trennung ist nicht mehr so stigmatisiert wie früher. Man muss sich nur in deutschen Klassenzimmern umsehen und stellt dabei schnell fest, dass mittlerweile die Kinder, deren Eltern noch zusammen sind, oft in der Minderheit sind. In Amerika kommt noch dazu, auch das ist ganz interessant, obwohl es uns mit unserem ausgebauten Sozialstaat nicht so sehr betrifft, dass Ehen am Anfang des 20. Jahrhunderts auch geschlossen wurden, um Ressourcen zusammenzulegen. Um Kindern und anderen Angehörigen die nötigen Mittel zu geben, um die Leiter der Möglichkeiten hochzusteigen. Außerdem war die Ehe als Institution der Fels im gemeinschaftlichen Leben, in der Nachbarschaft, weil Familien sich umeinander und andere gekümmert haben.

Die Familie hat hierzulande eine nicht ganz so starke Absicherungsfunktion wie in den USA, wo das Individuum mehr auf sich allein gestellt ist. Dennoch war die Ehe früher – hier wie dort – ein geschützter Ort, der einen vor der feindlichen Welt draußen ein wenig schützte, der Sicherheit gab und durch die Exklusivität, die ihre Mitglieder sich versprachen, andere auf eine gute Art ausgrenzte und die Ehepartner zu etwas Besonderem machte.

EGO SCHLÄGT EHE

Hier wie dort änderten sich allerdings in der zweiten Hälfte des 20. Jahrhunderts schlagartig die individuellen Prioritäten: Hatten die Menschen bis hierhin noch gedacht, ein erfülltes Leben sei eines, in dem man sich gegenseitig hilft und zusammenarbeitet, wurde plötzlich die eigene Lebenszufriedenheit wichtiger als der Dienst an der Gemeinschaft. Das heißt nicht, dass sich Individuen nicht länger um die Gemeinschaft geschert hätten – vor allem in den USA, wo *community* ein wichtiger Teil jedes Lebens ist –, aber es heißt durchaus, dass fortan beide Geschlechter viel mehr darauf achteten, dass es ihnen *persönlich* gut ging, während sie Sinn suchten in ihrem Leben.

Diese Bewegung hin zum Erreichen persönlicher Ziele hatte wichtige Auswirkungen im Kontext der Ehe. Es war geradezu eine Revolution, dass auf einmal Selbstzufriedenheit so stark betont wurde. Nun wurde die Ehe als etwas betrachtet, worin man selber innerlich wachsen konnte.

Crowley schreibt: »Das Ergebnis ist, dass die formale Verbindlichkeit einer Ehe zu einem Versprechen wurde, dass beide Partner sich gegenseitig helfen, individuelle Ziele zu erreichen. In diesem neuen Arrangement wurde der Erfolg einer Ehe daran gemessen, wie zufrieden jeder Einzelne als Teil des Paares war.« Soll heißen, wenn ein bestimmtes Level an Glück nicht erreicht wurde, konnten beide – sozial akzeptiert – die Ehe durch Scheidung verlassen. Scheidung, so Crowley weiter, wurde zu einem anerkannten Mittel, einen Vertrag zwischen zwei Leuten aufzukündigen, die zusammen nicht mehr glücklich waren.[5]

Auch dass Romantik als Grundlage einer lebenslangen Verbindung die Idee einer Interessen- und Zweckgemeinschaft abgelöst hat, war der Dauerhaftigkeit von Ehen nicht gerade zuträglich. Denn diesen glückseligen Zustand über Jahrzehnte aufrechtzuerhalten – das ist schon eine herausfordernde Aufgabe.

»... wie man diese romantische Liebe über die Jahre frisch erhalten kann und ob man die unweigerlichen Veränderungen des anfänglichen Zustandes auch akzeptieren, beziehungsweise bewusst gestalten will, hängt in einem nicht zu unterschätzenden Maß von gesellschaftlichen Kontextbedingungen ab. Denn wenn individuelles Glück und eine möglichst hohe Autonomie und Selbstrealisierung angesagte primäre Lebensziele sind, dann haben wir hier sehr bald ein Problem«, schreibt auch Perrig-Chiello.[6]

Während Scheidung früher, weil eher die Ausnahme, durchaus mit Stigma einherging, ist sie heute – weil schon fast die Regel – nur ein Lebensereignis von vielen.

2. Anstieg der Lebenserwartung

Wir leben alle länger, und oft bedeutet das, dass auch Ehen immer länger dauern. Da ist eine Menge Zeit sinnvoll miteinander zu gestalten. Nicht jedes Paar schafft und will das. Die durchschnittliche Lebenserwartung in Deutschland lag 1950 noch bei 64,6 (Männer), beziehungsweise 68,5 (Frauen) Jahren. 2015 hatte sie sich auf 78,4 (Männer) und 83,4 (Frauen)[7] erhöht. Schon allein diese Zahlen sprechen für sich und machen das Dilemma, wenn man so will, deutlich. Wie soll man als Paar all diese gewonnenen Jahre gemeinsam in Liebe und Spannung und Freundschaft und Leidenschaft – dazu später mehr – verbringen?

Kein Wunder, dass einem da zwischendurch die Luft ausgeht und man sich spätestens ab Mitte 40 fragt, ob und wenn ja, wie es mit diesem Partner weitergehen soll.

Statistiker sagen dazu nüchtern: Wenn die Lebenserwartung steigt, sinkt das Risiko, einen Lebenspartner durch Tod zu verlieren. Das Risiko aber, ihn durch Scheidung loszuwerden, wird größer. Das Positive daran ist allerdings: Wenn man länger lebt, steigt auch die Möglichkeit, erneut zu heiraten oder zumindest einen neuen Lebenspartner zu finden.

3. Abkehr vom Schuldprinzip bei Scheidungen

In Deutschland galt früher das Schuldprinzip bei Scheidungen. Mit dessen Abschaffung im Juli 1977 wurde im Grunde die Idee der Unauflöslichkeit einer Ehe ad acta gelegt. Nunmehr galt, dass eine Ehe beendet werden konnte, wenn sie gescheitert ist. Das hat Scheidungen enorm vereinfacht, denn bis dahin hatte das Schuldprinzip für noch mehr Leid gesorgt, als eine Scheidung ohnehin oft mit sich bringt. Wer schuldhaft geschieden wurde, bekam etwa kein Sorgerecht für die Kinder und auch keinen Unterhalt. Wer sich schon damals gütlich trennen wollte, musste aushandeln, wer dennoch die Schuld auf sich nimmt. All das führte dazu, dass vor Gericht sehr viel schmutzige Wäsche gewaschen wurde und Menschen logen, um etwa das Sorgerecht zu bekommen. Ziel der ersten Eherechtsreform war es also, Ehen schneller, einfacher und fairer beenden zu können.

Während so eine Reform einerseits eine Anpassung an eine neue gesellschaftliche Realität ist, kann sie gleichzeitig die gesellschaftliche Realität für die Zukunft prägen. Wir sagen damit nicht, dass das Schuldprinzip eine tolle Sache gewesen wäre – im Gegenteil! Aber die Vereinfachung von Scheidungen führte dazu, dass sie akzeptiert und damit gesellschaftsfähig wurden. Auch das ist im Prinzip nichts Schlimmes. Wenn es in der deutschen Realität nicht bedeuten würde, dass in den meisten Fällen Frauen wegen all der anderen strukturellen Ungerechtigkeiten die ökonomischen Verliererinnen davon sind.

Wenn nun eine Ehe nach, sagen wir, 25 oder 30 Jahren scheitert, kommt noch ein weiterer, schmerzlicher, Aspekt hinzu: Es heißt, dass eine ziemlich große Menge gemeinsamen Lebens beendet wird. Die Auswirkungen, auch emotionaler Art, sind um ein Vielfaches größer, je länger man mit nur einem Menschen zusammengelebt, gewirtschaftet, gelacht und geweint hat. Wie sagt doch Emma Thompson so schaurig-schön zu ihrem Mann in dem Weihnachtsklassiker *Tatsächlich Liebe*, als sie von dessen Schwärmerei für eine wesentlich jüngere Kollegin erfährt: Du hast eine Närrin aus mir gemacht und verspottest das Leben, das ich führe.

Nicht selten fühlen sich vor allem Frauen, die verlassen werden, genau so: Als wäre all ihre Arbeit, ihr Einsatz, ja, auch ihr Verzicht auf Eigenes zugunsten der Familie, des Partners, als wäre all das auf einmal nichts mehr wert. Als hätten sie ihr Leben vergeudet. Und seien womöglich ganz allein und selbst dafür verantwortlich. Die physiologischen Gegebenheiten in den mittleren Jahren machen die Sache nicht einfacher.

AB 50 TUT'S RICHTIG WEH

Es sind ja nicht nur die Schweißausbrüche und Stimmungsschwankungen, die Frauen in der Lebensmitte mit aller Gewalt darauf hinweisen, dass – wieder einmal – massive Veränderungen anstehen. Jenseits aller körperlichen Beschwerden, die die eine stärker, die andere schwächer wahrnimmt, spüren wir, dass sich in uns und um uns herum die Welt verändert. Wie wir sie wahrnehmen – und wie wir in ihr wahrgenommen werden. Gleichzeitig müssen wir uns oft mit pubertierenden Kindern auseinandersetzen. Das Hormonlevel aller Mitglieder eines Haushaltes wäre nach medizinischen Standards wahrscheinlich hochgradig gesundheitsschädlich.

Das ist schon anstrengend genug. Wenn in dieser Lebensphase eine Trennung über uns hereinbricht, gleicht das einer zerstörerischen Naturgewalt. Nun bleibt kein Stein mehr auf dem anderen. Wenn wir in den Spiegel sehen, der uns kurz zuvor noch Gedanken wie: »Ein bisschen angestaubt, aber immer noch ganz nett« entlockte, denken wir nun in maximalem Selbsthass: »Mein Gott, sind da viele Falten. Und dass der Ansatz schon so grau ist, hatte ich gar nicht bemerkt.«

Wenn der selbstverständlich liebevolle Blick eines langjährigen Partners plötzlich wegfällt, bleibt manchmal nicht mehr viel Selbstliebe übrig. Zumindest am Anfang. Nicht selten berichten Frauen von einem ganz neuen Lebens- und Liebesgefühl, wenn das erste Gefühlschaos überstanden ist – bis sie so weit sind, dauert es aber eine Weile. Generell haben sich viele Frauen mit ihrem Lebensentwurf – Zurückstecken für die Familie, in welchem Ausmaß auch immer –, der ja normalerweise mit dem

Partner abgestimmt war, maximal angreifbar und abhängig gemacht.

Uns ist wichtig zu betonen, dass sie das nicht aus Blauäugigkeit, Naivität oder schierer Dummheit tun. Sie tun das, weil sie so leben wollen! Zumindest eine Zeitlang. Und es gibt überhaupt keinen Grund, ihnen das vorzuwerfen. Im Gegenteil: Einen roten Teppich sollte man ihnen ausrollen, auf dass sie darauf wandeln können. Aber das Gegenteil ist der Fall: Sie werden verhöhnt und verlacht, im besten Fall ein bisschen bedauert. Hätten sie doch ihre vielversprechenden Karrieren oder zumindest ihre Berufstätigkeit nahtlos fortgesetzt, mit ein bisschen Organisationstalent wäre das schon gegangen. Es gibt sie doch, die erfolgreichen Supermütter mit zwei bis sieben Kindern, die alles problemlos wuppen.

Ja, wenn das nur keine Geschichten aus dem Alles-ist-möglich-Märchenland wären, die nur auf einen sehr kleinen Teil von Frauen zutreffen. Frauen, die schlicht und einfach die Ausnahme und nicht die Regel sind. Solange wir Leistung nur in finanziellem Erfolg, in Kategorien von Einkommen und zu erwartenden Rentenpunkten bemessen und nicht in einer Lebensleistung, die auch das Aufziehen von Kindern oder das Pflegen alter Eltern substanziell miteinbezieht, so lange wird es keine gleichwertige Anerkennung geben. Dadurch fallen Frauen, die sich um andere kümmern, immer noch und immer wieder durchs Raster. Wir haben immerhin zwei Bücher darüber geschrieben, welch ein Skandal das ist. Und wir haben auch allerhand Zustimmung erfahren für unsere Vorschläge, wie sich dieses Dilemma auflösen lässt. Den Trend hat das allerdings nicht umkehren können. Der geht immer weiter in eine andere Richtung: Mit all den Einschnitten im sozialen Sicherungssystem schützt einen im Moment nur die ununterbrochene Vollerwerbstätigkeit vor dem finanziellen Ruin.

ALLES NEU MACHT DER MAI – NUR NICHT BEIM SEX

Gefühle, Beziehungen, Sex – alles ändert sich in der Lebensmitte. Und was vielleicht noch schlimmer ist: Irgendwann merkt man, dass einem die Voraussetzungen, auf denen diese Beziehung aufgebaut war, abhandengekommen sind. Körperliche Attraktivität und Anziehung? Sicher in vielen Fällen ein Grund, sich zusammenzutun. Nach über 20 gemeinsamen Jahren? Eher Fehlanzeige. Sie ist ein bisschen aus dem Leim gegangen, oder so mager wie nie zuvor, jedenfalls mitnichten das aufregende Wesen, in das er sich einst verliebt hatte. Und er geht lieber ins Fußballstadion, als mit ihr Gedichtbände am Kamin zu lesen. Das war früher auch anders.

Der spannende, intellektuelle Austausch, all diese anregenden und faszinierenden Gespräche? Sind längst einem kargen verbalen Miteinander gewichen, wo man schon froh ist, wenn eine falsche Bemerkung nicht in einem handfesten Streit endet. Wer als gemeinsame Basis durchzechte Nächte und rauschende Partys hatte, ist auch längst ernüchtert. Er war der Richtige, sie die Traumfrau, um eine Familie zu gründen. Nun, das ist erfolgreich erledigt, Haken dran. Was jetzt? Egal, was es war: All diese Gründe haben sich in den meisten Fällen in den vergangenen Jahren in Luft aufgelöst – und nun ist es schwierig bis fast unmöglich, eine neue Grundlage zu finden, auf der die Beziehung weiterwachsen und gedeihen kann.

Eine, die auf Vertrauen und Respekt statt atemloser Leidenschaft beruht. Eine, die Fehler und Macken verzeiht, die mit dem Unperfekten gut leben und umgehen kann. Wer das nicht findet, fragt sich immer häufiger: Warum nur habe ich mir genau diesen Partner, diese Partnerin ausgesucht? Viele wissen immer seltener eine Antwort darauf.

Lesen Sie manchmal in Frauenzeitschriften oder im Internet Statistiken darüber, wie oft Paare Sex haben? Wir tun das auch – und pendeln zwischen Verwunderung und Scham. Erst unlängst gab es wieder eine Studie, die die zunehmende Sexlosigkeit in Ehen und langjährigen Partnerschaften beklagte. Als Durchschnitt war ein erschreckender Koitus-Rückgang auf durchschnittlich 52 Mal im Jahr festgestellt worden! Wirklich? Das wäre ja jede Woche! Wir möchten die Ehen sehen, die zehn Jahre oder länger bestehen, am besten noch mit zwei oder mehr Kindern, wo sich die Ehepartner noch einmal die Woche dazu aufraffen können, übereinander herzufallen. Seriöse Wissenschaftlerinnen weisen immerhin ab und zu darauf hin, dass fast alle Umfragen zu solch intimen Fragen auf Selbstauskünften beruhen. Was naheliegt. Die meisten möchten vielleicht nicht mit Fremden darüber sprechen, wie es wirklich in ihren Schlafzimmern aussieht.

Perrig-Chiello liefert in ihrer Studie glücklicherweise ganz andere Informationen: So werde zwar häufig die Möglichkeit, ja gar die Notwendigkeit einer lebendigen Sexualität bis ins hohe Alter beschworen. Andererseits werde aber gerade Sexualität in unserer Gesellschaft generell oft überschätzt – vor allem in Langzeitbeziehungen.

»Mit all der Vorsicht, mit der empirische Untersuchungsergebnisse zur Sexualität generell und im Alter insbesondere interpretiert werden müssen (hohe Verweigerungsquoten und Befragungseffekte wie Verschleierungstendenzen oder aber Übertreibungen), gilt als sicher, dass es mit zunehmendem Alter zu einer Abnahme an sexueller Aktivität kommt – auch heute noch.«[8]

Ein Beleg also für unsere gefühlte Wahrheit? Die da heißt: Flaute allerorten, Frust und Unlust überall. Nun, man muss wohl eher feststellen: Nichts Genaues weiß man nicht. Außer, dass Druck und Selbstanklagen fehl am Platze sind. Was wir aber oft beobachten, ist: Erst kommen ein paar Jahre stillschweigendes Leiden, dann erste Flirts – in einem Alter, in dem man noch die Gelegenheit dazu hat – und irgendwann handfeste Affären. Am Ende entweder zerknirschtes und/oder resigniertes Zusammenraufen oder die Trennung/Scheidung mit den ebenfalls bekannten Folgen für alle Beteiligten.

DAS »FRAUEN-WEGWERF-GESETZ«

Und weil das so ist, hat unser Staat mit der Reform des Unterhaltsrechts 2008 dieses – zumindest für viele Männer – praktische Frauen-Wegwerf-Gesetz geschaffen, das den gehenden Partner weitgehend von Unterhaltspflichten befreit – und vor allem Frauen, die sich um andere gekümmert haben, in die Armut stürzt. Die Unterhaltsverpflichtungen dem sorgenden Partner gegenüber wurden deshalb vereinfacht, nein, wir sollten lieber sagen, zusammengestrichen, damit man noch einmal von vorne anfangen kann. Warum schreiben wir hier eigentlich Mann nicht groß und richtig – denn: Wie viele Frauen in ihren Fünfzigern wollen familiär noch einmal durchstarten? In einem Alter, wo sie froh sind, dass die Kinder endlich weitgehend flügge, ja vielleicht sogar schon aus dem Haus sind?

Der Neustart mit jüngerer Frau und oft eben auch neuem Baby ist ein Männerphänomen. Frauen haben die Familiengründungsphase zu diesem Zeitpunkt biologisch hinter sich und sind froh, dass sie endlich wieder mehr Zeit haben, sich um sich und nicht mehr um andere zu kümmern. Stattdessen müssen sie, wenn sie das Schicksal der späten Trennung ereilt, oft hinter Wursttheken für einen Hungerlohn arbeiten, um sich über Wasser zu halten, und sehen einem freudlosen, armen und einsamen Lebensabend entgegen. Zugegeben, das ist jetzt ein bisschen überspitzt. Aber ganz ehrlich: Wir kennen diese Fälle. Sie sind bitter. Natürlich ist es auch für Frauen schön, nicht mehr für alle Ewigkeit in unglücklichen Beziehungen verharren zu müssen. Aber wer nicht gerade Groß-Erbin, Immobilienhai-in oder Spitzenbeamtin ist, geht ein fast unkalkulierbares finanzielles Risiko ein, wenn die Trennung relativ spät im Leben kommt.

Spannend ist allerdings, wie es nach einer Trennung weitergeht: Denn während sich laut der Schweizer Studie zwei Drittel der getrennten Männer wieder eine Lebenspartnerin wünschen, trifft dieser Wunsch nach einem neuen Lebenspartner nur auf 45 Prozent der Frauen zu. Jeder fünfte Mann wünscht sich auch wieder einen gemeinsamen Haushalt, aber nur vier Prozent der Frauen![9] Warum das wohl so ist?

FRAUEN GERN ALLEIN ZU HAUS

Wir erinnern uns an unsere Freundin Laura, 72 Jahre alt und schon seit 20 Jahren verwitwet. Anfangs hat sie sich noch häufiger mit Männern getroffen, fand auch den ein oder anderen ganz nett. Sie hatte gute Chancen, gepflegt, lustig und relativ wohlhabend, wie sie war. Doch eines Tages hatte sie eine Erkenntnis: Diese armen alten Männer wollten in erster Linie jemanden, der für sie sorgt! Eine Frau, die für sie kocht und ihre Wäsche macht. Eine Ansprechpartnerin und Gesellin, weil sie selbst nicht viel mit sich anzufangen wussten. Ihr wurde schlagartig klar: Dafür steht sie nicht zur Verfügung. Sie ist seitdem allein, trifft sich regelmäßig mit ihren zahlreichen Freundinnen, hat einen Koch- und einen Buchklub und ist meistens sehr zufrieden mit ihrem Leben.

Spannend ist in diesem Zusammenhang auch – aber das nur am Rande –, dass immer mehr Ehen sogar erst nach der Goldenen Hochzeit scheitern. Hier sind es meistens die Frauen, die gehen. Die genug haben von einem Leben an der Seite eines langweilig und verbittert gewordenen Kerls. Es sind die Frauen, die sich sogar in diesem hohen Alter einen Neuanfang zutrauen, die denken, dass alles besser ist, als noch einen Tag so weiterzumachen wie bisher. Der Coburger Professor und Experte für Familie, Ehe- und Paarberatung mit Schwerpunkt Partnerschaft im Alter, Michael Vogt, bestätigt: »Frauen haben einen anderen Umgang mit innerem Leidensdruck, was die emotionale innere Wirklichkeit angeht als Männer. Männer in der Generation sind an vielen Stellen fast fatalistisch unterwegs. Das heißt, äußere Faktoren sind für sie bedeutsamer, wie Versorgung und Pflege, Unterstützung. Dieser sogenannte neue Mann wächst ja erst sehr langsam heran. Geschlechtsspezifische Stereotypen sind unheimlich stabil und vor allem Frauen verzweifeln daran. Die Männer nicht unbedingt, weil die natürlich den Vorteil daraus ziehen von Versorgung. ... Also, Frauen sind diejenigen, die vor allen Dingen auch im höheren Lebensalter für sich die Trennung als letzten wahrnehmbaren Weg, zu sich zu kommen, sich treu zu sein und sich treu zu werden, für sich wählen. Und vor allem in Anbetracht der gesamten wirtschaftlichen Konsequenzen trotzdem für sich die Entscheidung treffen, ich muss es für meine eigene Psyche tun, diesen Schritt gehen, weil es sich so für mich nicht mehr gut anfühlt.«[10]

MONOGAMIE – DER TODESSTOSS?

Wenn wir jetzt schon auf kleineren Abwegen sind, warum nicht auch noch ein paar Gedanken zum Thema. »Die eine große Konstante der zivilisierten Menschheit ist unterdrückte Sexualität. Und zwar im Namen der Monogamie«, schreibt Friedemann Karig in einem Essay auf jetzt.de.[11] Er beschreibt polyamoröse Paare, also Menschen, die in Beziehungen mit mehr als einem Partner, mehr als einer Partnerin leben. Und kommt zu dem Schluss:

»Die Monogamie ist, was die nackten Zahlen angeht, ein Desaster. Fast jede zweite Ehe in Deutschland wird geschieden, Tendenz steigend. ... Rund die Hälfte der erwachsenen Deutschen ist schon einmal fremdgegangen. Affären sind der häufigste Grund für Scheidungen. Kein Wunder: Ihre sexuellen Wünsche sehen über die Hälfte in ihrer Partnerschaft nicht erfüllt. Monogamer Alltag ist: Lügen, betrügen, verletzen, verlassen.«

Karig zitiert zudem die Autorin Anne Waak mit dem, wie wir finden, passenden Bild: »Die Scheidungsraten in dieser Welt hätten, angewendet auf die kommerzielle Luftfahrt, schon lange zur Abschaffung derselben geführt.« Ein Scheitern in der Liebe gelte bei uns als individuelles Versagen oder Schicksal. Als ganz normale Sache, obwohl es vielen die schrecklichsten Schmerzen bereite. Und obwohl wir alle die Halbwertszeit der Erotik kennen. Dabei haben wir einfach zu große Ansprüche an uns und andere. Und haben ein bestimmtes Ehe- und Partnerschaftsideal verinnerlicht, ohne seine Zumutungen zu hinterfragen.

Hinzu kommt etwas, was der Philosoph und Schriftsteller Alain de Botton in dem schönen Satz zusammenfasst: »Wir sind alle mit der falschen Person verheiratet.«[12] Er führt in dem SZ-Interview aus:

»Die Neurose unseres Zeitalters ist doch das Streben nach Perfektion. Das macht uns intolerant und wütend, wenn Menschen nicht so sind, wie wir sie haben möchten. … Wenn zwei Menschen der Ansicht sind, du bist perfekt und ich auch, dauert es nicht lange, bis Probleme auftauchen. Menschen trennen sich dann schnell, weil sie glauben, das sei das Ende ihrer Liebe. Dabei ist das ein guter Moment, sich gegenseitig wirklich kennenzulernen. Wahre Liebe besteht vor allem aus Vergeben und darin, schlechtes Verhalten gut zu interpretieren.«

Ich weiß nicht, ob wir uns zu weit aus dem Fenster wagen, wenn wir nun behaupten, das berühre letztlich auch die Frage der Monogamie.[13] Denn sicher ist ein Seitensprung in die Rubrik »schlechtes Verhalten« einzuordnen. Ob er aber, wie das sehr oft der Fall ist, direkt zu einer Trennung führen muss, ist zumindest diskussionsfähig. Es könnte ja auch der Moment sein, innezuhalten, sich zu fragen, was gefehlt hat, was dazu geführt hat, wer welche unerfüllten Bedürfnisse hatte und so viel mehr. Alain de Botton gibt in dem zitierten Interview auch eine sehr interessante Antwort auf die Frage, was uns daran hindert, uns so zu geben, wie wir sind. Was ja eine Voraussetzung für Offenheit, Ehrlichkeit und das Aussprechen von Bedürfnissen ist.

»Der große Feind der Liebe ist die Romantik. Die romantische Bewegung aus dem 19. Jahrhundert brockt uns bis heute viele Probleme ein. Die Romantik lehrt uns, dass wahre Liebe ohne Worte auskommt und eine perfekte Beziehung aus einer mystischen Vereinigung zweier Seelen besteht. Das ist wenig hilfreich.«[14]

Und wenn wir schon bei der Geschichte sind, hilft vielleicht noch ein Blick in einen Klassiker aus der Mitte des 20. Jahrhunderts, um den Blick auf die Liebe etwas zu erweitern und uns zu fragen, wo wir heute stehen:

»Wie nicht anders zu erwarten, ist auch die Liebe vom Gesellschafts-Charakter des modernen Menschen geprägt. Automaten können nicht lieben, sie tauschen ihre persönlichen Vorzüge aus und hoffen auf ein faires Geschäft. Einer der signifikantesten Ausdrücke im Zusammenhang mit Liebe und besonders im Zusammenhang mit einer solchermaßen entfremdeten Ehe ist die Idee des ›Teams‹. In zahllosen Artikeln über die glückliche Ehe wird deren Idealform als ein reibungslos funktionierendes Team beschrieben.«

Kommt Ihnen dieser Satz, dieser Gedanke bekannt vor? In der Art: »Es ist zwar alles gerade nicht ganz einfach, aber wir sind so ein gutes Team ...« Diese Beschreibung, die auch wir schon öfter gehört haben, ist im Jahre 1956 geschrieben worden. Von keinem Geringerem als Erich Fromm, dem großen Psychoanalytiker und Sozialphilosoph, in seinem Klassiker *Die Kunst des Liebens*.[15]

Interessant ist, wie er den Team-Gedanken in seiner Zeit einordnet. Für Fromm war diese Auffassung einer guten Ehe Mitte der 50er Jahre noch eine relativ neue Entwicklung und er erinnert an die Jahre nach dem Ersten Weltkrieg, in denen die Menschen eine andere Auffassung von der Liebe gehabt hätten:

»Damals hielt man die gegenseitige sexuelle Befriedigung für die Grundlage einer befriedigenden Liebesbeziehung und besonders für die einer glücklichen Ehe.« Zahlreiche Bücher lehrten die richtigen Techniken, wer alles richtig machte, würde die Liebe schon finden, so die Überzeugung.

Er schreibt: »Die zugrunde liegende Idee war, dass die Liebe das Kind der sexuellen Lust sei und dass zwei Menschen sich lieben würden, wenn sie erst gelernt hätten, sich gegenseitig sexuell zu befriedigen. Es passte in die allgemeine Illusion jener Zeit hinein, dass man annahm, durch Anwendung der richtigen Technik könne man nicht nur die technischen Probleme der industriellen Produktion, sondern auch alle menschlichen Probleme lösen. Man erkannte nicht, dass es genau umgekehrt ist. Die Liebe ist nicht das Ergebnis einer adäquaten sexuellen Befriedigung, sondern das sexuelle Glück – ja sogar die Erlernung der sogenannten sexuellen Technik – ist das Resultat der Liebe.«[16]

MIT ANDEREN MENSCHEN SCHLAFEN

Menschen, die Beziehungen mit mehreren Liebespartnern haben, sagen oft, dass sie sich wieder attraktiver fühlen. Diese sexuelle Energie wirke auch in ihre Ursprungsbeziehung hinein. Nun ist das sicher nicht jedermanns Sache. Es habe aber einen besonderen Zauber, vor allem wenn man Eltern sei. Man spreche ja irgendwann nur noch über Windeln und Wäsche, berichtet eine junge Mutter in einem Artikel über Polyamorie: »Und sagt nicht mehr: Los, zieh dich aus!«[17]

Seien wir doch mal ehrlich: Sex hat in dieser Lebensphase – wenn man noch kleine Kinder hat – manchmal schon fast etwas rührend Bemühtes. Und wirkt so banal im Vergleich zu all dem Großen, was man gerade geschafft hat: Geburt! Eine Familie werden! Und noch schaffen wird: großartige Menschen großziehen! Erst wenn alles wieder in eine realistische Perspektive gesetzt werden kann – die Geburten sind Jahre her, die Ansprüche an sich und die Sprösslinge wieder auf ein normales und zu erfüllendes Maß zurechtgestutzt –, kann man auch wieder unbeschwerten Sex haben, ohne sich »nur« als Eltern wahrzunehmen. Womit wir – endlich, werden Sie jetzt vielleicht sagen – wieder bei unserem eigentlichen Thema wären, den späten Trennungen.

Denn nun ist es in vielen Fällen leider längst zu spät. Das Gefühl »Hilfe, ich bin Mutter« oder »Herrje, diese Verantwortung als Vater« hat sich über die Jahre zu einem zuverlässigen Erotikkiller entwickelt und seine unheilvolle Macht entfaltet. Leider ist oft viel zu viel Zeit vergangen, bis Paare das merken. Wenn sie dann endlich wieder richtig loslegen könnten, ist das letzte Fünkchen Wollen mit genau diesem Partner verloschen. Dann folgt oft das bekannte tragische Triumvirat: Lug, Betrug. Ende. Spätestens jetzt sollte man sich fragen: Muss das wirklich immer so laufen? Oder kann man das nicht anders gestalten? Eines der vielen Probleme dabei ist: Es fehlt an Offenheit und der Bereitschaft, schonungslos und ehrlich miteinander zu sprechen. Über Wünsche und Sehnsüchte, sexuelle Fantasien und Ängste. Das ist der große rosa Elefant im Raum, an den sich (fast) niemand herantraut. Denn man könnte Sachen über den anderen – und über sich selbst – erfahren, die man lieber nicht wüsste oder für sich behält.[18]

So fühlt man sich sicher und schaufelt sich und der Beziehung zuverlässig ein Grab. In das dann alle fallen, sobald einer mit der Fried-Höflichkeit, der Leere und der Einsamkeit nicht mehr weitermachen will. Und ausbricht. Und lebt. Und liebt. Und – je nachdem, auf was das bei dem oder der anderen trifft – alles zerstört.

Aber wir wollen hier nicht mit einer so düsteren Aussicht enden: Selbstverständlich gibt es zahllose Menschen, die glücklich sind mit ihrer Zweisamkeit. Die Treue über Abenteuer stellen, weil sie wissen, dass sie für Vertrauen und Stabilität wichtig ist. Und alle anderen Alternativen um ein Vielfaches anstrengender – und riskanter. Vielleicht wissen sie aber auch nur, dass sie den Karren in den Dreck fahren würden, gäben sie ihren Sehnsüchten nach und hielten sich nicht an die ungeschriebenen Regeln von Treue und Verlässlichkeit. Möglicherweise können oder wollen sie sich das aus unterschiedlichen Gründen nicht leisten.

Wie dem auch sei: Die große Herausforderung unserer Zeit bleibt, dass das Individuum einen immer größeren

Raum einnimmt und es keinen festen Rahmen mehr gibt, in dem Leben passiert und zu gestalten ist. Für das Thema Trennung – eigentlich egal in welchem Alter – kann das nur heißen: Wir müssen alle dafür sorgen, dass unsere jeweiligen Leistungen in den jeweiligen Lebensphasen anerkannt und abgesichert werden. Das gibt uns mehr Freiheiten und macht Lebensrisiken gleichzeitig ein bisschen besser beherrschbar. Denn nur eines ist sicher: Dass nichts sicher ist.

Nochmal kurz zurück zu unserem Gespräch mit Michael Vogt: Der sagt zwar, selbstverständlich hätten Frauen mittlerweile viel mehr Handlungsoptionen – und nutzten diese auch auf der Suche nach ihrem persönlichen Glück. Aber:

»Wirtschafts- und sozialpolitisch ist das (Trennungen im Alter, die Autorinnen) fatal, weil Partner im höheren Lebensalter auch die potenziellen Pflegepersonen sind. Die meisten Menschen werden von Angehörigen gepflegt, von Partnern. An der Stelle haben wir ein großes gesellschaftliches Problem, wenn das wegbricht und damit im Grunde die Bereitschaft dazu zu professionellen Diensten umgeleitet wird. Das gleiche gilt für die betroffenen Kinder, die sich – egal in welchem Alter die Eltern sich trennen – immer in einem Ambivalenzkonflikt bewegen, mit wem sie mehr und intensiver Kontakt pflegen.«[19]

MÄNNER ALLEIN ZU HAUS

Da fällt übrigens auch vielen Männern ihr Verhalten in den langjährigen Beziehungen auf die Füße: In den meisten Fällen haben die Frauen die sozialen Netze geknüpft und intensiv gepflegt. Sie haben sich mit anderen Paaren verabredet, Pläne gemacht, Einladungen organisiert. Die Männer sind dem – mal mehr, mal weniger gerne – gefolgt.[20] Im Falle einer Trennung haben sie nicht nur niemanden, dem sie ihre komplexen Gefühle anvertrauen könnten. Sie haben schlicht keine Zerstreuung. Für den Freundeskreis stellt eine Trennung immer eine große Herausforderung dar: Zu welchem Teil des Paares wird der Kontakt aufrechterhalten? Nicht selten entscheiden sie sich für die Person, die auch bislang für Kontakt und Zusammenhalt gesorgt hat. Das gilt selbst für erwachsene Kinder oder andere Teile der Familie. Beziehungspflege ist ein mächtiges Instrument.

Oft wissen Frauen das gar nicht oder nehmen es nicht bewusst wahr. Und Männer merken es oft erst, wenn es zu spät ist. Wie gesagt: Die Folgen einer späten Scheidung oder Trennung werden für Männer häufig eher emotional oder sozial spürbar. Auf Frauen hingegen kommen meist massive Geldsorgen zu.

REDEN WIR ÜBER GELD

Womit wir beim leidigen Thema Finanzen wären. An dieser Stelle fragen wir uns: Vielleicht passen Ökonomie und Liebe nicht immer hundertprozentig zusammen? Oder anders gesagt: Es steht längst fest, dass der Mensch ein zutiefst irrationales Wesen ist. Was Verhaltensökonomen in vielen Experimenten herausgefunden und beschrieben haben, verwundert dann doch immer wieder einzelne Wirtschaftswissenschaftler. In diesem Fall Wirtschaftswissenschaftlerinnen: Der Mensch, nein, schlimmer, die

Frau verhält sich absolut unökonomisch, unvernünftig und entgegen allen Vorhersagen. Als kenne sie die Gesetze nicht, weigere sich, die Welt so wahrzunehmen, wie sie ist. Als sei sie blind und taub. Oder eben schlicht naiv.

Aber noch einmal von vorne: Der folgende Abschnitt ist die Zusammenfassung einer Studie zweier Ökonominnen, die ob ihrer Ergebnisse aus dem Staunen offenbar nicht mehr herausgekommen sind.[21] Dabei gibt es nur einen unbestreitbaren Fakt: Ja, Menschen handeln irrational und unwirtschaftlich. Vor allem dann, wenn es um andere Menschen geht. Wacht endlich auf, möchte man da rufen, und nehmt zur Kenntnis, dass sich Menschen – egal, wie sehr man ihnen mit Gesetzen und Regelungen und Knebelungen und Unzumutbarkeiten zusetzt, für das Menschsein entscheiden und nicht für eine Zahl auf einem Einkommens- oder Rentenbescheid.

Die Autorinnen fanden heraus, dass sich Frauen trotz eines neuen rechtlichen Rahmens, der sie bei einer Trennung stark benachteiligt, immer noch genauso verhalten wie davor. Obwohl es für Mütter nach einer Trennung kaum noch Unterhaltszahlungen gibt, nehmen sie immer noch genauso selten Vollzeitstellen an wie vor der Gesetzesänderung. Die Wissenschaftlerinnen wollten vor diesem Hintergrund herausfinden, wie sich »Individuen« an die neuen Rahmenbedingungen angepasst haben. Also: Ob vor allem Frauen, denn die betreffen die Änderungen hauptsächlich, nun wesentlich mehr erwerbsarbeiten. In der Studie wurde auch überprüft, ob sich dadurch das Freizeitverhalten innerhalb der Familien verändert hat, und – last but not least – was das alles für die Stabilität der Ehen bedeutet. Die Forscherinnen waren überrascht. Wir nicht.

»Die Ergebnisse bestätigten unsere theoretischen Erwartungen nicht, was das Arbeitsangebot und Verhandlungen innerhalb des Haushalts angeht. Im Besonderen haben wir keine Belege dafür gefunden, dass Frauen ihre Erwerbstätigkeit erhöhen, trotz Erwartung des negativen Einkommenseffekts. Auch die Verteilung von freier Zeit von Frauen hin zu Männern aufgrund veränderter Verhandlungspositionen hat offenbar nicht stattgefunden. Im Gegenteil haben wir Hinweise darauf gefunden, dass die Reform dazu geführt hat, dass die Wahrscheinlichkeit einer Trennung für verheiratete Paare steigt, im Gegensatz zu unverheiratet zusammenlebenden Paaren.«[22]

Die Autorinnen Julia Bredtmann und Christina Vonnahme vom RWI – Leibniz-Institut für Wirtschaftsforschung in Essen hatten Daten des Sozio-oekonomischen Panels (SOEP) benutzt, um das eventuell veränderte Verhalten von Frauen und Paaren nach der Reform zu untersuchen. Eigentlich eine gute Idee und absolut naheliegend, eine Arbeitsthese dahingehend aufzustellen, dass Frauen angesichts dieser Gesetzeslage gar nicht anders können, als ihr Verhalten anzupassen. Soll heißen, so schnell wie möglich nach einer Geburt wieder Vollzeit zu arbeiten, die Hausarbeit und Kinderbetreuung mit dem Partner zu gleichen Teilen aufzuteilen und neu zu verhandeln und sich so unverwundbarer zu machen in dieser rechtlichen Gemengelage.

Denn eines, da ist das Gesetz ganz klar, können sie nun im Falle einer Scheidung bei einer klassischen Arbeitsteilung von ihrem Ex-Partner nicht mehr erwarten: Unterstützung. Aber wir wollen bei allem Sarkasmus, den wir soeben über die Studienautorinnen verschüttet haben, nicht ihr Ergebnis verheimlichen. Denn schließlich kommen sie zu einem Schluss, der aus unserer Sicht zu erwarten war und aus dem sich politische Forderungen formulieren lassen: Die Reform hat ihren Zweck nicht erfüllt!

»... unsere Ergebnisse lassen zumindest berechtigte Zweifel daran zu, dass die Hauptziele der Reform – nämlich die nacheheliche Selbstverantwortung von Frauen zu erhöhen – erreicht wurde«, schreiben sie. Und weiter: Obwohl die Reform die nachehelichen Unterhaltszahlungen für diejenigen, die sich um die Kinder kümmern, reduziert habe, gleichzeitig aber nicht im selben Maße ein erhöhtes Arbeitsangebot der Frauen stattgefunden habe, liege nahe, dass Frauen weiterhin von Zahlungen anderer abhängig seien. Das könnten entweder neue Partner sein, aber sehr wahrscheinlich eben auch Zahlungen von Seiten des Staates in Form von Arbeitslosenunterstützung oder Sozialhilfe. Dazu können wir nur sagen: Dann ist es vielleicht Zeit für eine andere, eine bessere Regelung, die die Lebenswirklichkeit der Menschen – und vor allem der Frauen – besser abbildet. Und lieber die zur Kasse bittet, die direkt an der Situation beteiligt sind.

Denn was hatten die Frauen stattdessen getan? Obwohl doch jeder sonnenklar sein musste, dass das so nicht geht. Dass Frau das einfach nicht darf? Sie haben so weitergemacht wie immer: Kinder bekommen, wenige zwar, aber das hat in Deutschland ja mittlerweile Tradition. Eines also, höchstens zwei. Und haben dann Teilzeit gearbeitet im besten Fall, wenn sie nicht gleich für mehrere Jahre aus dem Beruf ausgestiegen sind. Und nun fragen sich Ökonominnen und Gesetzgeber unisono: Wie konnten sie nur? Sie müssen es doch besser wissen!

Offenbar ist ein Faktor bei all dem nicht bedacht worden: Dass Menschen nicht rein ökonomische Entscheidungen treffen. Dass ihnen Beziehungen und Verbindung wichtiger sein könnten. Beziehungen, die stärker wirken als alle ungünstigen Wirtschaftsfaktoren zusammen. Dass Frauen erst mit dem Muttersein erkennen, was ihnen am Herzen liegt. Weil eine körperliche, eine emotionale Veränderung stattgefunden hat. Weil die Welt plötzlich vollkommen anders aussieht. Weil Frauen, sobald sie Mutter geworden sind, oft genug für sie selbst unerwartet, bereit sind, eigene Wünsche, Pläne und Vorstellungen hintanzustellen, zu verschieben, anders zu priorisieren. Warum sie das tun? Kapitel 2 liefert hierzu spannende Erkenntnisse.

Von völlig unerwarteten Gefühlen berichtet auch die Philosophin Annegret Stopczyk, der nach eigenem Bekunden lange die wissenschaftliche Karriere wichtiger war als alles andere. Begriffe wie »Weiblichkeit« und »Mutterschaft« erfüllten sie mit Skepsis. Bis sie ein Kind bekam. Daraufhin habe sie ihre »rationale Vernunfthaltung« nachhaltig in Frage gestellt: »Nie wieder konnte ich seither in meine vorgebärende naive Vernunftidentität zurückfallen. Es war so, wie wenn meine glatte Oberfläche von innen her in die Tiefe verbunden worden wäre.«[23] Oder zugespitzt: Die Grenze zwischen Leben und Tod, die fast jede Frau unter der Geburt spürt, verändert sie zutiefst, nachhaltig, existenziell. Dabei wollen wir Mutterschaft hier keineswegs verklären. Sie ist im Gegenteil eine der größten Erschütterungen, die Frauen erleben können. Ob sie sie nun genießen oder nicht, feststeht: Sie müssen mit massiven Veränderungen, erst ihres Körpers, dann ihres Lebens, zurechtkommen und darauf reagieren. Wie sie das tun, ist von Frau zu Frau unterschiedlich.

Zusätzlich kommen dann noch ein paar andere Unzulänglichkeiten des Lebens dazwischen: Der Mann kann und/oder will plötzlich doch nicht so aktiv mit dem Säugling sein wie vorher angekündigt. Das Baby schläft nur, wenn die Mutter in der Nähe ist. Andernfalls schreit es Stunde um Stunde. Es verweigert die Flasche, selbst wenn abgepumpte Muttermilch gereicht wird. Der echte Körper muss her – sofort! Wer einmal Angst hatte, ein Säugling könne dehydrieren, weil er aus welchen Gründen auch immer nicht genug trinkt, weiß, wovon wir sprechen … Anders gesagt: Es passieren Dinge, die niemand vorhergesehen hat, vorhersehen konnte. Und da ist der geradezu körperliche Schmerz, den so manche junge Mutter fühlt, wenn sie sich für mehr als ein paar Stunden von ihrem Baby trennen muss, noch gar nicht erwähnt.

FÜR WIE DOOF HALTET IHR UNS EIGENTLICH?

Die Autorinnen der Studie hatten noch eine andere Vermutung: Paare – und hierbei wieder vor allem Frauen – hatten vielleicht einfach nicht genug Informationen darüber, was ihre jeweiligen Entscheidungen für ihr weiteres Leben bedeuten würden. Denn der gewünschte Effekt der Reform – mehr Eigenverantwortung von Frauen – war ja offenbar nicht eingetreten. Nicht genügend Informationen? Wirklich?

Das Ausmaß der Dummheits- oder Uninformiertheitsvermutung ist schon enorm. Sicher, es kann sein, dass junge Frauen in dieser Lebensphase mit allem Möglichen beschäftigt sind, nur nicht mit den Auswirkungen eines Gesetzes, das sie vielleicht in 20 Jahren einmal tangieren wird. Es stellt sich zudem eine weitere Frage: Warum haben sie denn nicht genügend Informationen und wer wäre dafür zuständig, sie ihnen zu geben? Ein Vorschlag: Vielleicht sagen demnächst die Standesbeamtinnen in dem Moment, in dem es zum Schwur kommt: »Ihnen ist klar, dass Sie, auch wenn Sie bald eine Familie gründen, bereits sehr bald wieder voll für sich selber sorgen müssen?« Und eigentlich könnten sie noch hinterherschieben: »Ich weiß auch nicht, warum Sie heute hier überhaupt aufgetaucht sind. Denn Schutz gewährt die Ehe hierzulande nicht mehr.«

Wir fragen uns also: Ist es wirklich die einzige Möglichkeit, Gesetze zu machen, die ein für Wirtschaft und Gesellschaft erwünschtes Ziel formulieren, und dann die Menschen zu kritisieren, zu deren Lebenswirklichkeit und Wünschen das überhaupt nicht passt? Wir finden: Nein! Im Gegenteil: Wir finden es sogar empörend, dass (Scheidungs-)Gesetze Verhalten fördern wollen, das man eigentlich als zutiefst unmenschlich bezeichnen möchte.

Sarah hat die Auswirkungen dieser Rahmenbedingungen hautnah erlebt: Sie ist eine wunderschöne Frau Anfang 50, mit einem trendigen Kurzhaarschnitt und einem gewinnenden Lachen. Ihr Studium in München hatte sie ein paar Semester vor ihrem damaligen Freund beendet. Sie hatten schon kleine Kinder – dennoch arbeitete sie als Altenpflegerin, um Geld für Miete, Essen und das Leben zu verdienen, während er sein Studium zu Ende machte.

So lebten sie – heute kann man vermuten: nur halbwegs – glücklich ein paar Jahre vor sich hin, er machte sich selbstständig, arbeitete eher selten, aber wenn, dann zu ordentlichen Tagessätzen, während sie weiterhin in ihrem Beruf im Schichtbetrieb schuftete und den Großteil der Sorge für die Kinder übernahm. Geheiratet haben die beiden nie.

Was einiges leichter und vieles schwerer machte, als er mit seiner Assistentin davonlief. Es begann eine harte und traurige Zeit für Sarah, in der, wie sie selber sagt, viele Tränen vergossen wurden. Da wusste sie noch nicht einmal, was noch alles auf sie zukommen würde:

Die beiden Söhne entschieden irgendwann in der Pubertät, dass Papas wesentlich jüngere Freundin cooler war und dass sie fortan bei dem neuen Paar leben wollten. Selbstverständlich hatte er seit dem Tag der Trennung vor Ämtern und Gerichten belegt, dass er eigentlich gar nichts verdient, obwohl sein freiberufliches Beraterbusiness in der Zwischenzeit gut angelaufen war. Aber das dicke Ende kam noch.

Nachdem die Kinder zum Vater gezogen waren – allein das war schon hart genug, nach all den intensiven gemeinsamen Jahren – folgte die nächste Katastrophe: Ihr Ex-Freund forderte nun Unterhalt für die beiden Kinder, da sie ja nun ganz bei ihm wohnten. Er bekam Recht. Sarah saß plötzlich in einer leeren Fünf-Zimmer-Wohnung, die für sie allein viel zu teuer und zu groß war. Zudem sah sie sich einer immensen Geldforderung gegenüber, die sie mit ihrem Gehalt als Teilzeitkraft kaum erfüllen konnte. Aber natürlich tut sie das für ihre Kinder – und arbeitet nun wegen der besseren Bezahlung viele Nachtschichten und hat noch eine weitere Stelle als Aushilfe angenommen.

Dabei lacht sie bei unserem Gespräch fröhlich ins Telefon und sagt Dinge wie: Mein Leben ist gut. Ich habe viel gelernt in den vergangenen Jahren. Ich bin dankbar für das, was ich habe. Sie sagt aber auch, dass sie körperlich am Ende ist und gut auf sich achten muss, um bei Kräften zu bleiben.

Was sie nicht sagt, ist, dass es eine himmelschreiende Ungerechtigkeit ist, dass all die Jahre, die sie ihren Ex-Freund im Studium unterstützt und dabei die Kinder versorgt und großgezogen hat, dass all diese Jahre in keiner Rechnung auftauchen. Dass niemand vor Gericht sagt: Oh, Sie als Vater wollen jetzt Unterhalt, weil die Kinder bei Ihnen leben, aber haben Sie für Ihre Partnerin je in eine Rentenkasse eingezahlt, als die sich um die gemeinsamen Kinder kümmerte, gearbeitet hat, aber nie genug hatte, um selbst richtig fürs Alter vorzusorgen?

Warum, fragen wir uns, sind diese Fragen nicht längst Teil der Diskussion – und der Rechtsprechung? Und warum akzeptieren wir das so unhinterfragt? Sarah ist in eine Situation geraten, die am Ende uns alle kostet: Sie kann nichts für ihre Altersvorsorge zurücklegen, obwohl sie seit 30 Jahren festangestellt arbeitet, in einem helfenden Beruf wohlgemerkt, der wichtig, aber schlecht bezahlt ist.

SCHEIDEN TUT WEH, VOR ALLEM IM PORTEMONNAIE

All das wird nicht gesehen. Dabei sprechen wir nicht nur von der mangelnden Anerkennung für das, was Frauen und Mütter täglich leisten. Nein, wir sprechen davon, dass es dafür keine Zahlen, Preise, Nummern gibt, die dessen Wert beziffern. Und die man aufrufen könnte, wenn es hart auf hart kommt. Eine Kennziffer, die Frauen aufrufen und sagen können: Also bei Licht betrachtet schuldest DU MIR xx-tausend Euro für all die Stunden, die ich im Supermarkt und beim Kinderarzt und zu Hause und auf dem Sportplatz verbracht habe. Es scheint besonders perfide, wenn Frauen für den Unterhalt ihrer zum Vater gezogenen Kinder zahlen müssen, ohne je einen Ausgleich für ihre davor geleistete Arbeit bekommen zu haben.

Ein paar harte Fakten aus der Forschung dazu:[24] Es ist wohl unbestritten, dass eine Scheidung fast immer nicht nur seelisch und im Alltag für alle Familienmitglieder ein Drama ist, sondern auch finanziell eine enorme Last darstellt. Nicht selten verursacht sie einen wirtschaftlichen Abstieg, der im Extremfall in Armut und die Sozialhilfe führen kann. Leider hat – das ist wissenschaftlich belegt – eine Trennung vor allem für Mütter die schwersten ökonomischen Folgen. Sowohl alleinerziehende Frauen als auch Mütter, die nach der Trennung nicht mehr mit ihren Kindern in einem Haushalt wohnen, haben ein deutlich niedrigeres Haushaltseinkommen als vor der Trennung. Ganz einfach, weil das meist höhere Arbeitseinkommen des Mannes entfällt. »Die finanzielle Situation von Müttern ohne Kinder im Haushalt stabilisiert sich in den Folgejahren, erreicht jedoch nicht wieder die Werte vor der Trennung. Für alleinerziehende Mütter bleibt das Haushaltseinkommen allerdings auch langfristig weit unter dem vorherigen Niveau.«[25]

Das Äquivalenzeinkommen reduziere sich zwar auch für Väter, die nach der Trennung alleinerziehend sind, die finanziellen Folgen seien jedoch nicht so einschneidend. Zum einen, weil sie bereits vor der Trennung oft besser in den Arbeitsmarkt eingebunden gewesen seien und weil die Kinder alleinerziehender Väter oft etwas älter sind als die alleinerziehender Mütter. Selbstverständlich gibt es davon auch Ausnahmen, die Forscher und Forscherinnen halten jedoch fest:

Die wirtschaftlichen Folgen einer Trennung fallen in

der Regel für Mütter deutlich negativer aus als für Väter. Denn die wirtschaftlichen Verluste würden nur zu einem geringen Teil durch Unterhaltszahlungen seitens der ehemaligen Partner ausgeglichen. Vielmehr seien Mütter und ihre Kinder vielfach auf staatliche Unterstützungsleistungen angewiesen, wobei auch diese nur einen Teil der Einkommensverluste auffangen können. Während vor der Trennung das Haushaltseinkommen für die Familien im Durchschnitt zu einem Großteil (80 Prozent) aus Arbeitseinkommen und öffentlichen Transfers (16 Prozent) stammte sowie zu drei Prozent aus Vermögen, Rente und Sozialversicherungsleistungen, ändert sich diese Verteilung vor allem für alleinerziehende Mütter, deren Kinder bei ihnen im Haushalt leben, nach einer Trennung enorm: Sie beziehen im Durchschnitt nun 34 Prozent ihre Haushaltseinkommens aus öffentlichen Transfers.

Im Klartext: Die Gemeinschaft zahlt nun das, was vor der Reform der Ex-Partner übernehmen musste.[26] Diese Abhängigkeit vom öffentlichen Geldbeutel ist mit der Zeit sogar weiter gestiegen. Die Logik dahinter, also die Gründe für diese einschneidenden Reformen, erschließt sich uns nur schwer. Natürlich kennen wir die Argumente, Männern dürften bei einer zweiten Heirat durch ein zu knappes Budget nicht die Lebenschancen genommen werden. Oder ihre Kinder aus neuen Beziehungen zu kurz kommen. Und ja, es sollte auch noch etwas für die Kinder aus den ersten Ehen übrigbleiben. Wobei auch hier die Zahlen eine traurige Sprache sprechen: Ein Großteil der Frauen bekommt nämlich gar keinen Unterhalt für ihre Kinder. Auch wenn er ihnen zustünde. Er wird von den Vätern einfach oft nicht gezahlt.[27]

Viel zu oft muss der Staat an die Stelle einer Person treten, die (beziehungsweise deren Kinder) jahrelang von den Fürsorgeleistungen der Mutter profitiert hat. Wenn man jetzt mal vom klassischen Fall ausgeht. Wir können es drehen und wenden, wie wir wollen: Wir sehen den Sinn dahinter einfach nicht. Die Abhängigkeit von Sozialtransfers demütigt Frauen, entmündigt sie und missachtet die Arbeit, die sie nach wie vor leisten.

Ein Jahr nach der Trennung besteht bei Vätern hingegen ein wesentlicher Teil des Haushaltseinkommens immer noch aus Arbeitseinkommen, bei den alleinerziehenden Müttern sind das nur 50 Prozent. Aufgrund der geänderten Rechtslage ist es für geschiedene Frauen immer schwieriger, Unterhaltsansprüche für sich geltend zu machen, deshalb gibt es einen immer geringeren Anteil privater Transfers.

Deshalb weiten Frauen ihre Erwerbstätigkeit im Scheidungsverlauf irgendwann aus und erreichen mit der Zeit wesentlich höhere Erwerbstätigkeitsquoten als noch in der Ehe. Ein interessanter Aspekt dabei ist – er beruht allerdings im Wesentlichen auf persönlicher Beobachtung und wird in der Studie nicht explizit erwähnt –, dass Frauen ironischerweise erst durch die Trennung oft mehr Zeit und Energie für Erwerbsarbeit haben. Zumindest wenn die Kinder zuverlässig wochenweise oder gar 14 Tage am Stück beim Vater sind und somit plötzlich viel Zeit frei wird. Oft ist der Vater zum ersten Mal in der Pflicht, Alltagsaufgaben überhaupt zu übernehmen, wie Kinder irgendwo hinfahren, abholen, bekochen und rund um die Uhr versorgen.

Allerdings gilt nach wie vor: Auch wenn sich die Erwerbstätigenquoten von Männern und Frauen nach einer Scheidung annähern, gibt es große Unterschiede beim Einkommen. Sowohl von der verringerten Erwerbstätigkeit während der Familienphase wie auch von den Einbußen nach dem Wiedereinstieg erholen sich Frauen nie. Wegen des geringen Erwerbsumfangs im Lebensverlauf schaffen sie es auch häufig nicht, ausreichende Rentenanwartschaften für eine eigenständige Absicherung im Alter aufzubauen. Sie profitieren zwar vom Versorgungsausgleich, da aber hier nur die Ansprüche ausgeglichen werden, die während der Dauer der Ehe erwirtschaftet wurden, bleiben ihre Rentenansprüche oft weit unter denen von Männern. Immerhin lag der Rentenanteil aus dem Versorgungausgleich im Jahr 2015 bei etwa einem Viertel ihrer Rente. Aber:

»Da die Erwerbsbeteiligung von Frauen mit mehreren Kindern auch nach dem Ende der Ehe unter der Erwerbstätigenquote und vor allem dem Einkommen anderer Gruppen bleibt, ist davon auszugehen, dass diese Gruppe einem besonderen Risiko ausgesetzt ist, von Altersarmut betroffen zu sein.«[28]

Zumindest ein paar Auswege aus dieser vertrackten Situation skizzieren wir in einem der folgenden Kapitel. Hier soll nur angerissen werden: Lebensrisiken, die Frauen mit einem höheren Anteil an Fürsorgearbeit als ihre Partner eingehen, müssen innerhalb der Partnerschaft besser und privat abgesichert werden. Wir werfen nur mal ein paar Ideen in den Ring: Private Rentenversicherungen für die sorgende Partnerin, den sorgenden Partner. Freiwillige Einzahlungen in die gesetzliche Rentenversicherung, um den Einkommensverlust und damit fehlende Rentenansprüche auszugleichen. Ein Ehevertrag, der Fürsorge schätzt und auch im Fall einer Trennung finanziell anerkennt. Großzügigere Unterhaltsregelungen als die gesetzlichen in genau jenem Ehevertrag. Diskutiert und geschlossen in sonnigen Zeiten. Denn, das können wir uns alle vorstellen, wenn die Beziehung kriselt oder gar am Ende ist, sind solche Verhandlungen und Abmachungen nicht mehr erfolgversprechend.

An dieser Stelle ein kleiner persönlicher Exkurs.

Eine von uns beiden Autorinnen hat es nie hundertprozentig geschafft, selbstbewusst ihre bislang wichtigste Lebensentscheidung zu vertreten: Dass ihre Kinder das Wichtigste sind, alles andere für sie zurückstehen muss, auch wenn sie sich damit finanziell den Boden unter den Füßen wegzieht. Und dass das keine dämliche Entscheidung einer Idiotin war, sondern eine ganz und gar politische – von einer feministischen Politologin getroffen. Eine Entscheidung, die seitdem fast jeden Tag von ihr mindestens einmal in Frage gestellt wird. Dennoch: Es war – und ist es immer noch – ein politischer Protest. »Mit mir nicht«, hieß und heißt er. Nein, meine Steuern, Sozialabgaben UND Kinder kriegt ihr nicht. Nicht, solange ihr mir nichts dafür zurückgebt. Und damit meine ich nicht Anerkennung für meine Heldentaten als Mutter, die oft genug keine sind. Nein, ich meine einen Platz in der Gesellschaft mit einer hörbaren Stimme und einer ordentlichen Rente, die ja ohnehin meine Kinder erwirtschaften. Und zwar nicht nur für mich, sondern auch für all diejenigen, die es vorgezogen haben, statt Kinder andere Dinge zu machen.

Es ist aber mitnichten so, dass sie fortan mit stolzgeschwellter Brust jedem und jeder von dieser großartigen Erkenntnis, ihrem kühnen Protest erzählt hätte. Wenn sie es doch tat, erntete sie nicht selten ratlose und oft auch kritische Blicke. Was vielmehr passierte, war: Sie stürzte in eine tiefe Verzweiflung. Eine leise, aber hartnäckige

Stimme flüsterte ihr regelmäßig ins Ohr: Du darfst so nicht leben. Wenn du später arm bist, bist du selber schuld. Dann liegst du dem Staat auf der Tasche und hast dir das ganz allein zuzuschreiben. Du hättest ja mit einer ordentlichen Arbeit auch ordentlich verdienen können.

Und als ob es nicht schon schwer genug wäre, dieses kleine Teufelchen, das regelmäßig auf ihre Schulter springt, in Schach zu halten, stimmen viele ihrer Freundinnen und die – Entschuldigung: großteils verbeamteten – Wissenschaftlerinnen führender Hochschulen in den Chor ein: »So ein Leben ist unverantwortlich, wie kannst du nur ruhig schlafen?«

Die Wissenschaftlerinnen gucken sich gerne Zahlenreihen aus dem Sozio-oekonomischen Panel an, zählen eins und eins zusammen und rufen laut: Frauen verdienen weniger, und ach Schreck, es gibt ja nicht nur den *gender pay gap*, nein auch in der Rente sind die Frauen schlecht dran. Dafür brauchen sie hunderte von Seiten und tausende Tabellen – dabei hätten wir ihnen das auch so sagen können.

Ein persönliches Fazit daraus ist und bleibt: Trotz aller Priorisierung der Familie versuchen, immer doch irgendwie mindestens eine Zehe im Jobmarkt haben, besser noch einen ganzen Fuß. Weiterbildungen, dort wo es geht, um anschlussfähig zu bleiben. Sicherstellen, dass gemeinsamer Besitz aus der Ehe auch ihr zugeordnet wird. Den Mann eine Risikolebensversicherung abschließen lassen, damit im schlimmsten Fall ein bisschen was zum Leben bleibt. Und zwischendurch: Entspannen und zutiefst dankbar sein für das, was gerade ist. Die schönen Momente genießen – und Vertrauen haben, dass sich schon alles findet, wenn es dran ist. Denn, und das macht auch die Arbeit an diesem Buch immer deutlicher: Wir können Krise. Wir können Resilienz. Und wir werden immer Menschen finden, die uns unterstützen. So, wie wir sie unterstützen, wenn sie uns brauchen.

REDEN WIR ÜBER GEFÜHLE

Wenden wir uns nun kurz dem anderen Geschlecht zu, denn auch dessen Perspektiven sind hier wichtig. Interessanterweise geht es Männern wie Frauen nämlich ähnlich schlecht mit ihrer Familiensituation nach einer Trennung. Die Lebenszufriedenheit von Vätern nach einer Trennung sinkt sogar noch stärker als die von kinderlosen Männern in dieser Lebensphase, fanden die Forscherinnen der Hertie-Stiftung heraus. Demnach belastet Trennungsväter insbesondere der unregelmäßige Kontakt zu ihren Kindern. Getrenntlebende Mütter hingegen sind mit ihrem Familienleben nach einer Trennung zufriedener als kinderlose Frauen mit Trennungserfahrung. Offenbar werden die Konsequenzen der hohen finanziellen und psychosozialen Belastungen, denen getrenntlebende Mütter ausgesetzt sind, teilweise durch die emotionalen Belohnungen einer fortbestehenden Mutter-Kind-Beziehung ausgeglichen. Bei den getrenntlebenden Vätern hingegen scheint sich der eingeschränkte Kontakt zum eigenen Kind nachhaltig auf die Lebenszufriedenheit auszuwirken.[29]

Was wir zudem beobachten konnten: Viele Männer, deren Frauen in der Lebensmitte gehen, stürzen in ein für sie unvorhergesehenes Gefühlschaos. Denn meistens werden sie kalt erwischt von den Ereignissen. Während die Frauen sich schon seit Jahren in ihrer Ehe langweilten, nicht beachtet fühlten und längst die Nase voll hatten von einer öd gewordenen Liebe, denken viele Männer, es sei doch alles in bester Ordnung gewesen! Und werden plötzlich wahnsinnig wütend. Die starken Gefühle, die sie nun in die Vernichtung ihrer Ex-Partnerin stecken, wären vielleicht vorher als emotionaler Einsatz *für* die Beziehung willkommen gewesen. Da hatten sie aber leider keinen Platz. Zu sehr waren sie mit ihren Jobs und Hobbys beschäftigt gewesen – oder hatten schlicht und einfach gedacht, dass das beflissene Wechseln der Winterreifen als Liebesbeweis ausreicht.

Wenn Frauen sich dann zum Gehen entscheiden, bricht in der Wahrnehmung des Verlassenen mehr als nur sein gewohntes Leben zusammen. Die Gesprächspartnerin fehlt. Oft die einzige Person, der er sich, wenn überhaupt, mit Gefühlen anvertraut hat. Den Kollegen auf der Arbeit kann man ja nicht offen erzählen, wie sehr der Chef oder die Chefin nerven. Die Partnerschaft war oft der einzige Ort, an dem der Mann die Masken fallen lassen konnte. Er selbst sein, ohne eine Rolle spielen zu müssen. Wenn das Gegenüber fehlt, fehlt oft mehr als nur die Frau im Zentrum der Familie. Es fehlt jede Form von Halt. Das ist traurig und bedauerlich und wir haben Mitgefühl und Verständnis für das Loch, in das manche Männer fallen. Vielleicht liegt es daran, dass sich Männer unserer Generation, der Babyboomer, also Menschen, die heute zwischen 50 und 65 Jahre alt sind, »mit einer Partnerin an der Seite deutlich selbstbewusster fühlen als Frauen mit einem Partner«.[30] Das Meinungsforschungsinstitut rheingold salon hatte 59 Menschen dieser Generation konkret zu ihrem Lebensgefühl gefragt, weitere 1000 online. Obwohl Frauen eine funktionierende Partnerschaft wichtig sei, so die Studie, ist es den Männern noch wichtiger, eine Partnerin zu haben. Die Studie belegt auch: 81 Prozent der Männer reden am ehesten nur mit der Partnerin über Intimes oder Persönliches.

Ganz anders die Frauen: Sie haben ein dichtes Netz aus Freundinnen, mit denen sie sich austauschen. Zwar freuten sie sich über Partner, die ihnen Komplimente machen oder sie begehren – ihr Selbstwertgefühl sei aber weniger davon abhängig. Sie verschaffen sich in Gesprächen mit anderen Frauen gegenseitig Anerkennung und das Gefühl, etwas wert zu sein. »Entsprechend glauben 70 Prozent der Frauen, dass sie im Vergleich zu Männern besser allein zurechtkommen. Dem stimmen auch 43 Prozent der Männer zu.«[31]

Da Frauen offenbar in diesen Fragen anders aufgestellt sind, ein stabiles soziales Netz haben und mehr Austausch mit anderen jenseits ihrer Partnerschaft, stehen sie nach ein paar Jahren emotional besser da als Männer. Und das ist für ihre Lebenszufriedenheit oft wichtiger als eine finanzielle Absicherung.

UND JETZT DER ROSENKRIEG

Es ist oft nur eine Frage der Macht. Während viele Männer die Hoheit über das Geld haben, haben Frauen häufig einen besseren Zugang zum Nachwuchs. Das ist nicht immer so – aber oft. Was im Konflikt häufig passiert, ist eigentlich logisch. Leider allerdings sehr schmerzlich für alle Beteiligten: Jeder zieht jetzt an der Ecke der Tischdecke, die er am schnellsten zu fassen kriegt. Der Mann dreht den Geldhahn zu, sie verweigert den Zugang zu den

Kindern. Einfach, weil er und sie es können. Und jede und jeder nur eines dieser Machtmittel unter Kontrolle hat.

Manchmal drängt sich einem geradezu der Gedanke auf, dass Männer sich an den Beziehungskompetenzen von Frauen rächen, indem sie sie wirtschaftlich ausbooten. Ein kühner Gedanke. Und ein trauriger. Dieses Verhalten ist umso zerstörerischer, je später Beziehungen mit einer mehr oder weniger traditionellen Rollenverteilung scheitern. Dazu gehört auch die Ehe, in der sie dazuverdient. Finanziell gleichberechtigt sind Partnerschaften nur, wenn beide ungefähr gleich viel verdienen. Je später eine Ehe oder Partnerschaft scheitert, desto limitierter sind die Möglichkeiten des finanzschwächeren Teils, wieder auf die eigenen Füße zu kommen und bis ans Lebensende gut für sich zu sorgen.

Interessanterweise betonen die Forscherinnen, dass die Wissenschaft sich in den vergangenen Jahren stark auf die Auswirkung von Trennungen und Scheidung auf jüngere Familien beschäftigt hat, während die offensichtliche und sich in den Zahlen immer deutlicher abzeichnende Tendenz zur Trennung nach langjährigen, ja Jahrzehnte währenden Beziehungen noch weitgehend unerforscht ist. Dabei enthält gerade sie, wie wir nicht müde werden zu betonen, besonderen Zündstoff. Denn die junge Frau, die mit 35 noch einmal von vorne anfängt, hat erheblich mehr Handlungsoptionen als die Mittfünfzigerin.

Was zudem weitgehend übersehen wird, ist die zentrale Rolle von Frauen in ihren Familien. Es gilt als selbstverständlich, dass Mama schon alle Fäden in der Hand hält, meistens sowohl mit Rat und Tat wie auch emotional verfügbar ist – alles eben, was wir so nonchalant »den Laden am Laufen halten« nennen. Wie stark aber diese Rolle ist, emotionaler und menschlicher Mittelpunkt, ja Fixstern zu sein, wird oft übersehen. Frauen verfügen über Eigenschaften und Fähigkeiten, die ihnen dabei helfen, Krisen zu meistern: Sie können um Unterstützung bitten. Sie haben Menschen in ihrem Umfeld, die ihnen zu Hilfe eilen, weil auch sie schon oft für andere da waren. Wenn eine Familie zerbricht, zerbricht auch ein Universum, das um diesen Fixstern kreiste. Jegliche Stabilität geht erst einmal verloren, und es dauert oft Jahre, bis sich ein neues, womöglich gleichermaßen stabiles System gebildet hat.

2

DIE GLEICHMACHFALLE

DER KLEINE UNTERSCHIED IST DOCH GANZ GROSS

> »At any rate, when a subject is highly controversial – and any question about sex is that – one cannot hope to tell the truth. One can only show how one came to hold whatever opinion one does hold.«
>
> *Virginia Woolf*

Frauen sollen berufstätig sein, mit möglichst viel Arbeit möglichst viel Geld verdienen, Männer sollen sich im Gegenzug um Kinder und Haushalt kümmern. Und am besten sollen beide die Details untereinander aushandeln und danach geräuschlos ihren Pflichten nachgehen. Der Vorwurf: Frauen und Männer seien einfach noch zu sehr in ihren Rollenmustern verhaftet. Sie müssten endlich überkommene Vorstellungen von männlichen und weiblichen Lebensentwürfen loslassen, um echte Gleichstellung zu erreichen. Dann sei auch das Kümmern keine Falle mehr. Das ist nicht wahr. In diesem Kapitel erklären wir, warum. Weil es, Rollenmuster hin oder her, Unterschiede gibt. Und diese Unterschiede reichen tief. Bis in unser Innerstes hinein.

Uns ist bewusst, dass wir dünnes Eis betreten: Wir springen mitten hinein in die Geschlechterdebatte und präsentieren einige Thesen, die uns selbst anfangs kühn erschienen. Mit diesem Kapitel haben wir uns unendlich schwergetan. Wir haben es immer wieder mit spitzen Fingern angefasst, kontrovers diskutiert und bearbeitet. Aber jetzt sind wir sicher: Es gibt eine Frage, um die sich in der Fürsorge-Debatte alles dreht. Warum setzen Männer und Frauen immer noch mehrheitlich ihre Prioritäten so, wie sie das tun, wenn sie eine Familie gründen? Obwohl sie seit nunmehr zwanzig Jahren politisch und gesellschaftlich einem enormen Druck ausgesetzt sind? Die Antwort darauf lautet knapp: Weil sie es wollen. Warum sie es wollen und sich das aller Voraussicht nach auch so schnell nicht ändern wird, erklären wir auf den nächsten Seiten.

Vorweg möchten wir aber eines klarstellen: Auch an uns ist die Identitätsdebatte nicht vorüber gegangen, unsere Kinder gendern ganz selbstverständlich, einige ihrer – und unserer – Freunde und Freundinnen bezeichnen sich als non-binär oder queer. Dennoch schreiben wir hier über Männer und Frauen. Weil sich immer noch die ganz große Mehrheit in diese Kategorien einordnet und sich auch die Strukturen an dieser Zuordnung orientieren. Und weil die Zweigeschlechtlichkeit die Grundlage unseres Seins ist. Aber dazu unten mehr.

MÄNNER SIND ANDERS, FRAUEN AUCH

Zu unserer Ausgangsthese: Menschen, oder sagen wir es ganz offen, Mütter, treffen auch heute noch Entscheidungen, die allen politischen und gesellschaftlichen Ansprüchen an sie zu widersprechen scheinen. Zum Beispiel Hanna.

Als ich Hanna kennenlernte, kam sie gerade aus der Elternzeit. Sie war Anfang dreißig, hatte ein Jahr zuvor ihr zweites Kind bekommen und freute sich, von nun an drei Vormittage die Woche zu arbeiten. 15 Stunden wöchentlich als Sachbearbeiterin in einem Bauunternehmen, das ist für sie genau die richtige Stundenzahl, um die Haushaltskasse aufzufüllen und trotzdem noch genug Zeit für die beiden Jungs zu haben. Am Nachmittag wird gebastelt, gebaut, getobt oder vorgelesen, die Jungs wachsen ohne Fernseher auf und Hanna ist immer da, wenn Tränen rollen oder Streit zu schlichten ist. »Wir fühlen uns alle pudelwohl mit dieser Aufteilung«, erzählt mir Hanna strahlend.

Ich dagegen merke, wie mich ihre Schilderungen nervös machen. Mehr noch, eine leichte Panik steigt in mir hoch. Sie macht sich abhängig, höre ich meine innere Stimme sagen. Sie denkt zu kurzfristig. Das Leben ist lang und Beziehungen sind so fragil, wie kann sie sich nur darauf verlassen? Wie naiv kann man sein? Gleichzeitig wurde ich wütend auf mich selbst. Geht's noch? Sie macht doch alles richtig, wo ist mein Problem? Schließlich hatte ich gemeinsam mit meiner Freundin und Co-Autorin ein ganzes Buch geschrieben, wie wichtig es ist, sich Zeit für die Kinder zu nehmen, wenn es notwendig ist. Und wieder stärker in den Beruf einzusteigen, wenn es möglich ist. Warum widerspreche ich meinen eigenen Thesen? Wieso bestärke ich Hanna nicht in dem, was sie tut? Im Gegenteil: Ich beginne, nachzuhaken, zu predigen, und ertappe mich dabei, wie ich – nicht nur innerlich – den Kopf schüttele.

Je länger ich darüber nachdenke, umso mehr muss ich mir eingestehen: Das ist der Unterschied zwischen Theorie und Praxis. Zwischen Analyse und Realität. Ja, wir fordern in unserem ersten Buch *Die Alles ist möglich-Lüge*, Beruf und Familie NICHT zu jeder Zeit und um jeden Preis zu »vereinbaren«. Wir fordern, jedem Bereich seine eigene Zeit, seinen eigenen Raum zu geben. Viele haben uns damals zugestimmt. Die Fraktionen aller großen Parteien im Bundestag, Soziologinnen und Familienwissenschaftlerinnen und Eltern sowieso. Passiert ist aber – nichts.

Nichts hat sich an den Rahmenbedingungen für die »Vereinbarkeit« von Familie und Beruf verändert, Elterngeld hin oder her. Egal, wo man hinschaut: Überforderte Eltern, unwillige Unternehmen, die immer noch nicht so recht einsehen, warum sie Rücksicht auf Familien nehmen sollten, und eine Politik, die das Thema Absicherung von Sorgearbeit nicht einmal im Ansatz angepackt hat.

Dazu kommt meine eigene Lebenserfahrung. Als ich meine Berufstätigkeit reduziert und mir mehr Zeit für die Kinder genommen hatte, zerbrach meine Ehe. Ich stand da, ohne Job, ohne geregeltes Einkommen und mit der Gewissheit, dass von meinem Ex-Mann keinerlei Hilfe zu erwarten war. Der Rentenbescheid nach fünf Jahren ohne festes Einkommen, aber mit Haus- und Familienarbeit gab mir den Rest. Heute, ein paar Jahre danach und mit dem großen Glück, wieder in einer festen Anstellung und damit auf festem Boden zu stehen, löst das Modell, das Hanna lebt, sofort Ängste bei mir aus: Wie sicherst du dich ab? Hast du an deine Rente gedacht? Was ist, wenn eure Ehe scheitert? Immer wieder frage ich sie die gleichen Fragen. Sie aber schaut mich mit einem strahlenden Lächeln an und sagt: »Ach Susanne, es muss doch nicht jede solche Erfahrungen machen wie du.«

Nein, natürlich nicht. Gleichzeitig fühle ich, während ich das sage, wieder die Scham über das Scheitern meiner Ehe und damit das Scheitern des Traums von einer heilen und halbwegs glücklichen Familie in mir aufsteigen. Ich beruhige mich dann mit den Gedanken, dass es ja viele gibt, die ähnliche Erfahrungen gemacht haben. Ich bin mit meiner späten Scheidung alles andere als eine Ausnahme, wie wir im ersten Kapitel ausführlich beschreiben. Und weder ich noch eine der anderen Frauen oder Männer hätten das am Anfang ihrer Ehe für möglich gehalten.

KUSCHELN VERBOTEN

Unabhängig davon, ob man verheiratet, verpartnert, getrennt, geschieden oder Single ist: Wie in Kapitel 1 schon ausgeführt, lebt man am besten und sichersten in Deutschland mit eigenem Einkommen, einer eigenen Krankenversicherung und möglichst vielen Rentenpunkten. In dunklen Stunden glauben wir manchmal, dass wir mit diesem Wissen möglicherweise einige unserer Entscheidungen anders getroffen hätten. Nicht, dass die Tatsache als solche von der Politik seit den 2000er Jahren verheimlicht worden wäre. Aber was das in letzter Konsequenz bedeutet, haben wir erst richtig verstanden, als wir Kinder bekamen und nach langer Berufstätigkeit in eine Art Abhängigkeit gerieten. Wir wundern uns im Rückblick selbst manchmal darüber, warum es uns wichtig war, für unsere Familie eine Zeitlang auf Einkommen zu verzichten und stattdessen lieber Schulhefte zu kaufen, Spielfreunde zu bewirten und beim Sandmännchen zu kuscheln. Wir haben das gerne und aus vollem Herzen getan, es hat unseren Alltag einfacher gemacht, wir fühlten uns – genau wie Hanna – sicher mit dieser Entscheidung. Heute ist uns klar: Wir müssen bei allen Entscheidungen gut auf uns aufpassen, kein anderer übernimmt das für uns.

Hanna weiß das theoretisch auch. Dennoch lebt sie ihr Familienleben mit Hingabe. Am Morgen bringt sie ihre beiden Jungs in die Kita, am Mittag holt sie sie wieder ab und jeder Nachmittag gehört der Familie. Ihr Mann Thorsten hat gerade eine neue Stelle als Mechaniker in einer Autowerkstatt angefangen. Sie wohnen in einem kleinen Häuschen auf dem Land, das sie Stück für Stück und in Eigenregie renovieren. Hanna hat Abitur und auf Anraten ihres Vaters eine Ausbildung gemacht. Thorsten wurde nach seinem Hauptschulabschluss Automechaniker. Er fing früh an, körperlich hart zu arbeiten. Als sie sich im Freundeskreis kennenlernten, verliebten sie sich sofort. Sie hatten die gleichen Ziele, wollten eine Familie und ein schönes Zuhause. »Wir waren uns sofort einig, dass es mit uns klappen könnte«, lächelt Hanna. Die Hochzeit war groß, Familie und Freunde begeistert. Hanna und Thorsten suchten nach einem Zuhause und fanden mit Hilfe von Freunden das kleine Haus auf dem Land. Ihr großer Traum. Das Haus war zwar in einem schlechten Zustand, aber Thorsten sah sofort, dass man etwas daraus machen konnte. Von da an verbrachte er fast jedes Wochenende und seine Urlaube auf der Baustelle, bis die beiden dort einziehen konnten.

Als die Kinder kamen, war klar, dass Hanna trotz der besseren Ausbildung mehr Zeit mit den Kindern verbringen würde. »Wir wollten das so. Meine Mutter war immer berufstätig, das war für mich und meinen Bruder als Kinder unheimlich anstrengend. Ich wollte, dass wir alle mehr Zeit füreinander haben«, erklärt sie. Die Jungs sollten in Ruhe, geborgen und in ihrem eigenen Tempo aufwachsen können. Nicht so wie Hanna und ihre beiden Schwestern, die sich früh an den Tagesablauf der Eltern und damit an den der Erwachsenen anpassen mussten. »Ich erinnere mich immer nur an ein Wort: Schneller. Schneller anziehen, schneller essen, schneller waschen, schneller laufen, damit wir endlich im Kindergarten oder in der Schule verschwanden und meine Eltern arbeiten konnten.« Hanna atmet tief aus, während sie das erzählt. So sollten ihre Kinder auf keinen Fall groß werden. Sie empfindet ihre eigene Kindheit bei berufstätigen Eltern als abschreckendes Beispiel.

MAMA WIRD'S SCHON RICHTEN

52,4 Prozent beträgt der sogenannte *gender care gap* laut Bundesregierung derzeit.[1] 52,4 Prozent, umgerechnet eine Stunde und 27 Minuten, leisten Frauen mehr unbezahlte Sorgearbeit als Männer. Oder in absoluten Zahlen: Frauen kümmern sich im Schnitt vier Stunden und 13 Minuten um Haus und Hof, Männer verwenden darauf zwei Stunden und 46 Minuten. Noch skandalöser ist der Anteil bei Familien mit betreuungspflichtigen Kindern. Da liegt der Unterschied bei 83,3 Prozent![2] Besonders hart trifft es offenbar die jungen Familien, hier zeigen sich die größten

Unterschiede. In der Altersgruppe der Mittdreißiger liegt der *gender care gap* bei über 110 Prozent.[3]

Das sind unwahrscheinlich hohe Zahlen angesichts der Jahrzehnte währenden politischen und gesellschaftlichen Debatten rund um das Thema Gleichstellung. Und das sind nur Durchschnittswerte. Ob jede Frau bei der Erhebung auch die zwei (!) Stunden angegeben hat, die es dauert, einen großen Kühlschrank gründlich sauber zu machen, den Hobbykeller zu saugen oder die Fenster zu putzen, sei dahingestellt. Denn all das ist ja auch Kümmern um die Familie. Was die Zahlen auf jeden Fall belegen: Frauen leisten immer noch den Löwenanteil der unbezahlten Sorgearbeit. Kein Wunder, könnte man jetzt sagen. Schließlich arbeiten ja noch immer der Großteil der Mütter, pflegenden Töchter oder Schwiegertöchter in Teilzeit und verbringen damit die größere Zeit des Tages zu Hause. Das müsste allerdings im Umkehrschluss bedeuten: Wenn Männer mehr Zeit zu Hause sind, kümmern sie sich auch mehr. Tun sie aber nicht.

Spätestens in der Corona-Krise wurde das offensichtlich: Selbst, wenn Männer und Frauen gleich viel Zeit zu Hause verbringen, übernehmen die Frauen trotzdem den Großteil der Betreuungsaufgaben und Hausarbeit.[4] Frauen haben laut einer großen Bertelsmann-Umfrage in den Zeiten des allgemeinen Chaos im Frühjahr 2020 also nicht nur daran gearbeitet, ihr Arbeitspensum im Homeoffice zwischen Teams-Sitzungen und Zoom-Konferenzen zu bewältigen. Sie haben gleichzeitig dafür gesorgt, dass die Kinder vor dem Mittagessen aufgestanden sind, Frühstück bekommen haben, ihre Homeschooling-Aufgaben gemacht und am Unterricht vor dem PC teilgenommen haben. Ganz nebenbei hat ein Großteil von ihnen täglich ein warmes Mittagessen auf den Tisch gestellt. Und die Väter? Schauen wir in die Statistik: Ganze 14 Prozent der Männer fühlten sich während dieser Zeit für diese Aufgaben ebenfalls verantwortlich.

Ja, richtig gelesen: Gerade einmal 14 Prozent der Männer, die gemeinsam mit ihrer Frau zu Hause arbeiteten, packten im Jahr 2020 bei der Hausarbeit und Kinderbetreuung mit an. Die Gegenrechnung ist vielleicht nicht nötig, unterstreicht die Tatsache aber so schön, und darum machen wir sie hier: 86 Prozent der Männer, die 2020 ihre Arbeit im Homeoffice erledigt haben, fühlten sich für die anfallende Hausarbeit und Kinderbetreuung *nicht* zuständig. Niemand kann jetzt noch allen Ernstes behaupten, dass Männern einfach die Flexibilität und Möglichkeiten dazu fehlten, Familie und Beruf unter einen Hut zu bekommen. Wir würden ja, wenn wir könnten, hallte es jahrelang aus Väterkolumnen, aber der böse Arbeitgeber bietet uns ja nicht die Möglichkeiten dazu. Die Zahlen beweisen: Das ist Blödsinn.

Als Hanna ins Homeoffice ging, war es auch für sie selbstverständlich, alles auf einmal zu machen. Thorsten hatte gerade erst die neue Stelle angetreten, konnte seine Arbeit nicht von zu Hause aus erledigen. Da musste nicht lange diskutiert werden, fanden beide. Bei den Team-Meetings ihrer Abteilung am Vormittag kam Hanna regelmäßig ins Schwitzen. Die Kleine musste aufs Töpfchen, die Vierjährige unbedingt etwas trinken und beide saßen am liebsten auf Mamas Schoß. So war das halt. »Ich fand die Aufteilung völlig in Ordnung. Schließlich waren die Kinder vor allem auf mich fixiert und ich wollte, dass es allen gut ging.« Hanna schaut halb verlegen, halb lächelnd auf den Boden. Als die Kita dann wieder losging und sie den ein oder anderen Tag im Büro verbrachte, war sie ein bisschen stolz auf sich, alles unter einen Hut bekommen zu haben. Natürlich gibt sie auch zu: »Kinder und Job zur gleichen Zeit am gleichen Ort ist wirklich eine Herausforderung.« Trotzdem würde sie es beim nächsten Mal genauso machen. Sie fühlt sich nun mal verantwortlich – für die Mädchen, für Thomas und für ihr Miteinander.

Noch einmal zur Erinnerung: Gerade mal ein Siebtel (!) aller Männer, die zu Hause arbeiten, fühlen sich für die Hausarbeit und Betreuungsaufgaben ebenfalls zuständig. Dass das Ergebnis der Bertelsmann-Umfrage so eindeutig ausfiel, hat auch uns überrascht. Hatten wir doch in der *Alles ist möglich-Lüge* noch die These vertreten, dass Unternehmen Männern einfach nur mehr Möglichkeiten zum flexibleren Arbeiten geben müssten, dann würden sie sich schon mehr um Familie und Nachwuchs kümmern.[5] Falsch gedacht. Mehr noch – die Umfrage lässt laut der Autorin Barbara von Würzen den Rückschluss zu, dass »die Corona-Pandemie weniger einen Rückfall in traditionelle Rollen verursacht, sondern … vielmehr ans Licht zu bringen (scheint), dass die traditionelle Rollenverteilung zwischen Männern und Frauen in Deutschland bisher so gut wie gar nicht aufgebrochen war«. Das sieht man, so von Würzen, vor allem daran: »Während in normalen Zeiten Kitas, Dienstleister oder Großeltern viele Aufgaben übernehmen, die als traditionell weibliche gelten, fallen in Krisenzeiten diese Arbeiten scheinbar selbstverständlich wieder den Frauen zu.«[6]

Die diese Aufgaben dann auch wie selbstverständlich erfüllen. Häufig sogar gern, wie Hanna. Um das an dieser Stelle einmal klarzustellen: An der viel zitierten Bequemlichkeit von Frauen, die sich in den Haushalt zurückziehen, um sich dem bösen Arbeitsmarkt nicht stellen zu müssen, kann es definitiv nicht liegen. Frauen haben während des Lockdowns im Homeoffice Erwerbsarbeit geleistet, parallel dazu aber den Großteil der Sorgearbeit übernommen. Also insgesamt viel mehr *gearbeitet* als ihr Partner vor dem Rechner im Zimmer nebenan.

HYPNOTISIEREN WIR UNS SELBST?

Es ist und bleibt die zentrale Frage der Fürsorgedebatte: Warum nur entscheiden sich Menschen dafür, für andere da zu sein, obwohl sie wissen, dass sie sich das eigentlich nicht leisten können und dürfen? Wie kann es sein, dass immer noch vorwiegend Frauen eine Zeitlang für den Nachwuchs aussetzen, und dann freiwillig auf schlechter bezahlte und oft genug auch weniger qualifizierte Teilzeitstellen zurückkommen? Wie kann es sein, dass immer noch 75 Prozent der Pflege von Angehörigen zu Hause von Frauen gemacht wird? Dieses Verhalten ist auch für die Wissenschaft seit Jahren ein ungeklärtes Mysterium. Den Versuch einer Antwort finden wir im siebten Altenbericht der Bundesregierung: Sie tun es, weil sie es müssen. Weil sie diese Art von Arbeit sehen und erledigen. Weil es sonst keiner tut. Weil es von ihnen erwartet wird. Dahinter steckt eine größere Geschichte:

In der Industrialisierung, so die Politikwissenschaftlerin und Soziologin Sabine Beckmann, wurde die Erledigung dieser Aufgaben ganz klar von Frauen erwartet, »Care« wurde nun eindeutig den Frauen zugewiesen.[7] Fanden Arbeit und Leben vorher meist auf dem Hof oder dem Handwerksbetrieb und in gemeinsamer Verantwortung beider Geschlechter statt, trennte die Industrialisierung diese Bereiche und drängte Frauen als Sorgearbeiterinnen ins Private. Und das soll auch heute noch gelten? Die Soziologin sagt, ja: »Die Zuweisung von Care an Frauen lag an der als ›natürlich‹ angenommenen Befähigung von Frauen für sorgende Tätigkeit.«[8] Diese Annahme führe dazu, dass Frauen das Verantwortungsgefühl für Care verinnerlicht hätten. »Frauen setzten die Anrufung als Fürsorgende somit in Form von Selbsttechnologien um, mit denen sie eine Art der Selbstregulierung entwickeln, die ihnen jedoch als Ausdruck eines freien Willens, eines eigenen Wunsches oder gar einer besonderen Befähigung erscheint.«[9]

Selbsttechnologie. Was für ein Wort! Was genau soll das denn heißen? Wir erschaffen ein Bild von uns, das gar nicht wirklich unser eigenes ist, sondern das wir uns lediglich aus den Anforderungen anderer an uns zusammengeschustert haben, und sind auch noch so naiv, es für unser eigenes zu halten? Entschuldigung: Für wie blöd hält man uns? Es klingt wie eine Mischung aus grenzenloser Naivität und Selbsthypnose. Sorgearbeit sei uns also so lange als unsere »natürliche« Berufung verkauft worden, bis wir nicht nur daran geglaubt, sondern sie sogar als unseren eigenen Wunsch angenommen haben? Die frühkapitalistische Gesellschaft habe sich diese sogenannte »Selbsttechnologie« dann zunutze gemacht, so Sabine Beckmann weiter.

An dieser Stelle stimmen wir zu. Die Grundlage des wirtschaftlichen Erfolges eines Unternehmens, und damit einer auskömmlichen und erfolgreichen Erwerbsarbeit, ist in der kapitalistischen Gesellschaft eine quantitativ und qualitativ nahezu allumfassende Einsatzbereitschaft. Das ist seit der Industrialisierung im 19. Jahrhundert so und hat sich vor allem durch die Globalisierung noch einmal verfestigt. Völlig egal übrigens, ob Menschen von zu Hause oder im Büro arbeiten, in der Werkstatt oder am Fließband. Jede(r) Erwerbstätige braucht im Gegenzug jemanden, der ihm oder ihr das Kümmern um andere vom Hals hält. Deshalb, darauf haben wir in unserem zweiten Buch, *Der tiefe Riss*, ausführlich hingewiesen, haben diejenigen einen Wettbewerbsvorteil, die von jeder Sorgeverpflichtung frei sind. Männer und Frauen ohne Kinder und ohne zu versorgende Angehörige sind das »Arbeitnehmer-Ideal« eines jeden Unternehmens.[10]

Ebenfalls richtig ist aber auch: Kein Leben ist auf Dauer vollkommen frei von Sorgeverpflichtungen. Wenn es nicht die eigenen Kinder sind, sind es irgendwann die Eltern, der Partner, die Partnerin, andere Angehörige oder enge Freunde, die unterstützt oder gepflegt werden müssen. Irgendwann ist es bei jedem so weit: Erwerbstätige brauchen die Zuarbeit und Hilfe anderer Personen oder übernehmen selbst die Versorgung von Kindern, alten Menschen oder eines krank gewordenen Partners. Nochmal: Es fällt eine Menge Arbeit an in diesem Bereich, und irgendjemand muss sie erledigen. Die oft einzige Möglichkeit ist und bleibt, im Beruf kürzer zu treten. In den 1990er Jahren hieß das auf Soziologendeutsch »stillschweigende Rückbindung des Berufs an familiale Hintergrundarbeit«.[11] Auch das übrigens ein grandios verharmlosender Ausdruck für strukturell verursachte Zumutungen. Zumutungen, die Frauen zwingen, weniger in ihren Berufen zu arbeiten, wenn die Sorgeanforderungen in der Familie wachsen.

Soweit die Soziologie. An dieser Stelle wollen wir nun den Blick in eine andere Richtung lenken: Wir wollen ergründen, ob die Bereitschaft von Frauen, Sorgearbeit zu übernehmen, möglicherweise – jenseits aller Zuweisungen – auch Ausdruck eines tief in Frauen wohnenden Bedürfnisses sein kann. Spätestens jetzt holen viele unserer Leserinnen bestimmt tief Luft. Tapfer weiterlesen, es kommt noch dicker!

Diese »Rückbindung« also wurde damals wie selbstverständlich – zumindest in der alten Bundesrepublik – von Frauen übernommen. Mit der Agenda 2010 und dem damit verbundenen Anspruch an jeden erwerbsfähigen Erwachsenen, auch erwerbstätig zu sein, hat sich dann das Blatt gewendet. Zum Füllen der Sozialkassen und angesichts des drohenden Fachkräftemangels brauchte man auf einmal die Frauen. Die Politik forderte jetzt laut, Sorgearbeit an Dienstleister, Kitas und Pflegeheime abzugeben. Alles, was es darüber hinaus noch zu tun gibt, sollte gerecht zwischen Männern und Frauen aufgeteilt werden. Zur Unterstützung wurden die Kita-Plätze ausgebaut und das Elterngeld beziehungsweise später das Elterngeld plus eingeführt.

Heute, fast 20 Jahre nach der Agenda 2010, ist es Zeit, Bilanz zu ziehen. Vorher wiederholen wir eine wichtige Erkenntnis hier gerne noch einmal: An der Verteilung der Sorgearbeit zwischen den Geschlechtern hat sich nichts verändert. Das einzige, was sich substanziell verändert hat, ist die Berufstätigkeit von Frauen beziehungsweise Müttern. Eine aktuelle Studie des Deutschen Institutes für Wirtschaftsforschung in Berlin bringt es auf den Punkt: Bezahlte und unbezahlte Arbeit ist in Deutschland noch immer sehr ungleich verteilt zwischen Männern und Frauen. Während die Beschäftigungsquote von Frauen, die in Beziehungen leben, 1992 bei etwas über 60 Prozent lag, betrug sie 2016 fast 80 Prozent.[12] Der Anteil der Männer an Hausarbeit und Kinderbetreuung stieg im gleichen Zeitraum allerdings – freundlich ausgedrückt – moderat. Und zwar von 31,4 Prozent auf 37,2 Prozent. So weit, so erwartbar. Nicht zu erwarten war allerdings, dass sich diese ungleiche Verteilung der Sorgearbeit auch an einem von Erwerbsarbeit freien Tag nicht ändert. Von wegen samstags gehört Vati mir.[13]

Die Daten des Sozio-oekonomischen Panels, die das DIW für seinen Blick auf die Zeitverwendung der Geschlechter für bezahlte und unbezahlte Arbeit verwendet hat, zeigen, dass auch am Wochenende Frauen mehr als doppelt so viel Zeit mit Wäschewaschen, Kochen und Putzen verbringen.[14] Damit wird eines überdeutlich: Die Ungleichverteilung von Hausarbeit und Kinderbetreuung ist offenbar nicht (allein) durch die Ungleichverteilung der Berufstätigkeit – also Männer häufiger in Vollzeit, Frauen in Teilzeit tätig – zu erklären.

Aber womit denn dann? Die Autorin des DIW-Wochenberichtes, Claire Samtleben, weist in ihrem Fazit lediglich dringend darauf hin, dass Frauen durch die ungleiche Verteilung von bezahlter und unbezahlter Arbeit systematisch ökonomisch schlechter gestellt sind als Männer. Weiter schreibt sie: »Zeitverteilung und -verwendung ist eine zwar schwer zu beeinflussende, aber zentrale Stellschraube moderner Geschlechterpolitik.«[15]

Lesen wir den Satz zweimal, bricht es fast aus uns heraus: Ja, natürlich ist es staatlich schwer zu beeinflussen, wofür Menschen ihre Zeit aufwenden. Wäre ja auch noch schöner, wenn das nicht so wäre. Schließlich ist das eine sehr individuelle und private Entscheidung. Allerdings – das haben auch wir immer wieder betont – wird aus dieser privaten Entscheidung aufgrund unseres Sozialsystems und unseres wirtschaftspolitischen Leitbildes sehr wohl eine politische. Ob es allerdings genügt, wie Samtleben empfiehlt, noch mehr Druck aus der Politik zu machen, um die Sorge- und Erwerbsarbeit nahezu paritätisch auszuüben, möchten wir hier energisch in Frage stellen. Die letzten 20 Jahre waren geprägt von familienpolitischen Entscheidungen, die nichts anderes im Sinn hatten, als eben dieses Verhältnis zu verändern.

Was das genutzt hat – siehe oben. Ob dieses Ziel überhaupt sinnvoll ist oder es nicht ganz andere Möglichkeiten gibt, um Gerechtigkeit, und – noch wichtiger vielleicht – Lebenszufriedenheit herzustellen, das wollen wir hier diskutieren.

REDEN WIR ÜBER GESCHLECHT

Immer wieder spitzt sich alles auf die eine wichtige Frage zu: Warum nur übernehmen so viele Frauen so viel Sorgearbeit? Liegt es, wie die oben zitierte Autorin der Expertise zum siebten Altenbericht, Sabine Beckmann, annimmt, an der von Frauen kollektiv übernommenen »Selbsttechnologie« beziehungsweise »Selbstregulierung«, mit der sie den von außen an sie herangetragenen Anspruch an ihre Fürsorglichkeit als ihren eigenen angenommen haben? Oder gibt es noch andere Gründe? Gründe, die mit dem Frausein an sich etwas zu tun haben könnten?

Diese Fragen so zu stellen, ist mindestens gefährlich, wenn nicht gar etwas verrückt in dieser Zeit. Das ist uns klar. Wir wagen uns damit in ein Terrain, das verminter kaum sein könnte. Denn wir wollen über Biologie nachdenken. Wollen nach den Ursachen für dieses – für Politik, Wirtschaft und Wissenschaft so unerklärliche – Verhalten suchen. Und zwar ohne Scheuklappen. Wir wollen andere Antworten finden als die bislang bekannten. Denn wir glauben nicht mehr daran, dass es nur an Zuweisungen, Entwicklungen oder Strukturen liegt. Die wurden in den vergangenen Jahren reichlich verändert – allein: Die Menschen und ihre Prioritäten haben sich nicht entsprechend angepasst. Wir haben im vorangegangenen Kapitel die Verwunderung einiger Wissenschaftlerinnen darüber beschrieben. Immer wieder dachten wir bei der Recherche: Es muss noch andere Gründe geben.

Natürlich fragen wir uns: Ist Geschlecht tatsächlich (noch) etwas, über das man reden kann, ohne sich in ein Lager schlagen zu müssen oder sich schon mal prophylaktisch bei allen zu entschuldigen, denen man dabei versehentlich auf die Füße treten könnte? Um es gleich vorwegzunehmen: ja. Es ist sogar dringend notwendig. Egal, wie man zu dieser Debatte stehen mag und welchem Geschlecht man vielleicht angehört oder angehören möchte.

Geschlecht ist etwas, worüber man sich definiert, beziehungsweise definiert wird. Die Grand Dame der Frauen- und Familienpolitik der – zugegeben konservativen – Konrad-Adenauer-Stiftung, Christine Henry-Huthmacher, fasste die Diskussion schon 2018 in ihrem Aufsatz »Neujustierung der Geschlechter. Die neue Unübersichtlichkeit der Geschlechterdebatte« klug zusammen: In dieser Debatte »geht es um die Grundsatzfrage, wie weit sich ein Mensch ermächtigen darf, sich selber zu dem zu machen, was er sein will, ein Mann, eine Frau oder etwas dazwischen. Und es geht um die gesellschaftliche Folge, wenn das Geschlecht von einer Frage des Schicksals zu einer

Frage der Wahl wird.«[16] Das klingt nach einem Akt der Befreiung. Thomas Ribi beschreibt es in einem Kommentar für die Neue Zürcher Zeitung noch genauer: »Ein Mensch, der sich geschlechtlich selber definiert, macht den letzten Schritt aus der Unmündigkeit.«[17]

Freiheit, eigene Wahl, Mündigkeit – unbedingt. Dagegen kann man in einer aufgeklärten, individualisierten Gesellschaft nicht sein. Wogegen man aber durchaus sein kann, ist die Vehemenz und Aggression, mit der diese Debatte geführt wird. Wer nicht derselben Meinung ist, wird zum Gegner. Oder zur Gegnerin. Kritiker und Skeptikerinnen werden im sozialen Medienzeitalter scharf beschossen. Rechtspopulisten beschimpfen Genderaktivistinnen und Genderaktivisten, die Queer-Szene hetzt in sozialen Netzwerken gegen Anders-, aus ihrer Sicht konventionell Denkende. Niemand hört mehr dem anderen zu. Niemand ist mehr bereit, den Gedanken der anderen ein Stück weit zu folgen.

Dabei wäre genau das jetzt notwendig: Hinsehen, Zuhören und Mitdenken. Denn man darf sehr wohl hinterfragen, wie frei man bei dieser Wahl tatsächlich ist. Und zwar unabhängig von gesellschaftlichem Druck und gesellschaftlichen Modeerscheinungen. Aus unserer Sicht muss man das sogar unbedingt hinterfragen. Es geht um viel in dieser Diskussion. Um zu viel, als dass es in der Kakofonie der Stimmen untergehen sollte.

WER DIE MACHT HAT, HAT DAS GELD

Es geht um die gerechte Verteilung von Macht und Geld zwischen Männern und Frauen, oder anders gesagt: Wer sich kümmert, zieht hier immer den Kürzeren. Wer sich kümmert, hat keine Zeit, Geld zu verdienen und Macht zu erlangen. Und es kümmern sich, siehe oben, nach wie vor in der absoluten Mehrzahl Frauen. Deshalb führt auch kein Weg an dieser Debatte vorbei. Sie wird bei der Frage nach Verteilung von Macht, Einfluss, Geld und Sorgearbeit nach wie vor entlang klassischer Geschlechteraufteilung geführt. Das mag man richtig oder falsch finden, es ist aber eine Tatsache, der wir in diesem Buch Rechnung tragen. Um noch einmal Christine Henry-Huthmacher zu zitieren: »Vielfalt ist … nur dann eine gesellschaftliche Stärke, wenn sie zu einer Akzeptanz in der Gemeinschaft führt. Wenn sie zur Zersplitterung einzelner abgegrenzter Identitäten beiträgt, verliert sie jede Bindungskraft.«[18] Womit wir der Debatte um die eigene Identität auf keinen Fall die Rechtmäßigkeit absprechen wollen.

Wir haben seit der *Alles ist möglich-Lüge* einen sehr klaren Fokus, bei dem wir die binäre Geschlechtlichkeit aufgrund der derzeit noch vorherrschenden gesellschaftlichen Zuordnung als die maßgebliche akzeptieren. Ja, wir sprechen hier selbstbewusst von »Männern« und »Frauen«. Dabei akzeptieren wir selbstverständlich, dass es soziologisch so viele Geschlechter geben kann, wie es braucht, damit sich jede und jeder korrekt identifizieren kann. Wir aber wollen hier ergründen, warum Sorgearbeit zwischen Männern und Frauen noch immer so ungleich verteilt ist. Und wir vermuten: Es hat durchaus etwas mit Dichotomien, mit Zweiteilungen und grundsätzlichen Gegensätzen zu tun.

Im Moment der Empfängnis ändert sich für Frauen alles. Sie spüren ihren Körper neu und völlig anders, sie übernehmen sofort Verantwortung für das neue Leben, das in ihnen wächst. Sie essen keinen Rohmilchkäse, fassen kein Glas Rotwein mehr an, bei rohem Fleisch auf dem Vorspeisenteller sorgen sie sich um das Ungeborene. Spätestens unter der Geburt wissen wir instinktiv, dass von nun an alles anders ist: Wir werden wie Löwinnen, kämpfen für dieses Wunder, das aus uns herausgekommen ist. Wir werden alles tun, um für sein Wohlergehen zu sorgen. Und dabei denken wir nicht an Kitaplätze.

Die wichtigsten Fragen sind also: Sorgen sich Frauen anders um Menschen, die ihnen wichtig sind? Wenn sie das tun, warum ist das so? Und warum reagiert die Gesellschaft so darauf, wie sie es tut?

Die Politik lässt Studie über Studie darüber anfertigen,[19] einige haben wir bereits vorgestellt, um diese Fragen zu klären. Befriedigende Antworten gibt es selten. Also versuchen wir uns hier – mit dem Bewusstsein einer teilweise hysterisch geführten Diskussion im Nacken[20] – der Frage zu nähern, ob es nicht doch relevante Unterschiede zwischen den Geschlechtern geben könnte, und wenn ja, was sie bedeuten.

Denn mit der Antwort auf die Frage, was uns zu dem macht, was wir sind, erklärt sich, warum wir gesellschaftlich dort stehen, wo wir stehen. Auch wie wir zukünftig damit umgehen wollen und können, kann so vielleicht erhellt werden. Noch einmal: Selbstverständlich ist und war das Ringen um die Geschlechterfrage notwendig und vollkommen richtig. Ein Blick zurück macht deutlich, dass die Diskussion genauso geführt werden musste, wie sie geführt wurde – nun aber nicht aufhören darf. Beziehungsweise einer neuen Dimension bedarf.

DER KLEINE UNTERSCHIED – EIN BLICK ZURÜCK

Die Aufteilung des Menschen in zwei Geschlechter ist laut der – heute nicht ganz unumstrittenen, aber trotzdem noch viel zitierten – These des Historikers Thomas Laqueur ein vergleichsweise junges Phänomen. 1992 stellte er in seinem Buch *Making Sex. Body and Gender from the Greeks to Freud* das »Ein-Geschlecht-Modell« vor.[21] Bis ins 18. Jahrhundert hinein herrschte die Vorstellung, es gebe ein Geschlecht, das sich beim Mann nach außen und bei der Frau nach innen stülpt. Der Unterschied zwischen Männern und Frauen sei also lediglich ein gradueller, und Menschen könnten im Verlauf ihres Lebens sogar das Geschlecht wechseln. Mann und Frau galten, so Laqueur, als das Menschengeschlecht.[22]

Diese Erkenntnis darf nicht falsch verstanden werden. Die Menschen damals waren nicht progressiver als wir heute, gleichberechtigt waren Männer und Frauen deshalb weder in der Antike noch im Mittelalter. Der Unterschied zwischen Männern und Frauen, so beschreibt es Laqueur, resultierte damals aber nicht aus grundlegend anatomischen, sondern vielmehr aus sozialen Unterschieden. Obwohl offenbar in der Antike auch Vorstellungen vorherrschten, dass Frauen das weniger gut entwickelte, weil nach innen gestülpte Geschlecht seien. »Ein Mann oder eine Frau zu sein bedeutete einen sozialen Rang, einen Platz in der Gesellschaft einzunehmen.«[23] Das Ein-Geschlecht-Modell wurde nur langsam in der Zeit der Aufklärung von neuen Erkenntnissen über physische und später auch psychische Unterschiede verdrängt.[24]

Auch wenn die These Laqueurs und der Wandel hin zur

Zweigeschlechtlichkeit heute vielen als zu einfach gilt, zeigt sie doch eines sehr deutlich: Schon immer hat die Menschen ihre Unterschiedlichkeit fasziniert, und sie haben nach Theorien und Kriterien gesucht, mit denen sie diese Unterschiede festmachen beziehungsweise erklären konnten. Und es zeigt noch etwas: Die Geschlechterdebatte ist seit langem geprägt von der Frage nach Macht, Einfluss und gesellschaftlichem Status. Hinzu kommt aber noch eine Facette, die in fast allen Kulturen und Religionen zu finden ist und die wir noch nicht behandelt haben: die Kontrolle über die weibliche Sexualität.

Der Verhaltensbiologe und Online-Redakteur der Süddeutschen Zeitung, Markus C. Schulte von Drach, beschreibt in seinem spannenden Essay über »Aufstieg und Niedergang des Patriarchats«, welchen Einfluss die Sexualität auf die Unterscheidung der Geschlechter hatte. Und wie sich Männer die Sexualität ihrer Frauen und damit die Exklusivität ihrer Nachkommen sicherten.[25] Für seine Argumentation taucht Schulte von Drach tief ein in die biologischen Wurzeln des Unterschiedes zwischen den Geschlechtern. Vor rund 1,5 Milliarden Jahren hat sich die sexuelle Fortpflanzung mit zwei Geschlechtern entwickelt. Bei den Säugetieren kam es dabei zu einer Besonderheit, auf die wir später noch einmal ausführlich eingehen wollen und die erheblichen Einfluss auf die Entwicklung des Menschen gehabt haben soll.

DER KLEINE UNTERSCHIED IST RIESENGROSS

Denn der Preis, den Frauen für Fortpflanzung bezahlen, ist enorm. Bei Licht betrachtet sind ihre Eizellen so kostbar und selten wie Aquarelle von Monet. Sie haben – wenn alles glatt läuft – nur zwölfmal im Jahr die Chance, überhaupt schwanger zu werden. Männer dagegen könnten jeden Tag, wenn sie denn wollten, mit verschiedenen Frauen Kinder zeugen. Ist eine Frau schließlich schwanger geworden, muss sie für das Kind wesentlich mehr körperliche Ressourcen aufwenden. Das Kind wächst neun Monate in ihrem Körper, sie gebärt unter Lebensgefahr und stillt dann das Kind eng an ihrem Körper, um es am Leben zu erhalten. Wenn ihre Eizelle befruchtet ist, macht es unter Fortpflanzungsgesichtspunkten keinen Sinn mehr, sich mit anderen Partnern einzulassen. Sie braucht dann etwas ganz anderes: Schutz und Ruhe.

Weil Eizellen selten sind, nur einmal befruchtet werden können und die Nachfrage danach groß ist, stehen Männer in Konkurrenz darum. Aus reproduktiver Sicht ergibt es also Sinn, dass Männer sich Zugang zu einer oder mehreren Frauen verschaffen und diese von anderen Männern abschirmen.[26] Wir wiederholen diesen Punkt gerne noch einmal, um seine Tragweite deutlich zu machen: Für die Fortpflanzung des Mannes ist es von Vorteil, sich den exklusiven Zugang zum Körper einer oder mehrerer Frauen zu sichern und ihn gegen andere Männer zu verteidigen. Sein Wunsch oder Wille ist es, diesen Körper zu besitzen.

Klingt archaisch, ist es auch, erklärt aber so manches. Egal, in welche Kultur wir zu welcher Zeit blicken, Frauen leben nahezu durchgehend mit Ungleichbehandlung, Unterdrückung, sexueller Gewalt und der Fremdbestimmung über ihren Körper – bis heute. So kommt es, dass selbst im Jahr 2021 laut eines Berichtes der Vereinten Nationen nur rund die Hälfte der Frauen und Mädchen in den Entwicklungs- und Schwellenländern die vollständige Kontrolle darüber haben, was mit ihrem Körper geschieht.[27] Gerade einmal zehn Prozent der Frauen in Ländern wie dem Senegal oder Mali können über ihren eigenen Körper entscheiden. Der dahinter liegende Wahnsinn wird noch deutlicher, wenn man die Statistik umdreht: 90 Prozent der Frauen im Senegal, in Mali oder Niger haben im Jahr 2021 nicht die Kontrolle über ihren eigenen Körper. Sie werden zwangsverstümmelt, vergewaltigt, zwangsverheiratet, geschlagen und getötet. Und der Bericht der Vereinten Nationen macht keine Hoffnung darauf, dass Besserung in Sicht ist.

Wer jetzt der Ansicht ist, der Senegal, Mali oder Niger seien weit weg, das Leid der Frauen dort schrecklich, habe aber nichts mit der Lebenswirklichkeit von Frauen in Westeuropa zu tun und resultiere lediglich aus der Rückständigkeit der Gesellschaftsformen dort, dem sei noch eine Zahl mit auf den Weg gegeben: Laut einer EU-Studie wird jede dritte Frau in Europa Opfer von körperlicher und/oder sexueller Gewalt. Besonders häufig erleben Frauen Gewalt in ihrer Partnerschaft. Zitat: »Für zahlreiche Frauen ist Vergewaltigung in der Ehe Realität, und viele haben sie mehrfach erfahren.«[28]

FREIHEIT, GLEICHHEIT, SCHWESTERLICHKEIT?

Selbstverständlich ertrugen und ertragen Frauen diese Gewalt nicht einfach still. Die Geschichte der Frauenbewegung basiert letztendlich auf diesen Erfahrungen von Gewalt und Unterdrückung. Ab dem 18. Jahrhundert nahm die Auseinandersetzung mit dem Unterschied zwischen Mann und Frau Fahrt auf.[29] Durch die Aufklärung veränderte sich das Menschenbild in der Gesellschaft. Die Gottgegebenheit der Stände – Geistlichkeit, Adel, Bürgertum, Bauern – wurde in Frage gestellt. Zunehmend wurde der Ruf nach Freiheit und Gleichheit laut, die Französische Revolution war eine zwangsläufige Folge davon. Schon 1730 stellte die die Schriftstellerin Mary Astell die mehr als berechtigte Frage: »Wenn alle Menschen frei geboren werden, wieso werden dann alle Frauen als Sklaven geboren?«[30]

Diese Sehnsucht nach Freiheit traf auf eine Zeit, in der sich die Gesellschaft nicht nur politisch, sondern auch wirtschaftlich stark veränderte. Im Übergang von der Agrar- zur kapitalistischen Industriegesellschaft erfolgte die Trennung von sogenannter produktiver, sprich bezahlter, Arbeit und unbezahlter Care-Arbeit. Arbeit und Familienleben fanden nicht mehr unter einem Dach statt, sie waren jetzt getrennte Lebensbereiche. Während aber die bezahlte Erwerbsarbeit außer Haus früh bei der Erfassung gesellschaftlich relevanter Arbeit berücksichtigt und abgebildet wurde, wurde die Fürsorgearbeit im Haus, also das Kochen, Putzen und Versorgen von ganz jungen und ganz alten Menschen mehr und mehr ins Private gedrängt und damit entwertet.[31] Es ist mit Sicherheit kein Zufall, dass die beiden Thesen, die bis Anfang der 1970er Jahre die wissenschaftliche Diskussion über die Geschlechter und ihre Rollen geprägt haben, aus der Hochphase dieser Entwicklung, der Industrialisierung im 19. Jahrhundert, stammen: die evolutionär-darwinistische und die psychologische These nach Freud. Bei beiden ist es gleichermaßen faszinierend und erschreckend, wie tief sich Argumente und Formulierungen bis heute in unsere Vorstellung von Mann und Frau und ihren Unterschieden eingegraben haben.

DIE LANGEN SCHATTEN VON DARWIN UND FREUD

Wir wollen nun einen kurzen Blick auf die evolutionär-darwinistische und auf die psychologisch-freudsche These werfen. Bevor jetzt jemand mit den Augen rollt: Ja, es muss sein. Wir müssen uns diese altbackenen Ansichten noch einmal zu Gemüte führen. Denn sie haben den Weg bereitet für eine Argumentationsweise, die die Lebenswirklichkeit von Mädchen und Frauen bis heute prägt. Unsere Vorstellung vom Unterschied der Geschlechter ist kaum möglich, ohne diese beiden Ansätze zu kennen. Also Zähne zusammenbeißen und durch – es geht auch ganz schnell. Versprochen.

Für Charles Darwin war klar: Der Grund für den Unterschied zwischen den Geschlechtern liegt in ihrem sehr unterschiedlichen Einsatz für die Fortpflanzung. Männliche Säugetiere, so Darwin, können mehr Nachkommen haben, wenn sie viele Partnerinnen haben. Also strengen sie sich an, genügend Weibchen zu gewinnen, und konkurrieren mit ihren Geschlechtsgenossen. Bei Weibchen gilt nach Darwin dieses Prinzip nicht. Sie werden nur einmal schwanger, egal, mit wie vielen Männchen sie sich paaren. Sie müssen sich nicht anstrengen, um einen Sexualpartner zur Fortpflanzung zu gewinnen. Diese Beobachtung ist biologisch gesehen nicht falsch – wir haben oben bereits darauf Bezug genommen –, aber der Schluss, den der Wissenschaftler Darwin daraus gezogen hat, ist hanebüchen.

Dieser Konkurrenzkampf habe dazu geführt, dass Männer im Laufe der Evolution immer klüger und besser geworden sein. Frauen dagegen hätten es nicht nötig gehabt, sich weiterzuentwickeln, und es sei nur ihren männlichen Erbanlagen (!) zu verdanken, dass sie nicht komplett zurückgeblieben seien.[32] Irgendwie logisch, ja beruhigend, dass diese Argumentation schon kurz nach ihrer Veröffentlichung Ende des 19. Jahrhunderts Proteststürme auslöste und die biologische Argumentation von Geschlechterunterschieden diskreditierte.

Der Psychiater Sigmund Freud unterstützte diese These noch mit seiner weiblichen Sexualtheorie. In ein paar Sätzen zusammengefasst wird der kulturelle Nährboden des 19. Jahrhunderts, auf dem diese Theorie entstanden ist, mehr als deutlich: Nach Freud führt die Entdeckung der eigenen »organischen Minderwertigkeit«, also die Entdeckung des männlichen Genitals als überlegeneres Gegenstück zur eigenen, kleinen, versteckten Klitoris, schon bei kleinen Mädchen zu einem Minderwertigkeitsgefühl und einer Abwendung von der Mutter, die im Hass aller Frauen aufeinander mündet. Die Soziologin Anna-Sophie Schönfelder bestätigt in ihrer Arbeit über Freuds Weiblichkeitsbild: Freud zeichnet in seinen Werken über die weibliche Anatomie und Sexualität das Bild »der ungeliebten, nicht liebenden, genussunfähigen, verstümmelten und vereinzelten Frau«.[33] Man möchte nur milde lächeln, wenn man diese Ideen liest. »Organische Minderwertigkeit«, Entdeckung des »männlichen, überlegenen Genitals«. Dann aber gefriert einem das Lächeln im Gesicht, wenn einem bewusst wird, wie tief sich die einen oder anderen Ansätze in die kollektive Vorstellung über Frauen eingegraben haben. Die Worte »Penisneid« und »Stutenbissigkeit« sind bis heute in der Alltagssprache weit verbreitet. Ihre subtil zerstörerische Wirkung können sie nur entfalten, wenn man ihren Ursprung nicht kennt.

Dass diese Theorien in der Luft zerrissen wurden, ist ein großer Verdienst der feministischen wissenschaftlichen Forschung vor allem der 1970er und 1980er Jahre. Schon allein deshalb, weil nicht mehr der Mann im Mittelpunkt des Universums stand und Referenzpunkt für die Forschung über Frauen war. Eine Perspektive, die sich Wissenschaftlerinnen mühsam hatten erkämpfen müssen.

DER MORAST, DURCH DEN WIR WATEN MUSSTEN

»Organische Minderwertigkeit« und Frauen »dank ihrer männlichen Erbanlagen« nicht komplett schwachsinnig – jetzt ist ja wahrscheinlich der Letzten und dem Letzten klar, durch welchen Morast feministische Wissenschaftlerinnen jahrhundertelang waten mussten. Die Politikwissenschaftlerin Barbara Holland-Cunz hat den feministischen Forschungsansatz, der sich dieser unverschämten, männerzentrierten Darstellung von Frauen entgegenstellte, in einem Aufsatz für die Bundeszentrale für politische Bildung so beschrieben: Ein zentrales Doppelmotiv, das die Theoriegeschichte des Feminismus von Anfang an durchzieht, sei das Verlangen nach Würde und Anerkennung für Frauen und die Kritik an der Entwürdigung durch ein Leben in Ausbeutung und körperlichem Missbrauch.

Die Forderungen beziehungsweise Ansätze der feministischen Forscherinnen, die daraus resultierten, seien komplex und hätten vor allem eines im Blick: »Das noch keineswegs erledigte, nicht selten bedrückende Zusammenspiel von Herrschenden und Beherrschten.«[34] Mit der oben angesprochenen Vorgeschichte musste das Ziel der Forschenden von Anfang an sein, eine Argumentation zu erarbeiten, die frei von Zwängen, Vorurteilen und gesellschaftlichen Ansprüchen war, und einen eigenen Weg zu finden.

Eine Herkules-Aufgabe, waren – und sind bis heute – die individuellen Bedürfnisse und Lebensumstände von Frauen doch vielschichtig. Und so sind feministische Analysen und Forderungen immer gleichzeitig gerechtfertigt und übergriffig. Ein gutes Beispiel dafür ist die französische Philosophin Simone de Beauvoir. In ihrer schonungslosen Analyse »Das andere Geschlecht« beschreibt sie rhetorisch brillant die Zerrissenheit der Frauen zwischen autonomen Bestrebungen auf der einen und gesellschaftlichen Zwängen und feindseligen Stereotypen auf der anderen Seite, um dann aber mit ihrem eigenen Geschlecht hart ins Gericht zu gehen: »Zweifellos ist es bequemer, blinde Sklaverei zu erdulden, als an seiner Befreiung zu arbeiten …«, wirft sie Frauen vor.[35]

Eine Anklage, die immer noch Frauen mit Sorgeverpflichtungen mitten ins Herz trifft – und uns seltsam aktuell erscheint. Immer wieder stimmen Wissenschaftlerinnen, Politikerinnen und Journalistinnen in den Chor ein, Frauen würden es sich lieber zu Hause bequem machen, als sich ihren Platz in der Gesellschaft oder in Unternehmen oder am besten in beidem zu erkämpfen. Was wir von diesen Vorwürfen halten, haben wir immer wieder klar und deutlich kundgetan: nichts. Aber natürlich liefern wir auch an dieser Stelle gerne noch einmal die Begründung dazu. Wir halten nichts davon, weil diese Vorwürfe die Arbeiten herabwürdigt, ohne die menschliche Existenz nicht denkbar ist: Fürsorge, Kümmern und Hausarbeit.

So ringen feministische Forscherinnen also seit Jahrhunderten darum, eine Perspektive, einen Standpunkt zu finden, von dem aus Gleichheit und Freiheit als Recht für jeden und jede weltweit realisiert werden kann. Wie mühsam das ist und wie sehr dieses Ringen die gesellschaftliche Debatte um Geschlecht beeinflusst, zeigt die Kontroverse über »Essentialismus oder Konstruktivismus«.[36] Diese Debatte traf alle feministischen Forscherinnen bis ins Mark und stellt bis heute auch den Anspruch in Frage, eine Bewegung für alle oder zumindest für möglichst viele Frauen zu sein.[37]

EIN TISCH IST EIN TISCH

Im Mittelpunkt dieser Kontroverse steht die Frage, ob Menschen überhaupt in Kategorien wie »Mann« und »Frau« eingeteilt werden können. Oder ist Geschlecht nichts anderes als ein soziales Konstrukt? Losgetreten hat diese Debatte die amerikanische Philosophin Judith

Butler mit ihrer 1990 veröffentlichten Schrift *Gender Trouble*, in Deutschland unter dem Titel: *Das Unbehagen der Geschlechter* erschienen.[38]

Ihre Kernthese: Nicht nur das soziale Geschlecht der Menschen, sondern auch ihr körperliches Geschlecht sei durch die Diskussion darüber konstruiert. Das kommt uns doch aus anderen Zusammenhängen bekannt vor: Haben wir nicht in Vorlesungen über Konstruktivismus gehört, dass jeder sich selbst seine eigene Wirklichkeit erschafft, ein Stuhl nur durch unseren persönlichen Blickwinkel, unsere individuelle Wahrnehmung ein Stuhl ist? Diese Philosophie geht davon aus, dass jede Wahrnehmung verzerrt ist, es gibt keine objektive Wirklichkeit. In dieser Denkrichtung ist ein Tisch nicht für jeden ein Tisch. Nach reichlicher Beschäftigung damit müssen wir sagen: Für uns aber schon.

Für die Genderdebatte bedeutet das, wer dem Konstruktivismus folgt, kann und darf Menschen nicht auf biologische Geschlechterunterschiede reduzieren. Wer das aber tut, so Butlers Argument, tut das nur, um Herrschaft und Macht auszuüben und Ungleichheiten zu legitimieren.

Und Judith Butler geht noch weiter. Sie wirft dem Feminismus vor, durch die Ansprache der Frauen als eine Gruppe, eine gesellschaftliche Klasse, die es zu vertreten und zu stärken gilt, das Narrativ des natürlichen Geschlechtes fortzuschreiben und damit die Verteilung der Macht weiter zu verfestigen. Ein Ausbruch daraus gelänge nach Butler nur durch eine Ablehnung der Körperlichkeit und eine radikale Vervielfältigung der Geschlechteridentität. Ihre Forderung: Geschlechterrollen sollten durch eine Parodie der Geschlechteridentitäten, durch Performance, ad absurdum geführt werden. Um sie aufzuheben, müsse man die Geschlechter-Binarität in Verwirrung bringen.[39]

Ein Paukenschlag. Die Erwiderung in der Geschlechterforschung und der feministischen Öffentlichkeit ließ nicht lange auf sich warten.[40] Butler wurde »Entkörperung« vorgeworfen. Sie würde die Stofflichkeit, die Existenz des Körpers nicht nur nicht berücksichtigen, sondern negieren. Die Medizinhistorikerin Barbara Duden antwortete Judith Butler postwendend und sehr dezidiert mit ihrer Arbeit *Die Frau ohne Unterleib*[41] und schreibt darin: »Es beunruhigt mich, weil so für die Leserinnen des Buches die Illusion geschaffen wird, dass die Welt des Scheines, die Welt der Show die einzige Wirklichkeit ist, in der sie Frauen sein dürfen.« Wenn der Körper keine Rolle mehr spielt bei der Definition des eigenen Seins, dann ist lediglich das Außen der Ort, an dem ich festlege, wer ich bin, oder besser, zu was ich mich machen möchte.

DIE GRETCHENFRAGE DES FEMINISMUS

Zugegeben: Die Annahme, dass die Geschlechterkategorien »Mann« und »Frau« nicht an einen Körper gebunden sind, sondern unabhängig vom anatomischen Geschlecht von jedem Menschen selbst entschieden werden könnten, hat etwas Befreiendes. Vor allem nach Jahrtausenden der körperlichen Unterdrückung und der Zuordnung von – aus männlicher Sicht – minderwertigen Eigenschaften qua Geschlecht. Denn wenn es so wäre, dann könnte jede und jeder seinen Platz frei wählen und sich so jeder gesellschaftlichen Zuordnung und Zuschreibung entziehen.

Es hinge nur noch von ihr oder ihm ab, wie sie oder er wahrgenommen wird und wie sie oder er innerhalb einer Gemeinschaft seinen Platz findet. Was für eine Option in unserer individualisierten Gesellschaft! Die essenzielle, körperliche Sicht auf Geschlecht hat auf einmal etwas Einengendes, Rückwärtsgewandtes, gab es doch nun eine viel selbstbestimmtere Perspektive. Geschlecht als ein Statement, man könnte fast überspitzt sagen, als ein Accessoire, das man sich zulegen, aber auch wieder wechseln kann. Eine Perspektive, die ein Gefühl von Freiheit und Selbstbestimmtheit vermittelt.

Dass das bei vielen Frauen auf fruchtbaren Boden fiel, ist leicht nachzuvollziehen. Aber es gibt auch eine Kehrseite: Freiheit und Selbstbestimmung üben auf das Individuum immer auch einen enormen Druck aus. Wenn nichts mehr feststeht und alles frei verhandelbar ist, dann ist auch jede und jeder in der Pflicht, zu verhandeln und ihren beziehungsweise seinen eigenen Weg festzulegen. Schon jetzt erleben wir eine Generation junger Menschen, die diese kontinuierliche Entscheidung, die Frage danach, wer bin ich, wer will und kann ich sein, auch und gerade in Fragen von Geschlecht und Sexualität, täglich überfordert. Dabei waren und sind die Jahre der Pubertät auch ohne diese zusätzliche Komplexität herausfordernd genug. Egal, wie und wofür man sich entscheidet, die nächste Herausforderung lauert nun schon an der nächsten Ecke: Denn er oder sie oder es ist dann auch verantwortlich dafür, wenn das Ergebnis im besten Fall nicht zufriedenstellt und im schlimmsten Fall tief unglücklich macht.[42]

Butlers These hat noch eine zweite Dimension: Sie stellt, wie oben schon angedeutet, die Existenz des Feminismus als solches in Frage. Denn wenn das Geschlecht »Frau«

lediglich ein Konstrukt ist und durch eine individuelle Wahl ersetzt werden kann, wie kann es dann ein politisches Agieren im Namen »der Frauen« geben? Ein Vorwurf, den Butler 1990 zum ersten Mal laut geäußert hat und der in der Identitätsdebatte mehr und mehr an Kraft gewinnt. Ein Vorwurf, auf den der feministische Diskurs immer noch keine zufriedenstellende Antwort hat.

Vielleicht hilft noch einmal ein Blick auf den Satz von Christine Henry-Huthmacher: »Vielfalt ist … nur dann eine gesellschaftliche Stärke, wenn sie zu einer Akzeptanz in der Gemeinschaft führt. Wenn sie zur Zersplitterung einzelner abgegrenzter Identitäten beiträgt, verliert sie jede Bindungskraft.« Das würde niemandem nutzen. Um nicht falsch verstanden zu werden: Natürlich müssen wissenschaftliche Diskurse immer über die Lebenswirklichkeit hinausgehen. Sie sollen ja Zukunft denken und in ihren Gestaltungsmöglichkeiten ausloten. Aber das Unverständnis und die Radikalität, mit der die Protagonistinnen dieser Debatte sich bis heute gegenüberstehen, führen zu einer Zersplitterung, die die politische Schlagkraft als Bewegung mindestens schwächt, wenn nicht komplett in Frage stellt. Wenn alles beliebig und frei wählbar ist, gibt es kein Kollektiv mehr, keine große gesellschaftliche Gruppe mehr, die gemeinsam für ihre Interessen eintreten kann.

Zumal wir in Frage stellen, dass die Freiheit in den Extremen zu finden ist. Die radikale Aufhebung der körperlichen Geschlechtlichkeit durch eine eigene Inszenierung ist aus unserer Sicht genauso einschränkend wie die radikale Reduzierung jedes Menschen auf sein biologisches Geschlecht und dessen Eigenschaften. Wer allerdings der Meinung ist, die Geschlechterfrage müsste jenseits von geschlechtlichen Zuordnungen gelöst werden, der oder die möge sich noch einmal an die UN-Zahlen zur körperlichen Selbstbestimmung von Frauen in den Entwicklungs- und Schwellenländern erinnern. Und sich den wieder aufgeflammten Sexismus in der westlichen Welt vergegenwärtigen.

Populisten orientieren sich nicht an Denkmodellen oder intellektuellen Debatten. Sie reagieren auf das, was sie sehen, und nehmen sich das, was sie wollen. Nicht umsonst teilt die Politikwissenschaftlerin Barbara Holland-Cunz in ihrer Arbeit über die Geschichte des Feminismus eine unlängst gemachte Beobachtung: »Eine Sehnsucht nach globaler feministischer Solidarität zeigt sich … in den in zahlreichen Ländern veranstalteten Women's Marches am Tag der Amtseinführung von Donald Trump.«[43] Dieser Mann hat der gesamten Welt gezeigt, dass es sehr wohl noch möglich ist, mit jedem noch so abgegriffenen Klischee, jedem noch so dämlichen Vorurteil und schamlosen Lügen Menschen für sich zu begeistern, Politik zu machen und Geschichte zu schreiben. Von dieser Art gibt es viele – zu viele. Dieser Art Mann muss man sich entgegenstellen. Gemeinsam.

WIE ALLES BEGANN

Also suchen wir nach dem, was uns ausmacht. Und suchen nach Quellen, die uns neues Selbstbewusstsein verleihen können. Und uns vielleicht auch die Kernfrage unseres Buches beantworten: Warum liegen immer noch Welten zwischen der Art und Weise, wie sich Männer und Frauen kümmern?

Wir stoßen bald auf diesen Satz: »Geschlecht ist zuallererst eine biologische Kategorie.« Geschrieben hat ihn Eckart Voland, Biologe, Sozialwissenschaftler und emeritierter Professor für Philosophie der Biowissenschaften. Gefunden haben wir ihn in einem Artikel der Frankfurter Allgemeinen Zeitung.[44] Eine Provokation in der derzeitigen Debatte. Aber dann folgt: »Einen naturgesetzlich begründeten Katalog, der klipp und klar enthält, was im Denken, Fühlen und Handeln männlich und weiblich definiert, gibt es jedoch nicht. Der Versuch, die Geschlechter kategorial typologisieren zu wollen, ist schon im Ansatz falsch.«

Das ist beruhigend und beunruhigend zugleich. Beruhigend, weil es der von Voland angesprochenen biologischen Kategorie die Schärfe nimmt. Beunruhigend, weil zumindest wir beim Lesen dieses Satzes nicht so ganz folgen konnten. »Der Versuch, die Geschlechter kategorial typologisieren zu wollen, ist schon im Ansatz falsch.« Aha – und nun?

Wir müssen reden! Darum verabreden wir uns zum Interview mit Eckart Voland. Am Telefon räuspert sich der emeritierte Wissenschaftler auf die Frage, wie das zusammenpassen kann, Geschlecht als biologische Kategorie zu bezeichnen, die psychologischen Unterschiede der Geschlechter aber nicht? »Geschlecht ist biologisch nicht verhandelbar«, stellt er als Erstes fest. Aber: »Das Kernproblem der Geschlechterdebatte ist aus meiner Sicht, dass wir immer wieder versuchen, biologische Anlage und kulturelle und erzieherische Prägung additiv zu begreifen. Als wären die Anlagen das Fundament und die Kultur würde darauf etwas bauen und ausgestalten«, erklärt er. Vielmehr sei es so, dass die biologischen Anlagen und Umwelteinflüsse synergetisch arbeiten. Das nennt man

Evolution. Auf den Punkt gebracht heißt das: Wir werden nicht einfach als Geschlechter geboren und dann wie eine weißes Blatt Papier durch Erziehung und historische Entwicklung beschrieben, sondern unsere Biologie beeinflusst, wie wir auf unsere Umwelt reagieren und sie gestalten. Und umgekehrt.

EXKURS: EIFERSUCHT

In einem Aufsatz für die Bundeszentrale für politische Bildung führt Voland diesen Mechanismus näher aus und hat ein einprägsames Beispiel dafür zur Hand: Eifersucht.[45] Männer und Frauen reagieren in der Regel eifersüchtig, wenn ihre Partnerin beziehungsweise ihr Partner sie betrügt. Biologisch betrachtet geht es dabei um die Angst vor dem Verlust der reproduktiven Möglichkeiten. Beließe man es dabei, wäre Geschlecht als Erklärung überflüssig. Ein genauerer Blick auf die Eifersucht zeigt aber, dass sich die Eifersucht zwischen Männern und Frauen unterscheidet. Männer reagieren besonders eifersüchtig, wenn ihre Partnerin Sex außerhalb der Beziehung hat. Für Frauen hingegen ist die Angst vor der emotionalen Abwendung des Partners der bedeutendere Grund, eifersüchtig zu sein.[46] Der Unterschied, so Voland, ergebe sich, wie oben schon beschrieben, aus der strategischen Rolle des Partners beziehungsweise der Partnerin für die eigene Fortpflanzung. »Eifersucht der Männer ist ein evolutionär gewachsener Reflex auf das Problem der Vaterschaftsunsicherheit, während Eifersucht der Frauen evolutionär gewachsener Reflex auf Unterstützungsunsicherheit und Versorgungsfluktuation ist.«[47]

Im Klartext: Männer wollen die Sicherheit, dass ihre Kinder von ihnen sind, Frauen wollen, dass sie und ihre Kinder in Sicherheit sind. Dass das so ist, ergibt sich aus ihren unterschiedlichen Rollen bei der Fortpflanzung.

Was hat das Ganze mit der Kümmerfalle zu tun? Um das zu verstehen, müssen wir dem Wissenschaftler Eckart Voland noch etwas folgen: Der Mensch pflanzt sich durch Sex fort. Fortpflanzung durch Sexualität braucht aber zwei Geschlechter und ist dadurch kompliziert, Voland nennt es »teuer«. Bei einem Verzicht auf Sex und einer Vermehrung zum Beispiel durch Selbstbefruchtung würde der stellenweise beträchtliche Aufwand für die Partnerwerbung und Paarung entfallen. Außerdem entfiele der Aufwand zur Herstellung des zweiten, des nicht-generativen männlichen Geschlechts. Die Hälfte des gesamten Reproduktionsaufwandes könnte gespart werden. Der einzige handfeste biologische Grund dafür, warum sich alle Wirbeltiere durch Sex mit zwei Geschlechtern fortpflanzen, ist: Weil sie einen evolutionären Vorteil davon haben müssen. Ein größerer Genpool schützt vor Krankheiten und macht die Spezies ökologisch anpassungsfähiger.

Warum aber gibt es dann für die sexuelle Fortpflanzung zwei Geschlechter und nicht zum Beispiel drei? Die Antwort auf diese Frage ist genau das, was Soziobiologen wie Eckart Voland als den »Kern der Geschlechterdifferenz« bezeichnen.[48] Sie lautet: Weil es mehr Sinn ergibt. Die Evolution hat die Menschen belohnt, die entweder möglichst viele Keimzellen in den Fortpflanzungsprozess geben konnten, also das männliche Elternteil, oder diejenigen, die auf Qualität setzten, also ihre Keimzellen mit vielen Baustoffen und Energien anreichern wie das weibliche Elternteil. Damit war die Fortpflanzung für den Menschen perfekt. Ein drittes Geschlecht oder gar mehrere bot keine Vorteile.

Der Mensch pflanzt sich also zweigeschlechtlich mit Hilfe von vielen kleinen männlichen Keimzellen und wenigen großen und komplexen weiblichen Keimzellen fort. Diese Tatsache steht am Beginn jeder geschlechtlichen Unterscheidung. Diese Unterscheidung bildet die Basis der Geschlechtlichkeit und habe dazu geführt, so Voland weiter, dass die Geschlechter ein strategisch unterschiedliches Verhalten entwickelt haben. Frauen mit den komplexen, von Beginn an in ihrer Anzahl limitierten und qualitativ hochwertigen Keimzellen suchen im statistischen Mittel eher Bindung. Männer dagegen mit ihren sich ständig erneuernden und damit unendlich verfügbaren Keimzellen suchen eher Vielfalt und Konkurrenz.

Das Aufeinandertreffen der männlichen und der weiblichen Strategie schafft automatisch einen Markt mit Angebot und Nachfrage. Die Strategie »männlich« ist im Überangebot vorhanden, die Strategie »weiblich« dagegen ein knappes Gut, um das herum Konkurrenz entsteht. Beide Geschlechter tun das, weil das ihr Überleben und das Überleben ihrer Spezies sichert. Dieses strategische, von Beginn an unterschiedliche Verhalten hatte Einfluss auf die Art und Weise, wie sich die Geschlechter im Laufe der Evolution entwickelt haben.

Interessant im Laufe unseres Gespräches ist, dass Eckart Voland bei dieser Feststellung nicht stehen bleibt. Es geht eben nicht um Biologismus, sondern um Biologie. »Geschlecht ist durchaus auch eine Frage der Wahrnehmung«, erklärt der Philosoph. Es gibt das biologische, das hormonelle, aber eben auch das selbst wahrgenommene Geschlecht. Und all dies widerspricht sich nicht, sondern ergänzt sich. »Es ist absolut möglich, sich in keine dieser Geschlechterkategorien einzuordnen und selbstbestimmt sein Geschlecht festlegen zu wollen. Das biologische Geschlecht wird aber dennoch immer eine Rolle spielen, es ist sozusagen der Bauplan für unsere Geschlechtlichkeit«, betont er. »Das bedeutet aber mitnichten, dass die Angehörigen eines Geschlechtes alle gleich sind. Selbstverständlich spielen Erziehung und soziokulturelle Entwicklungen eine Rolle. Beseitigen können sie den biologischen Geschlechterunterschied aber nicht.«

Um es noch einmal klar und deutlich zu wiederholen: Der biologische Geschlechtsunterschied ist eine Tatsache. Diese Tatsache schafft eine Disposition, nach der sich männliches und weibliches Verhalten entwickelt hat. Das bedeutet aber nicht, dass die Angehörigen eines Geschlechts alle gleich sein müssen. Und schon gar nicht, dass sie sich dieser Disposition unterordnen müssen. Sie können sich unterschiedlich fühlen und darstellen. Sie haben aber immer die gleiche Basis, auf der das geschieht. Zugegeben, es ist eine intellektuelle Herausforderung, das zu verstehen.

Aber wenn man den Gedanken einmal zulässt, könnte er ein Hinweis darauf sein, warum trotz jahrzehntelanger Bemühungen Sorgearbeit zwischen den Geschlechtern immer noch so verteilt ist. Wir sagen nicht, dass das der alleinige Grund sein muss. Wichtig ist aus unserer Sicht nur, den Geschlechterunterschied überhaupt einmal wieder mit einer gewissen Offenheit diskutieren zu dürfen, ohne gleich in die Schublade »überholte Stereotypen« und »kulturelle Muster« gestopft zu werden. Zu lange wurde unserer Meinung nach dieser Sicht vor allem in der intellektuellen Debatte negiert, zu lange wird in sozio logischen Schriften und politischen Debatten versucht, eine Verhaltensänderung durch bloße Einsicht herbeizuführen.

DIE UMERZIEHUNGSMASCHINERIE

Einsicht in was überhaupt? Sind hier alle auf dem gleichen Wissensstand? Oder sind wir – ohne es zu merken – zur Verfügungsmasse einer gigantischen Umerziehungsmaschinerie geworden? Einer Maschinerie, die das Wohl der Wirtschaft zum Ziel hat, mitnichten aber die Bedürfnisse der Menschen? Wir haben hier nun auf vielen Seiten ausgebreitet, warum Frauen in der Tat ganz andere Bedürfnisse haben könnten als Männer. So krass das jetzt klingt: Sie zahlen einen viel höheren Preis für ihre Fortpflanzung, ihre Körper verändern sich unter Schwangerschaft und Geburt, sie sind meistens sehr viele Jahre für die Pflege ihrer Nachkommenschaft zuständig. Frauen übernehmen sehr intensiv die Verantwortung für ihre Kinder. Einen Hinweis können diese Zahlen geben: Die wenigsten Frauen etwa lassen bei einer Trennung ihre Kinder zurück, viele Väter schon. Allein die Zahl der alleinerziehenden Väter im Land – es sind gut 12 Prozent[49] – macht das deutlich. Auch wenn sich die fast 90 Prozent der alleinerziehenden Mütter dieses Schicksal nicht immer freiwillig ausgesucht haben: Die meisten von ihnen leben mit ihren Kindern zusammen. Und die überwiegende Mehrheit *will* das auch so. Einen weiteren Beleg für die Freiwilligkeit, ja das tiefe Bedürfnis von Frauen – sprechen wir es doch einfach mal aus –, relativ viel Zeit mit dem Nachwuchs zu verbringen, liefert eine *der* Stimmen des Feminismus:

Teresa Bücker konstatiert in ihrem Essay über Care-Politik als Zeitpolitik in einem Dossier der Bundeszentrale für politische Bildung: »Zwar suggeriert die mediale Verstärkung des ›neuen Vaters‹ immer wieder, eine partnerschaftliche Aufteilung der Kindererziehung sei mittlerweile die Regel, und es sei zunehmend die Norm, dass Frauen nach der Geburt eines Kindes spätestens nach einem Jahr wieder in den Beruf zurückkehren, doch das stimmt nicht. In den Familien, in denen beide Partner*innen einem Beruf nachgehen, arbeiten in 70 Prozent der Konstellationen die Mütter in Teilzeit und die Väter in Vollzeit.« Und weiter schreibt sie:

»Im öffentlichen Bewusstsein und insbesondere im politischen Gleichstellungsdiskurs spielen die Zahlen zur tatsächlichen Arbeitsaufteilung in Familien zu selten eine Rolle … Dass ein signifikanter Anteil der Mütter die gesamte Dauer der Kindheit ihrer Kinder keinem Beruf nachgeht und bei den erwerbstätigen Müttern die große Mehrheit in Teilzeit arbeitet, zeigt deutlich, dass die familiäre Care-Arbeit diese Zeit braucht.«[50]

Und wir möchten hinzufügen: Zeit, die sich Frauen offenbar nehmen wollen. Allen Nachteilen zum Trotz. Auch wir haben in unseren beiden Büchern dieses Zeitproblem in allen möglichen Facetten beschrieben. Wir kommen nun aber in unserem dritten Buch zu einem neuen, einem umfassenderen Schluss. Für Bücker liegt auf der Hand: »Care-Arbeit neu zu verteilen und aufzuwerten, ist eine der drängendsten politischen Machtfragen, da ohne sie die Gleichberechtigung der Geschlechter nicht gelingen kann.«[51] Genau. Wir gehen sogar noch einen Schritt weiter: Es kann nicht nur darum gehen, sie neu zu verteilen und endlich, endlich, auch die Männer mehr zu beteiligen. Nein, Care-Arbeit muss grundsätzlich als *Arbeit* anerkannt werden. Selbst und vielleicht gerade, wenn jemand sie ausschließlich leistet. Und deswegen keiner Erwerbsarbeit nachgehen kann – oder möchte. Und es muss darum gehen, zu akzeptieren, diejenigen Frauen – das sind bei weitem nicht alle, aber viele –, die so leben möchten, nicht abzuwerten. Wir müssen aufhören, ihnen das Gefühl zu geben, sie machten etwas falsch. Im Gegenteil – ob nun biologisch hergeleitet oder nicht: Wir müssen Wege finden, dass alle Menschen so leben können, wie es ihren persönlichen und ureigenen *Bedürfnissen* entspricht. Ohne diese Bedürfnisse, welche auch immer es sein mögen, pauschal und aus rein wirtschaftlichen Interessen zu bewerten. Denn genau das ist passiert, als die große Umerziehungsmaschine ansprang. Und sie läuft und läuft und läuft.

In einem Tweet im Mai 2021 hat Bücker auf unser Buch *Der tiefe Riss*[52] hingewiesen, in dem wir all das haarklein beschrieben haben: Wie wenig Wert unsere Gesellschaft Care-Arbeit zumisst und was für Konsequenzen das für diejenigen hat, die Care-Arbeit leisten. Wir betonen immer wieder, dass es keinen Sinn macht, immer nur an das Individuum zu appellieren, jetzt doch endlich arbeiten zu gehen (Frauen) oder doch endlich Fürsorgearbeit zu übernehmen (Männer). Wir dürfen nicht jeder und jedem ein schlechtes Gewissen machen, wenn er, sie oder es sich für etwas entscheidet, was von außen sinnlos, altbacken oder stereotyp erscheint. Wobei: Das Label »altbacken« und »zurückgeblieben« wird ja weiterhin nur Frauen angeheftet. Die sorgenden Männer sind die neuen Helden unserer Zeit. Auch wenn sie dies vielleicht nur in Teilzeit tun oder während der zweimonatigen Eltern-Auszeit auf den Malediven.

Wogegen wir uns wehren, seit wir gemeinsam Bücher schreiben, ist der Anspruch an Frauen und Männer, sich und ihre Lebensentwürfe zu optimieren. Ein Anspruch, den Politik, Wissenschaft und Wirtschaft immer lauter stellen, ohne die Bedürfnisse der Betroffenen zu kennen, ernst zu nehmen und echte strukturelle Veränderungen anzubieten. Care-Arbeit als sinnvolle und unerlässliche Tätigkeit in einer Gesellschaft anzuerkennen, ist keine Frage der individuellen Optimierung von Männern und Frauen oder Müttern und Vätern. Es ist eine Frage des politischen Willens.

Aber Anerkennung und Aufwertung können aus unserer Sicht nicht daraus resultieren, dass wir bei den Müttern die Stirn runzeln, wenn sie ihre Kinder versorgen, aber die Väter gleichzeitig mit einem wohlwollenden Lächeln und allerhand soziologischem Hintergrundwissen dazu auffordern, diese wenig geschätzte Arbeit zu übernehmen. Oder erhoffen wir uns etwa für die Care-Arbeit den Effekt, den auch andere Berufe erfahren haben, wenn sie Männer übernehmen? Nach dem Motto: Wenn es Männer machen, ist es plötzlich gesellschaftlich wertvoll und wird sogar in der Folge besser bezahlt? Das kann es ja wohl nicht sein. Wobei, ein interessanter Gedanke ist das schon. Würde Fürsorgearbeit endlich und ein für alle Mal anerkannt, wenn die Mehrzahl der Männer sie ausschließlich übernähme? Und wenn sie – wie auch immer – honoriert würde?

WOLLEN MÄNNER WIRKLICH WIE FRAUEN SEIN?

Eine ähnliche Herangehensweise haben offenbar auch Marc Gärtner und Elli Scambor. In ihrem Artikel »Männlichkeiten und Sorgearbeit« beschreiben die beiden Soziologen die »Caring Masculinities«, eine »Variante von Männlichkeit, die aus der feministischen Fürsorgeethik abgeleitete Werte umfasst«.[53] Darin stellen sie die Frage: Warum sollten Männer Sorgearbeit übernehmen? Ihre Antwort: Weil dieses Feld auch eine Befreiung von traditionellen Männlichkeitsanforderungen bieten würde. »Traditionelle, hegemonial strukturierte Anforderungen an Männlichkeit werden auch als ›toxisch‹ beschrieben, weil sie auf Machtstreben und Konkurrenz, ungesunden und manchmal unglücklichen Lebensweisen und auch auf Gewalt basieren.«[54] Dem würde niemand widersprechen. Im Gegenteil, wir werden im vierten Kapitel noch ausführlich darauf eingehen. Die Autoren zitieren Studien, nach denen sich 70 Prozent der befragten Männer nicht nur eine Ernährer-, sondern auch eine Betreuer- und Erzieherrolle wünschen. Kommt es dann aber zum Schwur, ist es nach wie vor so, dass die meisten Männer weiterhin mehr im Job arbeiten als ihre Frauen – und ein Wechsel auf eine Teilzeitstelle bleibt eine Ausnahme.

Dafür kann man selbstverständlich weiterhin Umweltfaktoren verantwortlich machen. Die Arbeitgeber, die den Vätern nicht genügend Rückhalt und Raum für Fürsorge bieten, die Politik, die nach wie vor durch das Ehegattensplitting die Rollenaufteilung innerhalb der Familien unterstützt. Oder liegt es an der Tatsache, dass unsere Gesellschaft nach wie vor eine klare Vorstellung davon hat, wie sich Männer zu verhalten haben? Übermäßige Fürsorglichkeit gehört bislang nur sehr begrenzt dazu.

UNTERSCHIEDLICHE WEISEN, ZU SEIN

Natürlich gibt es sie, die unterschiedlichen Weisen, zu sein. Und je ausdifferenzierter, individualisierter und offener unsere Gesellschaft wird, umso unterschiedlicher sind unsere Bedürfnisse, Ziele und Wünsche. Jede und jeder kann mit Recht erwarten, in einer freien Gesellschaft so leben zu können, wie sie oder er denkt und fühlt. Aber die Basis, auf der er oder sie das tut, existiert seit dem Anbeginn der Menschheit. Die Psychologin Doris Bischof-Köhler hat versucht, mit ihrer Schrift *Von Natur aus anders. Die Psychologie der Geschlechterunterschiede* die Diskussion zu versachlichen.

Aus ihrer Sicht ist Biologie durchaus die Grundlage, bestimmte Neigungen zu entwickeln. Aber Biologie zwingt keine Frau als Mutter zu Hause zu bleiben. Und dennoch fühlt sich offenbar eine große Anzahl der Mitglieder des Geschlechts »Frau« wohl damit, fürsorglich zu sein. Und ja, andere tun das nicht. Aber die grundsätzliche Ablehnung einer bestimmten Disposition, ja geradezu ein Verbot, in bestimmter Weise zu fühlen und auch zu handeln, hat uns in dieser Debatte keinen Schritt weitergebracht. Im Gegenteil, wir haben uns in Analysen und Schuldzuweisungen verheddert, die seit Jahrzehnten für eine Menge Elend sorgen. Bischof-Köhler sagt: Biologische Anlage und kulturelle Prägung der Umwelt sind keine Konkurrenten. Biologie bedeute eben nicht, dass wir dadurch in unserem Verhalten oder Leben festgelegt wären.

Wir sind als Menschen frei, uns zwischen verschiedenen Lebensentwürfen zu entscheiden. Aber: Manche Verhaltensweisen liegen uns aufgrund unserer geschlechtlichen Anlagen offenbar näher als andere. Auch hier bestätigen wieder Ausnahmen die Regel. Die Wirkung natürlicher Dispositionen sei eher auffordernder Art, »sie legen uns bestimmte Verhaltensweisen näher als andere«.[55] Auch Eckart Voland sagt ja genau das: Unser biologischer Bauplan bestärkt uns in einem gewissen Verhalten.

Wie sich dieses unterschiedliche Verhalten zeigt, verdeutlicht Bischof-Köhler mit einer schwedischen Studie: Darin wurde das Verhalten von Hausmännern, voll berufstätigen Müttern und Eltern, die in einer klassischen Rollenaufteilung leben, miteinander verglichen. Zwei Monate lang beobachteten die Forscher 50 Familien mit acht Monate alten Babys jeden Abend und verglichen die folgenden Verhaltensweisen: Halten des Säuglings, Spielen, Zuneigungsäußerungen wie Schmusen und Küssen, Ansprechen, Lächeln und Pflegeleistung. Dabei ist Folgendes besonders interessant: Die Männer, die die volle Verantwortung für die Familienarbeit übernommen hatten, spielten deutlich weniger mit ihren Kindern als berufstätige Väter. Sie hielten sich am Abend aber auch bei allen anderen Verhaltensweisen zurück und beschäftigten sich insgesamt weniger mit ihren Kindern. »Sofern sie sich nicht bewusst zurückhielten, um den Müttern den Vorrang zu lassen, könnte man annehmen, dass die tägliche Routine sie so mitgenommen hatte, dass ihnen die Lust an mehr Beschäftigung vergangen war.« Bei den Müttern, die für ihr Kind zu Hause geblieben waren, war von dieser Erschöpfung nichts zu merken. Sie beschäftigten sich nach wie vor intensiv mit ihrem Kind.

Besonders spannend aber war das Verhalten der berufstätigen Mütter. Sie spielten zwar nicht besonders viel mit ihrem Kind am Abend, dafür gaben sie ihm aber sehr viel zärtliche Zuwendung. Sie hielten die Kinder lang im Arm, tauschten Zärtlichkeiten aus und nahmen kleine Pflegeleistungen an ihnen vor. So als wollten sie nachholen, was sie an Zärtlichkeit und Pflege während des Tages versäumt hatten. Bei berufstätigen Vätern war dieses Phänomen nicht zu beobachten. Diese Untersuchung lege nahe, so Bischof-Köhler, dass der männliche und weibliche Umgang mit dem Kind nicht nur eine Folge der Art der Beschäftigungsanforderung sei, sondern tiefergehende Ursachen haben müsse.[56]

Sie geht sogar so weit zu sagen, dass sich bei Frauen »Hinweise auf ein evolutionär ursprünglicheres Programm (finden), das seine Wurzeln in der tierischen Brutpflegemotivation haben dürfte und hormonell unterfüttert ist. Das Gewicht, das pflegerisches Verhalten auch für berufstätige Mütter hat, … oder wenigstens die Einplanung einer Familienphase in den Lebensplänen moderner Frauen sprechen dafür, dass die unmittelbare Betreuung von Kindern einen Stellenwert hat, der sich aus dem bloßen Bestreben, gängigen Stereotypen zu entsprechen, nicht mehr erklären lässt.«[57]

DIE FREIHEIT DER EINZELNEN, DIE MISSACHTUNG DER VIELEN

Die Unterschiede zwischen den Geschlechtern und ihrer Art, Fürsorgearbeit zu leisten, könnten die Auswirkungen biologischer Dispositionen sein. Diesen Blick überhaupt einmal zuzulassen, ohne sofort in eine reflexartige Abwehrhaltung zu gehen, wäre eine Möglichkeit, sich der Rollenaufteilung in unserer Gesellschaft anders zu nähern, sie mit einer gewissen Offenheit zu hinterfragen und dadurch eventuell zu besseren, nachhaltigeren Lösungen zu kommen, als es bisher der Fall ist.

Noch einmal: Nichts ist damit zementiert und festgelegt. Wir plädieren dafür, das vermeintlich stereotype Geschlechterverhalten einer Mehrzahl von Menschen nicht von vornherein zu verdammen und in die Mottenkiste der Geschichte zu legen. Die Frage, warum wir so sind, wie wir sind, ist zu komplex, um sie ausschließlich kulturellen Normen *oder* biologischen Voraussetzungen unterzuschieben. Aber es ist aus unserer Sicht sinnvoll, beides zu kennen und ein Zusammenspiel nicht auszuschließen. Und anzuerkennen, dass eine Mehrzahl von Männern und eine Mehrzahl von Frauen ähnlich fühlt, denkt und handelt.

Die kanadische Psychologin Susan Pinker schreibt dazu: »Die Missachtung von Geschlechterunterschieden hat … den ungewollten Effekt, dass die kognitiven Stärken und Präferenzen von Frauen abgewertet werden.« Und weiter: »Die Unterschiede zwischen Geschlechtern anzuerkennen ist die einzige Möglichkeit, die paradoxen Motive und Entscheidungen von Männern und Frauen zu verstehen – auch wenn sie das Gegenteil von dem zu sein scheinen, was wir erwarten.«[58]

Susan Pinker hat jahrzehntelang über »schwierige« Jungen, mit denen sie in ihrer kinder- und jugendpsychologischen Praxis zu tun hatte, und hochbegabte Mädchen geforscht. Diese Gegensätze eröffneten ihr einen interessanten Blick auf die Geschlechterdebatte. Denn zu erwarten wäre gewesen, dass die hochbegabten Mädchen als erwachsene Frauen im Beruf erfolgreicher sein würden als die auffälligen Jungs. Dem war aber nicht so. Viele der in ihrer Jugend als schwierig geltenden Männer waren später sehr erfolgreich, während viele der hochbegabten Mädchen irgendwann aus ihren gut bezahlten und renommierten Jobs ausstiegen, um sich anderen Aufgaben zu widmen. Warum? Susan Pinker hat in ihrer jahrzehntelangen Forschung herausgefunden: Weil sie es wollen. Weil ihnen andere Werte wichtig sind. Für Frauen seien intrinsische Belohnungen, einen Sinn hinter dem zu sehen, was sie tun, wichtiger als konkrete Vergünstigungen in ihrem Beruf, Prestige oder Macht.[59]

Wir stellen fest: Familie ist für viele Frauen ein wichtiges Lebensziel, ihr Investment in Familie, Bindungen und Beziehungen scheint ihnen sinnvoll und ein persönliches Anliegen. Wie wäre es, das einfach einmal so anzuerkennen? Warum müssen wir das immer wieder be- oder abwerten? Frauen entscheiden sich für Fürsorge, dafür, sich hingebungsvoll um ihre Kinder zu kümmern – weil sie es *wollen.* Weil es ihnen ein Bedürfnis ist, ja, weil es sie vielleicht sogar glücklich macht und ihnen Selbstbewusstsein gibt. Warum wollen wir ihnen das absprechen?

Es macht aus unserer Sicht keinen Sinn, die Frage nach dem Unterschied im Verhalten der Geschlechter rein ideologisch zu führen. Ideologien gehen allzu oft an der Lebenswirklichkeit von Menschen vorbei und verhärten Fronten. Sich darauf zurückzuziehen, dass diejenigen, die eher geschlechterstereotype Verhaltensweisen zeigen, eben noch nicht gründlich genug über sich nachgedacht hätten oder eventuell dazu intellektuell gar nicht in der Lage seien, ist weder zielführend noch fair. Wenn wir das Leben des Großteils der Männer und Frauen leichter und vor allem gerechter machen wollen, darf das weder über Umerziehung noch über Druck geschehen, sondern muss sich an der Lebensrealität der Menschen orientieren.

Die kann sich ändern, keine Frage. Sie verändert sich mit jeder Generation aufs Neue. Nur die Diskussionen bleiben gefühlt dieselben. Wir brauchen neue Ideen, breitere Debatten und mehr Reflexion. Bis wir gute Lösungen gefunden haben, muss ein Rahmen geschaffen werden, in dem sich alle aufgehoben und gerecht behandelt fühlen. Dafür muss die Politik aber das Verhalten eines Großteils der Menschen nicht nur in endlosen Studien zur Kenntnis nehmen, sondern endlich auch anerkennen und absichern.

Die Hierarchie zwischen den Geschlechtern ist nicht durch den Unterschied zwischen ihnen entstanden, sondern durch die immer noch existierende Bewertung dieser Unterschiede. Das muss aufhören. Denn hier liegt der Schlüssel zu einem gerechteren Leben für alle.

3

DIE KÜMMERFALLE

FÜRSORGE IST DER BLINDE FLECK DER POLITIK

Die Hierarchie verändern oder überwinden – eine schöne Idee. Im Moment sitzen aber noch diejenigen, auf die sich alle verlassen, in der Falle. Nicht zuletzt hat uns die Corona-Krise mit aller Macht vor Augen geführt, wer unsere Gesellschaft zusammenhält: Frauen, die sich kümmern. Statt Applaus von Großstadtbalkonen wäre schnelle, substanzielle Unterstützung schön gewesen. Es hat aber fast ein Jahr gedauert, bis eine hochrangige Politikerin zumindest die revolutionäre Einsicht hatte: Homeoffice und Kinderbetreuung gehen nicht gut zusammen.[1] Willkommen in unserer Welt!, möchte man da rufen.

Auch ohne Häme bleibt vielen von uns nur ein genervtes Seufzen. Ja, das ist es doch genau: Wofür verlangen wir denn mehr Kitaplätze, Ganztagsschulen oder andere angemessene Hilfen für unseren täglichen Drahtseilakt? Doch nicht, weil wir meinen, wenn wir nur im Homeoffice arbeiten könnten, ginge das alles von ganz allein. Bestimmt nicht. Denn, man kann es nicht oft genug sagen, Care-Arbeit ist ein Vollzeitjob, und weibliche Erwerbstätigkeit, ob nun im Homeoffice oder außer Haus, funktioniert nur, wenn jemand anders all die Aufgaben, die damit zusammenhängen, übernimmt. Wie strukturell konservativ, wie festgefahren unser Land immer noch ist, das trat – entgegen allen anderslautenden Beteuerungen vieler Politikerinnen – endlich einmal offen zu Tage. Das einzig Gute daran ist hoffentlich, dass es nun durch diese Krisensituation auch dem und der Letzten klargeworden ist.

AUCH EIN KAFFEEKLATSCH IST CARE-ARBEIT

Ein kleines Beispiel für nur eines der vielen Missverständnisse, die zum Thema Sorgearbeit noch herumgeistern: Ein Mann kommt am späten Nachmittag von der Arbeit nach Hause und findet seine Partnerin im innigen und fröhlichen Gespräch mit drei Freundinnen. Eine Menge Kinder toben durch die Wohnung, der Kaffee dampft auf dem Tisch, es duftet nach Apfelkuchen. Er denkt »Wofür mache ich das alles eigentlich? Die vielen Konferenzen, Projekte, die ermüdenden Kämpfe mit Chefinnen und Mitarbeitern. Und sie sitzt hier beim Kaffeeklatsch und lässt es sich gut gehen?« Nun, so kühn das vielleicht klingen mag – auch das ist Care-Arbeit. Fürsorge also. Für sich und für andere. Almut Schnerring und Sascha Verlan fassen das, zwar in einem anderen Zusammenhang, aber dennoch treffend, so zusammen: »Für die einen ist Care-Arbeit so selbstverständlich, für die anderen so fern, dass sich beide Seiten der Tragweite und Dimensionen von Sorgearbeit kaum bewusstwerden und vieles unausgesprochen bleibt.«[2]

Was passiert denn an diesem Kaffeetisch? Es werden soziale Bindungen gestärkt, ein Gefühl von Gemeinschaft entsteht. Es werden soziale Kontakte der Kinder genährt. All das ist Fürsorge. Nicht nur das Kümmern um Mahlzeiten und saubere Wäsche. Nein, auch der gesamte Kosmos von sozialen Interaktionen, vom Zeigen, was Liebe und Fürsorge ist. Auch der selbstgebackene Apfelkuchen für die Freundinnen und deren Kinder ist Liebe und damit Fürsorge. All diese Dinge zeigen auch der zukünftigen Generation, wie man sich um andere kümmert, seine Wertschätzung zeigt und auch für sich selbst sorgt. Gerade in unserer immer schneller werdenden Zeit eine unverzichtbare Fähigkeit, die oft noch viel zu wenig in den Blick genommen wird. Eine Fähigkeit, die auch in Zukunft wichtig bleiben wird, wenn nicht sogar wichtiger wird. Auch wenn immer noch so getan wird, als gebe es all das einfach so und nebenbei.

Ganz ehrlich: Wir alle haben uns von diesem Blick auf Arbeit, die fast ausschließlich als Erwerbsarbeit definiert wird, ein bisschen das Gehirn vernebeln lassen.

Nur bezahlte Arbeit ist richtige Arbeit, das haben auch wir viel zu lange geglaubt. Und sind damit einem Kapitalismus-Konzept aufgesessen, das offenbar nicht für alle gemacht ist. Denn wenn wir den Kaffeetisch jetzt mal verlassen und uns der Theorie widmen, müssen wir feststellen: Die moderne kapitalistische Ökonomie ist durch genau diese Trennung gekennzeichnet, die Trennung zwischen dem vermeintlich Produktiven, also Erwerbsarbeit für den Markt, und dem Un-, bestenfalls Reproduktiven, also den meist weiblichen Tätigkeiten jenseits des Marktes.[3] Dem als nicht-ökonomisch Abgetrennten wird kein Wert zugemessen, deshalb geht es auch nicht in das Wohlfahrtskonzept dieser Ökonomie ein. Auf Deutsch gesagt: Wir alle leben von Fürsorge, in der Gesamtbetrachtung unserer Wirtschaft aber spielen Wohlbefinden, Glück und Zufriedenheit keine Rolle. Wir haben das zwar schon lange gespürt – wie zerstörerisch diese Trennung ist, haben wir aber erst spät verstanden.

Und erst mit der in den letzten Jahren mehr in die Öffentlichkeit gerückten Care-Debatte die Augen aufgemacht und erkannt: Auch Care muss gesehen, belohnt, anerkannt und bestenfalls sogar angemessen entlohnt werden. Denn das Sorgen im Heute sichert die Zukunft, nur durch Regeneration können wir den Planeten und unsere Menschlichkeit erhalten. Nur so können auch zukünftige Generationen sicher und frei ihr Leben gestalten.

Aber richten wir noch einmal den Blick auf das vermeintlich Kleine: Wir sollten die Augen dafür öffnen, was Care alles ist. Besonders wichtig scheint uns unter anderem der soziale Aspekt. Deshalb stellen wir die These auf, dass auch ein Kaffeekränzchen Arbeit ist. Soziale Arbeit. Und, zweitens und vielleicht sogar noch wichtiger, dass auch *Fürsorge für sich selbst* mehr Aufmerksamkeit verdient. Und zwar nicht unter einem utilitaristischen Aspekt, also Fürsorge für sich, um besser funktionieren zu können im kapitalistischen System. Sondern um Mensch sein und bleiben zu können. Einfach so. Weil es ohne für sich selbst sorgende Menschen keine menschliche Gesellschaft geben kann. So einfach ist das – und doch so schwierig.

Was wir besonders störend finden an dieser oft einseitigen Debatte darüber, was nun Arbeit ist und was nicht, ist Folgendes: Die Zuweisung von Care-Arbeit an Frauen ist gesellschaftlich erwünscht, es wird aber nicht offen ausgesprochen. Im Gegenteil: Diese Zuweisung wird auch noch gegen die Frauen selber gerichtet. Nach dem Motto: Ihr seid ja selber schuld, wenn ihr euch kümmert und dafür andere Dinge vernachlässigt. Nun müssen wir an dieser Stelle ein wenig differenzieren: Wir haben in Kapitel 2 darauf bestanden, dass Frauen anders sind, sich möglicherweise sogar qua Geschlecht mehr für das Kümmern zuständig fühlen – und dies auch aus vollem Herzen tun. Es ist uns wichtig, hier zu betonen, dass eine ganze Gesellschaft sehr gut davon lebt. Dennoch macht sie denjenigen ein schlechtes Gewissen, die diese Aufgaben übernehmen.

Ein Vorwurf im Übrigen, der nur gegen sorgende Frauen erhoben wird. Der sorgende Mann wird leicht zum Helden. Auch wenn es wenige sind: Auch Männer können selbstverständlich mehr Aufgaben in Haushalt und Familie übernehmen, einige erheben den Anspruch darauf auch immer lauter. Allerdings nicht in letzter Konsequenz: Die Männer, die ihr Leben dem Sorgen um andere vollständig widmen und die damit einhergehenden Nachteile in Kauf nehmen, sind noch in der absoluten Minderheit. Und wir fürchten, sie werden es auch bleiben. Die Schlussfolgerung daraus kann für uns deshalb nicht heißen: Ab sofort drehen wir den Spieß einfach um oder teilen alles Halbe-Halbe.

Nein, unsere Schlussfolgerung lautet: Wir müssen *alle* Tätigkeiten als gleichwertiges Wirtschaften begreifen und bewerten. Erst dann löst sich die geschlechtliche Prägung der Ökonomie auf und es wird letztlich egal, wer welche Tätigkeiten übernimmt. Und – jetzt gehen wir noch einen Schritt weiter – erst dann könnten Frauen ohne abgewertet zu werden das tun, was sie wollen: Jobs und Kinder haben. Für alles die Zeit bekommen, die sie für den jeweiligen Bereich aufwenden wollen. Und Männer könnten das auch.

VON MUSIK UND ANDEREN NEBENGERÄUSCHEN

Fürsorge ist und bleibt ein blinder Fleck der deutschen Politik. Das ist so, weil sie weitgehend unsichtbar ist. Care-Arbeit ist ein bisschen wie diese beruhigende Musik in Fahrstühlen oder Hotellobbys. Sie läuft immer im Hintergrund mit, kaum wahrnehmbar, sorgt aber im besten Fall für eine angenehme Stimmung. Wäre sie nicht da, hörten wir das Klappern und Ächzen des Fahrstuhls, das Klirren von Gläsern an der Bar und alle anderen, weniger angenehmen Geräusche in der Umgebung. Diese Begleitmusik lullt uns ein und beruhigt uns, ohne dass wir sie bewusst wahrnehmen. Und genauso ist es mit dem Sorgen für und um andere: Es ist eine Selbstverständlichkeit in unser aller Leben. Nur wenn sie *nicht* stattfindet, fühlt sich auf einmal alles schal und leer an.

Schauen wir kurz in unseren persönlichen Familienalltag: Während wir an diesem Buch saßen, haben wir verkündet, wir könnten uns eine Zeitlang weder um die Sauberkeit im Haus noch um jedes Abendessen kümmern. Was ja nicht nur dessen Zubereitung beinhaltet, sondern auch schon die Gedanken darüber, was es überhaupt geben soll. Welche Gerichte wir vegetarisch und vegan abwandeln können für bestimmte Familienmitglieder, und wie diese dann an ihre Proteindosis kommen. Wann und wo all das eingekauft werden muss, am besten in Bioqualität und zu Preisen, die unser Budget nicht sprengen.

Wir mussten abtauchen in dieses Projekt, um voranzukommen. Alle sahen das ein und übernahmen bereitwillig Aufgaben. Mit dem Effekt, dass das Badezimmer von einigen Familienmitgliedern noch als sauber betrachtet wurde, während andere nur noch mit Gummihandschuhen die Wasserhähne aufdrehten. Die Wäsche quoll aus den Wäschekörben, aber solange alle – im Lockdown war das ja besonders einfach – noch eine tragbare Jogginghose zur Hand hatten, schien das niemanden zu kümmern. Gekocht wurde immerhin mit Enthusiasmus, das Aufräumen der Küche klappte auch noch halbwegs. Man merkte erst nach ein paar Tagen, dass plötzlich alle Gläser auf der Arbeitsplatte festklebten … Seit wann gehörte denn auch das Reinigen der Arbeitsflächen zum Kochen? Das konnte nun wirklich keiner ahnen.

Dass der Laden insgesamt und in allen Details läuft – all das ist Care-Arbeit. Es ist nicht nur das Anziehen der Kinder oder die körperliche Pflege Angehöriger. Es ist der gesamte Komplex von Sich-Gedanken-machen-um, Sorgen-für, von Mahlzeiten planen bis Waschbecken schrubben. Von Impftermine erinnern bis Geburtstagsgeschenke kaufen. Fragen »Wie geht es dir eigentlich im Moment?«, und dann die Zeit aufbringen, genau zuzuhören.

DIE RECHNUNG KOMMT IN DER MITTE

Eine neue Untersuchung aus Wien[4] zeigt wieder einmal: Vor allem Akademikerinnen verzichten in Deutschland und Österreich auf Kinder, denn sie zahlen nach intensiver Ausbildung einen besonders hohen Preis, wenn sie sich für Familie entscheiden. Keinen Zusammenhang zwischen Bildungsgrad und Kinderlosigkeit gibt es dagegen nur in wenigen Ländern wie der Tschechischen Republik, Norwegen, Ungarn und Belgien.[5]

Jenseits von Akademikerinnen haben wir aber noch gar

nicht über eine weitere Gruppe von Frauen gesprochen, für die es noch trüber aussieht. Frauen, die Kinder haben, dazu einen schlechtbezahlten Voll- oder Teilzeitjob, Frauen also, die sich kaputtarbeiten, in der Arbeit und zu Hause – und deren Rente trotzdem nicht zum Leben reicht. Expertinnen nennen hier eine Einkommensgrenze, ab der die Altersarmut bedrohlich nahekommt: Wer weniger als 2500 Euro Bruttoeinkommen hat, ist nach all den Reformen und Reförmchen im deutschen Rentensystem nicht mehr vor Altersarmut sicher.[6]

Es ist eine bittere Wahrheit: Die Erwerbstätigkeit von Frauen – die Quote von berufstätigen Frauen ist in Deutschland mit etwa 70 % relativ hoch, davon arbeitet aber ein sehr großer Teil, in Westdeutschland rund 40 Prozent, in Teilzeit[7] – sichert ihnen keine auskömmliche Rente. Weil sie in sogenannten Frauenberufen arbeiten. Die neuerdings zwar systemrelevant sind, aber trotzdem furchtbar schlecht bezahlt. Skandalöser geht es nicht. Ein Beispiel: Eine Erzieherin verdient bei 20 Wochenstunden 1774 Euro brutto. Das bringt später eine Rente von knapp 680 Euro – nach 40 Jahren Berufstätigkeit![8] Noch eine Zahl, die das ganze Ausmaß der prekären Situation von Frauen hierzulande zeigt: Im Durchschnitt erhalten Frauen in Deutschland 45 Prozent weniger Rente als Männer. Damit ist Deutschland neben Luxemburg trauriger Spitzenreiter in Europa.[9]

Da die Frage, wie Fürsorge und Hausarbeit in Deutschland gerechter verteilt und besser honoriert werden können, nicht befriedigend beantwortet wurde, finden sich Frauen vor allem in der Lebensmitte in einer komplizierten – und ökonomisch vulnerablen – Position. Sie sind es, die überwiegend von Altersarmut bedroht sind. Weil sie überwiegend in Teilzeit gearbeitet und sich vor der Reform des Unterhaltsrechts auf eine gewisse Absicherung in der Ehe verlassen haben. Sie sind es, die massiv in zukünftige Generationen investiert haben – und nun nichts zurückbekommen. Ausgerechnet in der Lebensmitte lässt der Gesetzgeber sie allein. Und er tut das offenbar ohne jegliches Unrechtsbewusstsein. Schließlich, so das Narrativ, sei längst bekannt, dass nur die finanzielle Vorsorge für sich selbst Sicherheit verspricht.

Die Zahl der Frauen, die schon in naher Zukunft von staatlichen Transferleistungen abhängig sein wird, ist enorm.[10] Schon heute ist die Zahl der Menschen, die Grundsicherung im Alter beziehen, auf einem Rekordstand. Mehr als 564.000 Menschen in Deutschland bekamen diese Leistung Ende 2020, es ist der höchste Stand seit ihrer Einführung im Jahr 2003.[11] Und es wundert uns nicht. Vor allem Frauen sind laut Statistischem Bundesamt auf Grundsicherung angewiesen. Die Bertelsmann-Stiftung hat in ihrer Studie alarmierende Zahlen zu Tage gefördert, auch sie stellt fest: Es sind vor allem alleinstehende Frauen, die dem Schreckgespenst Altersarmut ins Auge blicken müssen. Ihre Erwerbstätigkeit ist immer noch geringer als die der Männer, die Gehälter niedriger, die finanziellen Lebensrisiken durch Fürsorgearbeit höher.

In ihrer Simulation untersuchen die beiden mit der Studie beauftragten Wirtschaftsforschungsinstitute die Einkommen der Generationen, die zwischen 1947 und 1969 geboren sind. Also genau der Altersgruppe, auf die wir uns auch bei der Frage nach den Folgen später Trennungen konzentriert haben. »Unsere Analysen zeigen, dass das Armutsrisiko über die Zeit ansteigt. Auf Basis der Simulationen finden wir, dass die Armutsrisikoquote[12] von etwa 16 Prozent in den Jahren 2015-2020 auf 20 Prozent in der zweiten Hälfte der 2030er Jahre zunimmt, also um 25 Prozent.«[13]

Des Weiteren fanden sie heraus, dass sich das Armutsrisiko stark nach Gruppen unterscheidet. Über den gesamten Zeitraum sei das Risiko besonders hoch für Personen mit geringer Bildung, alleinstehende Frauen und Personen, die von Langzeitarbeitslosigkeit betroffen waren oder die einen Migrationshintergrund haben. Es erklärt sich eigentlich von selbst, dass Menschen mit langen Erwerbsbiografien in allen Perioden ein sehr niedriges Armutsrisiko haben. Für Haushalte in Ostdeutschland steige das Armutsrisiko stark an.

»Bis 2031–2036 wird sich … das Armutsrisiko für Neurentnerinnen und Neurentner in Ostdeutschland im Vergleich zu Neurentnerinnen und Neurentnern in Westdeutschland fast verdoppeln: Die Armutsquote wird dann bei ca. 36 Prozent und die Grundsicherungsquote bei 11 Prozent liegen.«[14] Ein zentraler Grund dafür seien die aufgrund der hohen Arbeitslosigkeit der 1990er und frühen 2000er Jahre zunehmend schlechten Erwerbsbiografien zukünftiger Rentnerkohorten in den neuen Ländern.

SEHENDEN AUGES IN DEN ABGRUND

Kritisch sehen die Autorinnen der Studie auch Reformen am Rentensystem der jüngsten Zeit: So zielten einige der Reformvorschläge vor allem auf eine Einkommensverbesserung von Personen ab, die viele Jahre in die gesetzliche

Rentenversicherung eingezahlt hätten. Diese seien aber ohnehin weit weniger von Altersarmut bedroht als die anderen genannten Risikogruppen. Ein weiteres besorgniserregendes Fazit: »Politikreformen, die allein auf eine Reduzierung des Armutsrisikos im Alter abzielen, werden derzeit nicht prominent diskutiert.«[15]

Auch wir haben in unseren vorherigen Büchern mehr als einmal moniert, dass die Reformen der vergangenen Jahre nichts an dem grundlegenden Problem der mangelnden Absicherung von Sorgearbeit ändern und viele Menschen davon nicht oder kaum profitieren. Unabhängig vom Thema »Absicherung von Sorge« kommen auch die Studienautorinnen zu dem Schluss, dass ein Großteil der jüngsten Rentenreform-Beschlüsse nicht primär der Armutsvermeidung dient – sondern lediglich der Stärkung des Versicherungssystems.[16]

Mit der Abkehr vom Prinzip einer den Lebensstandard sichernden gesetzlichen Rente durch mehr private Vorsorge hat sich ein Problem potenziert: Menschen, die ohnehin über ein geringes Einkommen verfügen, haben nicht die Möglichkeit, nun auftretende Rentenlücken durch Sparen auszugleichen. Im Grunde verschärft diese Maßnahme also das Problem, anstatt es zu lösen.

Schon jetzt, so die Studien-Autorinnen weiter, könne man feststellen, dass die Altersarmut in den letzten Jahren relativ stark zugenommen habe. Und dass die erwähnten Risikogruppen deutlich stärker von Altersarmut betroffen sind als der Durchschnitt der älteren Bevölkerung. Dieses Risiko werde in den kommenden Jahren weiter zunehmen Ein Grund dafür ist, dass wir uns – seit Jahrzehnten – in eine Situation begeben haben, aus der es keinen Ausweg gibt. Es ist der Kampf zwischen dem Markt und dem – vermeintlich – Privaten. Wenn wir dem Markt, wie wir es zunehmend tun, immer mehr Macht über so existenzielle Dinge wie Liebe und Fürsorge einräumen, passiert etwas Dramatisches. Wir entwerten alle freiwillig geleisteten unbezahlten Arbeiten und Hilfen. Weil wir – was wir nicht kaufen können – nicht mehr ernst nehmen und schätzen.[17]

ZEIT FÜR NEUES

Dabei ist das alles andere als unveränderbar. Man muss es nur wollen, einen politischen Kraftakt wagen – und dieses Thema endlich ganz vorne auf die Agenda setzen. Indem wir beispielsweise eine faire Tarifpolitik für die sogenannten menschennahen Berufe machen. Auch in der Alterssicherung gibt es noch viel zu tun. So zahlen etwa viele Spitzenverdiener keinen Cent in die Rentenkasse, Medizinerinnen und Anwältinnen haben eigene berufsständische Absicherungen. Beamte bekommen üppige Pensionen vom Staat und die private Krankenversicherung gleich noch dazu. Das soll hier keine Neiddebatte werden, aber gesagt werden darf es durchaus.

Das deutsche staatliche Rentensystem ist eines der besten und stabilsten weltweit. Es leistet nur nicht das, was es könnte. So zwingt es etwa vorwiegend Frauen, die ein Leben lang für andere gesorgt haben, entweder aufs Amt, um die spärliche Rente aufzubessern, oder in die Isolation, weil sie diesen Gang aus Scham nicht gehen wollen. Diese Frauen braten dann am Monatsende Kartoffelschalen. Eindrücklich beschriebene Beispiele für solche Lebensläufe und den Umgang mit der Armut in Würde finden sich in dem Buch *Kein Ruhestand*, das Irene Götz herausgegeben hat.[18] Ein paar grundsätzliche Überlegungen wären hier von Seiten der Rentenpolitikerinnen angebracht. So fehlt etwa eine grundsätzliche Diskussion darüber, wie Menschen, die ihr Leben lang gearbeitet haben – ob erwerbstätig oder nicht! –, anders abgesichert werden können.

Besonders bedeutend wird dieser Umstand, wenn die Ehe als Versorgungsgemeinschaft scheitert – vor allem spät im Leben. Wenn ein Weg in die Vollzeitberufstätigkeit nicht mehr möglich ist. Wie wir schon im ersten Kapitel gezeigt haben, werden wir uns in Zukunft mit einer für die Gesellschaft äußerst unerfreulichen Herausforderung auseinandersetzen müssen, nämlich einer wachsenden Anzahl von Frauen, die nach einer späten Scheidung finanziell schlecht dastehen. Die Kinder großgezogen haben, die sich hoffentlich in irgendeiner Form um ihre alternden Mütter kümmern werden – und sei es nur, dass sie den Papierkram mit dem Altersheim erledigen. So sie denn einen bezahlbaren Platz gefunden haben. Und dort genügend Pflegekräfte zur Verfügung stehen. Aber das ist eine andere Geschichte. Mit Frauen also, die es nie geschafft haben, aus eigener Kraft eine gute Alterssicherung aufzubauen. Weil sie Angehörige gepflegt oder sich um Kinder gekümmert haben. Um Kinder, die wiederum übermäßig für die Renten der Elterngeneration schuften müssen, mit nie dagewesenen ungerechten Belastungen. Dass sie auch für die Renten der Kinderlosen verantwortlich sind, muss nicht extra erwähnt werden. Oder vielleicht doch. Denn diese haben ja lediglich ihren erwerbsmäßigen Beitrag, nicht aber den regenerativen zum System beigetragen.[19]

Wissenschaftlerinnen sind sich längst einig: »Die Aufwertung von Rentenanwartschaften durch die sogenannte Mütterrente stellt in bestehender Form keine existenzsichernde Korrektur der Erwerbsunterbrechungen von Frauen in der Erziehungsphase dar.«[20] Das heißt, die Mütterrente reicht nicht. Sie haben dagegen herausgefunden, dass Frauen mit kurzen Erziehungszeiten insbesondere von der Aufstockung der Rentenanwartschaften in den sogenannten Kinderberücksichtigungszeiten profitieren. Allerdings nur, wenn der anschließende Verdienst unterdurchschnittlich ist, beispielsweise weil Teilzeit gearbeitet wird. Außerdem gelten sie nur so lange, wie das jüngste Kind unter zehn Jahre alt ist. Da aber nach wie vor oft Rückkehrmöglichkeiten in Vollzeitbeschäftigung im Anschluss fehlen, blieben niedrige Anwartschaften aus Teilzeitarbeit wahrscheinlich.

Das alles ist schon traurig genug. Dabei ist von den Frauen noch gar keine Rede, die nicht in Vollzeit zurückkehren wollen oder können, weil sie auch 12- oder 14-Jährige nicht zehn Stunden am Tag sich selbst überlassen möchten. Das Fazit aus dieser Studie lautet: »Eine Reduktion des ›gender pension gap‹ kann daher nur im Zusammenhang mit arbeitsmarkt- und familienpolitischen Regelungen erreicht werden, beispielsweise einer Flankierung der Erwerbstätigkeit von Müttern mit einem weiteren Ausbau der öffentlichen Kinderbetreuungsinfrastruktur und verbesserten Möglichkeiten zur Rückkehr in Vollzeiterwerbstätigkeit.«[21] Diese Vorschläge sind allerdings immer noch dem Konzept »nur Erwerb sichert Einkommen und Rente« verhaftet und berücksichtigen ebenfalls nicht die enorme gesellschaftliche und private Leistung, die Menschen erbringen, die sich um andere kümmern.

HER MIT DEN BILLIONEN!

Die Entwicklungsorganisation Oxfam hat den Milliarden von Stunden, die Frauen weltweit unbezahlt arbeiten, eine Ziffer entgegengestellt, die atemberaubend ist: Weltweit würde der Wert dieser Arbeit rund 9 Billionen Euro ausmachen, würde dafür lediglich ein Mindestlohn gezahlt.[22] Eine schier unvorstellbare Zahl. Weil es so schön ist, schreiben wir sie mal aus: 9.050.855.000.000,00 Euro. In manchen Ländern ist das ein Drittel, in anderen gar die Hälfte des Bruttosozialprodukts.[23] Auch in Deutschland wurde, so die Ökonomin Anna Saave-Harnack, versucht, all dem, was Millionen Frauen und Männer täglich unbezahlt leisten, ein Preisschild zu geben. Das Statistische Bundesamt kam für das Jahr 2013 auf einen Wert dieser Arbeit von insgesamt 826 Milliarden Euro.[24] Für die Schweiz hat die Volkswirtin Mascha Madörin erhellende Zahlen präsentiert und festgestellt, dass im Jahr 2000 die unbezahlt in Haushalten geleistete Arbeit 41 Prozent des erweiterten BIP betrug.[25] Die bezahlte und zusätzlich von Madörin monetär bewertete Care-Arbeit habe im Jahr 2004 sogar einen etwas höheren Wert als die gesamten Steuereinnahmen der Schweiz betragen.[26] Spätestens angesichts dieser Zahlen dürfte klar geworden sein, welch enormer Wirtschaftsfaktor die Sorgearbeit ist. Und wie nachlässig sie behandelt wird. Zum Nachteil all derer, die sie leisten.

Der Oxfam-Bericht stellt zudem fest, dass Reichtum

und Armut sehr ungleich unter den Geschlechtern verteilt sind. Während Milliardäre, die meisten davon Männer, unfassbare Mengen von Geld anhäufen, verbringen Frauen weltweit unfassbar viele Stunden damit, sich um Kinder, Alte und Haushalte zu kümmern. Mit unbezahlter Arbeit, die lebensnotwendig für die gesamte Wirtschaft ist. Das ist seit Jahrzehnten unsere marktwirtschaftliche Realität. Aber wir müssen sie nicht mehr so hinnehmen. »Da ist etwas wirklich krank in dieser Wirtschaft«, sagt etwa Gawain Kripke von Oxfam America. »Die Tatsache, dass Frauen rund um den Globus so viel Arbeit leisten, die nicht bezahlt, nicht anerkannt und nicht unterstützt wird, ist Teil des Problems.« Was wir aber fast noch verstörender finden, ist diese Erkenntnis von Kripke: »Wir unterschätzen die Entscheidungen von Frauen und ihr Glücklichsein, ja sogar ihre Gesundheit. All diese Dinge, die Ökonomen nie messen würden, die aber so wichtig sind.«[27]

Das sind ja mal ganz neue Töne! Seit wann wird denn über das Glücklichsein gesprochen? Glück als Maßstab für den richtigen Umgang mit Frauen. Das lässt uns aufhorchen. Und wir merken, wie wir selber ein wenig die Stirn runzeln. Muss auf das Glücklichsein von Frauen geachtet werden? Ganz eindeutig: ja. Das Glück von Frauen ist wichtig. Nur glückliche Frauen oder, wollen wir den Ball mal flach halten, zufriedene können den mannigfaltigen Anforderungen gerecht werden. Die vielen Erwartungen erfüllen. Für andere sorgen. Und dabei selber gesund bleiben.

So wie es bislang bei uns läuft, sind wir von einer fairen Gesellschaft, die alle in ihr und für sie erbrachten Leistungen berücksichtigt, noch Lichtjahre entfernt. Solange das so ist, kann nur dieses Motto gelten:

JEDE SORGT FÜR SICH ALLEIN

Dass wir finden, dass die Mütterrente und sämtliche Rentenreformen nur ein Tropfen auf den heißen Stein sind, dürfte mittlerweile deutlich geworden sein. Auch dass wir an vielen Stellen vom Staat alleingelassen werden, obwohl wir entscheidende Arbeiten für das Allgemeinwohl leisten. Und deshalb kann uns zurzeit nur die eigene Vorsorge helfen. Ein genauer Blick auf die Finanzen, unsere Kontostände und die unserer Partner. Und dann mit spitzem Stift gerechnet eine passgenaue private Altersvorsorge. Damit zumindest im Privaten das ausgeglichen wird, was die Gesellschaft als Ganzes nicht kann oder nicht will.

Das ist schon unter normalen Umständen wichtig, im Falle einer Scheidung existenziell. Denn es muss allen Verheirateten klar sein, dass sie weder gesetzlich noch von ihren Ex-Partnern etwas zu erwarten haben, sobald das jüngste Kind drei Jahre alt ist. Deshalb muss auch mit dem kleinsten Budget dafür gesorgt werden, dass etwas angespart wird für diejenigen, die die Hauptlast der Sorgearbeit tragen. Es mag eine Binsenweisheit sein, aber auf Dauer helfen auch die kleinsten Beträge, um sich einen finanziellen Puffer aufzubauen.

Generell ist die unbezahlte Arbeit in der Familie nicht in Heller und Pfennig zu berechnen. Zu viele Faktoren und Tätigkeiten gehören dazu – viele, die bis heute in offiziellen Statistiken noch gar nicht als Care-Arbeit anerkannt werden. Aber bereits das Bewusstsein dafür, dass hier eine Leistung erbracht wird, die in Euro berechnet werden kann, wäre ein Fortschritt. Immerhin können wir bereits jetzt einen Wert benennen, nämlich in dem Moment, in dem wir für solche Dienstleistungen bezahlen:

für den Babysitter etwa oder eine Reinigungshilfe, wenn man sich das leisten kann. Dass diese Tätigkeiten enorm unterbezahlt sind, steht auf einem anderen Blatt.

Um finanziell unabhängiger zu werden, müssen Frauen tiefer in die Materie der eigenen Alterssicherung abtauchen, sich schlau machen. Es gibt zahlreiche Expertinnen, die genau solche Informationen maßgeschneidert für Frauen anbieten.[28] Helma Sick etwa, die Frauen-Finanzexpertin, hat mit ihrem viel beachteten Buch *Ein Mann ist keine Altersvorsorge. Warum finanzielle Unabhängigkeit für Frauen so wichtig ist* vor Jahren schon einen Aufschlag gemacht. Darin sind viele praktische Tipps, wie Frauen ihre Unabhängigkeit bewahren und eigenständig fürs Alter vorsorgen.[29] So etwa dieser: Wenn ein Partner voll arbeitet und der/die andere kein Einkommen hat, profitiert er/sie vom Ehegattensplitting. Die Hälfte dieses Betrags sollte in die Altersvorsorge für die sorgende Person fließen. Denn die Vorsorge des erwerbsmäßig Arbeitenden laufe ja weiter. Auch Rentenausfälle durch Elternzeit sollten durch den Partner oder die Partnerin ausgeglichen werden, etwa in Form einer privaten Rentenversicherung. Das kann eine einmalige Summe sein oder ein monatlicher Sparbetrag.

Ganz einfach wäre es auch, für die sorgende Partnerin freiwillig in die gesetzliche Rentenkasse einzuzahlen, und zwar fürstlich. Nur so kann eine eigenständige Alterssicherung trotz Sorgearbeit entstehen. Sick empfiehlt zudem, in guten Zeiten zu besprechen, wie lange im Fall einer Scheidung Unterhalt gezahlt wird, wenn eine Person länger als drei Jahre ihre Berufstätigkeit unterbricht. Auch ein eigenes Konto schütze vor unliebsamen Überraschungen im Falle einer Trennung. Pragmatisch findet sie das Drei-Konten-Modell: Beide Partner haben ein eigenes und für den gemeinsamen Haushalt gibt es ein drittes, auf das beide einzahlen. Für Miete, Telefon, Einkäufe, Urlaube.

Wenn Sie ein eigenes Einkommen haben, so rät die Finanzberaterin, sollten Sie regelmäßig einen Betrag davon für Ihre eigene Alterssicherung zurücklegen. Außerdem: Machen Sie einen Ehevertrag. Und zwar einen, der Ihre fürsorgebedingten Nachteile auch nach einer Scheidung ausgleicht. Indem etwa ein nachehelicher Unterhalt vereinbart wird, der über die Drei-Jahres-Grenze der nun geltenden gesetzlichen Regelung hinausgeht. Damit Sie nicht mitten in einer schwierigen Lebensphase auch noch um Ihre Existenz fürchten müssen. Was Sie wahrscheinlich ohnehin schon tun. Gerade in dieser Situation hilft auch die Gewissheit, dass während der Ehe schon jahrelang in Ihre eigene Rentenversicherung eingezahlt wurde beziehungsweise anderweitig Vermögen aufgebaut oder eine Absicherung geschaffen wurde. Hat all dies nicht stattgefunden, haben Sie spätestens jetzt das Nachsehen.

Allerdings sagt und schreibt sich das alles sehr leicht. Wir wissen nur zu gut, wie schwierig es in einer langjährigen Partnerschaft sein kann, diese Dinge anzusprechen und möglicherweise anders, neu oder überhaupt regeln zu wollen. Vor allem, wenn bis dahin alles ohne große Diskussionen lief. Aber spätestens seit der Reform des Unterhaltsrechts sind diese Gespräche und Vereinbarungen unumgänglich. Sie werden möglicherweise als Zeichen von Misstrauen gewertet. Vor allem von den netten Männern, die nicht nur als Lippenbekenntnis einmal versprochen haben, für ihre Familie zu sorgen. Es ist ernüchternd festzustellen und fast unmöglich aufzuschreiben, aber wir haben mehr als einmal diese vermeintlichen Bilderbuchehen zerbrechen sehen. Mit allen dramatischen Folgen.

Und meistens mit enormen finanziellen Nachteilen für die Mütter.

Doch auch wenn wir privat vorsorgen, eines steht fest: Der Staat hat uns im Stich gelassen. Er hat immer mehr Verantwortung der Einzelnen aufgebürdet, die die Kraft und den Willen hatte, Verantwortung für andere zu übernehmen. Es fühlt sich so an, als fresse der Neoliberalismus seine Töchter.

Dazu passt, dass sich nicht nur der Staat der Verantwortung entledigt hat, sondern auch die Partner, die sich gegenseitige Unterstützung und Solidarität versprochen hatten. Das Sich-umeinander-Kümmern, egal, wer welchen Beitrag zur Familie leistete, war in unserer Elterngeneration verbreiteter als heute. Vermutlich, weil für unsere Eltern die Rollenverteilung klarer war, die Zuschreibungen eindeutiger. Heute wird die Notwendigkeit für solche Ausgleichzahlungen häufig durch die Tatsache verdeckt, dass meistens die Frau mitarbeitet und eigenes Geld verdient. So erweckt sie für sich selbst und ihren Partner den Eindruck, sie könne durchaus für sich selbst sorgen. Dass allerdings ihr Einkommen in den meisten Fällen meilenweit von seinem entfernt ist und niemals für eine auskömmliche Existenz, geschweige denn eine eigenständige Alterssicherung im Falle einer Scheidung reichen würde, verdrängen die meisten.

Irgendwie scheint dieser Typus Mann langsam auszusterben. Ein Mann, der sagt »Ich sorge für dich und die Kinder, egal was kommt, weil du ja für uns sorgst.« Es klingt selbst jetzt beim Aufschreiben fürchterlich konservativ. Und ist doch revolutionär, ist es doch die einzige Möglichkeit, den enormen Nachteil auszugleichen, den Menschen haben, die sich um andere kümmern.

PLÖTZLICH SIND SIE ALLE ARM

Viel öfter erleben wir dies: Wenn die Ehe, die Beziehung scheitert, ist von einer Anerkennung der geleisteten Sorgearbeit keine Rede mehr. Selbst die Bundesregierung weiß davon, die Schilderung einiger typischer Verhaltensweisen wurde ihr in Form des Zweiten Gleichstellungsberichts auf 243 Seiten überreicht. Darin machen die zuständigen Sachverständigen erstens auf eine Menge struktureller Unzulänglichkeiten aufmerksam und bieten zweitens konkrete Lösungsvorschläge an. Was uns am meisten überrascht hat: Sie sprechen deutlich, konkret und offen an, dass Menschen sich bei Scheidungen in Deutschland gerne aus der Verantwortung stehlen. Im Sachverständigen-Deutsch fallen dann Begriffe wie »Verzögerung«, »Umgehung« und »Vermögensverschiebungen«. Die Expertinnen halten fest, dass es in funktionierenden Partnerschaften und Ehen normalerweise kaum Probleme mit der Vermögensaufteilung oder dem Umgang mit gemeinsam gekauften Sachen gibt. Schwierig wird es in dem Moment, in dem es dieses, nennen wir es mal: vertrauensvolle Zusammenleben plötzlich nicht mehr gibt. Weil einer fremdgegangen ist, man sich auseinandergelebt hat, die Trennung oder gar eine Scheidung ansteht.

In dieser neuen Situation werden plötzlich Konten verheimlicht, Sachwerte beiseitegeschafft und der Ex die Butter auf dem Brot nicht mehr gegönnt. Von einer nachträglichen Anerkennung ihrer jahrzehntelangen Fürsorgearbeit ist keine Rede mehr. Es ist unerklärlich, wieso es kein wirksames Mittel gegen diese Tricksereien gibt, die Gerichte und Jugendämter längst durchschauen müssten. Im Gleichstellungsbericht steht dazu wörtlich: »Die Bereitschaft zur nachehelichen Solidarität ist gesellschaftlich ohnehin gering. … Ein wichtiger Aspekt ist dabei der Stichtag für die Berechnung des Zugewinns. … Er kann … nicht verhindern, dass vor diesem Zeitpunkt Vermögen beiseitegeschafft und dem Zugewinnausgleich entzogen wird. Der geltende Zugewinnausgleich setzt damit auf ein Vertrauensprinzip, das während einer Trennung häufig nicht mehr funktioniert.«[30] Und es geht noch weiter: »Vor der Trennung wird rechtlich aktuell nur ein äußerst unzureichendes Auskunftsrecht über den Stand des Zugewinns zugestanden; eine Auskunftspflicht über den Bestand von Konten, die vor dem Stichtag des Zugewinnausgleichs aufgelöst wurden, wird z.B. nicht anerkannt.«[31] Der selbe Gesetzgeber also, der Frauen zu mehr Eigenverantwortung auffordert, stellt nicht einmal sicher, dass sie im Falle eines Falles Auskunftsrechte gegenüber ihrem Partner haben, beziehungsweise werden sie nicht davor geschützt, wenn gemeinsam erwirtschaftetes Vermögen, das ihnen gehört, für sie unzugänglich gemacht wird.

Das klingt eher wie der Text einer Schmierenkomödie, ist aber ein offizielles Druckerzeugnis und Gutachten für unsere Regierung.

Beim Thema Kindesunterhalt sieht es ähnlich aus: Erst unlängst titelte ZEIT Online »Wenn der andere nicht zahlt«[32] und zitierte eine Studie des Deutschen Jugendinstituts (DJI) und der Katholischen Universität Eichstätt-Ingolstadt (KU), der zufolge fast 40 Prozent der Kinder von Alleinerziehenden – die wir fortan nur noch Ein-Eltern-Familien nennen sollten, um die ganze Negativität, die den Begriff umwabert, ein für alle Mal loszuwerden – zu wenig oder gar keinen Unterhalt erhalten. Viele Unterhaltspflichtige, so der Verband alleinerziehender Väter und Mütter (VAMV), bedächten nicht, dass sie damit zuallererst ihre Kinder träfen. Sie empfänden den geforderten Unterhalt als zu hoch oder unfair. Zudem schafften viele nicht den Sprung von der Beziehungs- auf die Elternebene.

Viele Frauen, die wir kennen, haben das erlebt: Dass jedes Gespräch über Geld mit dem Ex-Partner in Streit mündet. Kompliziert wird es erst recht, wenn die Kinder volljährig sind. Dann müssen sie selbst den Antrag auf Unterhalt stellen. Oft verzichten sie darauf, um das ohnehin fragile Verhältnis zum zahlungspflichtigen Elternteil nicht zu gefährden. Sie machen Beziehungsarbeit – und müssen in Kauf nehmen, dass das auf Kosten der betreuenden Person, meist also der Mutter, geht. Die muss nämlich noch mehr arbeiten, um die Kinder durch Ausbildung oder Studium zu kriegen. Und ja, wir sprechen wieder einmal konkret von Frauen, denn laut statistischem Bundesamt sind 2,2 Millionen Frauen in Deutschland alleinerziehend, aber nur 407.000 Männer. Es ist allerdings nicht immer die reine Schlechtigkeit, wie man auf den ersten Blick vermuten könnte, die für die ausbleibenden Unterhaltszahlungen verantwortlich ist. Viele Männer verdienen schlicht zu wenig, um den angemessenen Unterhalt leisten zu können. Laut der DJI-Studie gaben aber auch 48 Prozent der Befragten an, der andere Elternteil weigere sich, den finanziellen Verpflichtungen vollständig nachzukommen, 35 Prozent sagten, sie forderten den Unterhalt nicht, aus Sorge um die persönliche Beziehung.[33]

Auch das ist ein Verhalten, das uns nur zu vertraut ist: Schließlich gehen vielen Eltern gute Beziehungen der Kinder zu beiden Elternteilen in der angespannten Trennungssituation über alles. Wer das Wohl seiner Kinder als höchstes Gut sieht, könnte vermeiden wollen, in endlosen

Rechtsstreitigkeiten die ohnehin störanfälligen Kontakte zueinander zu gefährden. Irgendwann geben viele Mütter genervt auf, scheuen den jahrelangen Kampf oder haben einfach nicht die Mittel, die ihnen zustehenden Gelder gerichtlich einzuklagen. Hinzu kommt oft auch ein Stolz im Sinne von »von diesem Kerl will ich gar kein Geld«. Dabei wird oft übersehen, dass es nicht sein Geld ist, was ihnen zusteht, sondern ihres. Für ihre Fürsorgearbeit – und vor allem für ein gutes Aufwachsen der gemeinsamen Kinder.

Da der geschuldete Unterhalt in der Bundesrepublik auch nicht mehr – wie noch in der DDR üblich – direkt vom Gehalt abgezogen wird, ist es oft schwer, Ansprüche durchzusetzen. Und selbst wenn Gerichtstitel erwirkt werden, heißt das noch lange nicht, dass das Geld auch regelmäßig fließt. Warum Väter nicht einsehen, dass sie damit vor allem ihren Kindern massiv schaden, ist nur schwer nachvollziehbar. Eine Freundin von uns – der genau das seit Jahren passiert – sagte resigniert: »Ich denke, er macht das, weil er sein Geld lieber mit seiner neuen Freundin ausgibt«, dann stand sie auf und verließ eine Party frühzeitig, weil sie noch Fördergelder für ein neues Projekt beantragen musste. Sie fügte noch hinzu: »Ich hoffe, das klappt. Denn ich brauche das Geld dringend.«

ZUGEWINN – WAS IST DAS EIGENTLICH?

Einer der Gründe dafür, warum es in Deutschland relativ einfach ist, sich aus der finanziellen Verantwortung zu stehlen, liegt in unserem Güterstandsrecht. Nur die wenigsten Paare, die der Liebe wegen heiraten, machen sich Gedanken darüber, auf welches rechtliche Terrain sie sich begeben und welche Folgen das für ihre finanzielle und soziale Absicherung hat. In Deutschland ist die sogenannte Zugewinngemeinschaft der am weitesten verbreitete rechtliche Güterstand in einer Ehe. Und der hat durchaus seine Tücken. So wissen viele nicht, dass ihnen mitnichten die Hälfte von allem gehört, was während der Ehe erwirtschaftet wurde. Eingeführt wurde dieser Güterstand, um das vorher herrschende alleinige finanzielle Entscheidungsrecht des Ehemannes aus den 50er Jahren abzulösen. Allerdings haben sich, so die Autorinnen des Gleichstellungsberichts, die emanzipatorischen Hoffnungen, die damit verbunden waren, nur teilweise erfüllt. Denn: »Die Grundidee der gleichberechtigten Teilhabe, wirtschaftlichen Solidarität und wechselseitigen Verantwortung füreinander erfährt hohe Zustimmung in der Gesellschaft. Allerdings nehmen fast 90 Prozent derer, die (meist überwiegend konfliktfrei) im gesetzlichen Güterstand der Zugewinngemeinschaft leben, fälschlicherweise an, dass alles, was während einer Ehe erworben wird, beiden gleichermaßen und gemeinsam gehöre.«[34]

Dies entspreche zwar dem verfassungsrechtlichen Leitbild der Ehe als »Gemeinschaft des Erwerbs und Verbrauchs«. Es entspricht aber leider nicht dem gesetzlichen Regelfall des ehelichen Güterrechts in Deutschland. Denn: »Der gesetzliche Güterstand der Zugewinngemeinschaft sieht zwar vor, dass beide – unabhängig davon, ob sie durch Erwerbsarbeit unmittelbar Einkommen erzielen oder durch Haus- und Sorgearbeit mittelbar dazu beitragen – ein Recht auf den gemeinsam erarbeiteten Zugewinn haben. Dieses Recht verwirklicht sich jedoch erst bei Scheidung oder Tod eines Ehegatten.«[35] Tada.

Noch einmal zum Mitschreiben: Wer die Ressourcen und damit letztlich auch die Macht hat, kann Geld verschieben, verstecken und sich als ärmer darstellen, als er ist. Und kommt damit durch. Auch vor Gericht. Kaum jemand weiß, dass auch in der Zugewinngemeinschaft *während* der Ehe Gütertrennung gilt. Das heißt, nur derjenige, der eine Sache erworben hat, kann auch darüber verfügen.

Viele, die eine Scheidung durchgemacht haben, können das wahrscheinlich aus eigenem Erleben bestätigen. Das aber so deutlich in einem offiziellen Bericht an die Bundesregierung lesen zu müssen, wir haben ihn oben zitiert, ist erschütternd: »Die nacheheliche Solidarität ist gering.« Aber die Sachverständigen wären keine Expertinnen in ihrem Feld, hätten sie nicht neben der ernüchternden Analyse ein paar Lösungen zur Hand.

VON ALLEM DIE HÄLFTE

In der Europäischen Union gibt es nämlich einen anderen gesetzlichen Güterstand, der in vielen Ländern die Standardregelung ist und für mehr Partnerschaftlichkeit schon während der Ehe sorgt. Er macht das Auseinanderdividieren im Trennungsfall wesentlich leichter. Weil schon in guten Zeiten klar ist, was wem gehört. Diese Regelung trägt das schöne Wort »Errungenschaftsgemeinschaft«[36] und funktioniert so: Vereinfacht gesagt gehört beiden Ehepartnern alles in der Ehe Erworbene und Erwirtschaftete zur Hälfte.

»Der wesentliche Unterschied zum geltenden Recht bestünde darin, dass der ›Anspruch auf gleiche Teilhabe am gemeinsam Erwirtschafteten‹ … *und damit die Anerkennung des Werts der Familien- und Sorgearbeit nicht erst nach dem Ende der Ehe verwirklicht würde*; er schlüge sich sofort und bereits während der Ehe in Vermögenswerten nieder.«[37] Davon profitiert vor allem die vermögensschwächere Person, zum Beispiel, wenn diese einen Kredit aufnehmen will, um sich selbstständig zu machen. Nach der heute gängigen Regelung haben nämlich oft Frauen, die von ihren Ehemännern finanziell abhängig sind, kein sogenanntes Sicherungsvermögen und bekommen dementsprechend seltener – oder eben gar nicht – einen Kredit, etwa für eine Weiterbildung für den beruflichen Wiedereinstieg.

Man stelle sich das einmal vor: Auch im Jahre 2021 muss eine Frau ihren Mann um die Absicherung einer solchen Finanzierung bitten, selbst wenn sie mehrere Kinder versorgt und damit aus unserer Sicht genug zum gemeinsamen Haushaltseinkommen beigetragen hat. Lebte sie dagegen in einer solchen Errungenschaftsgemeinschaft, könnte sie die Hälfte des gemeinsam erarbeiteten Zugewinns zur Absicherung eines Kredits nutzen. Schon jetzt ist es häufig so, dass sich Kreditinstitute zum Beispiel beim Kauf eines Eigenheims durch die Unterschrift beider Partner absichern, auch wenn einer kein Einkommen hat. So wird die Zugewinngemeinschaft eigentlich konterkariert. Banken tun das zur besseren Risikoverteilung. Im Risiko steht aber dann vor allem der schwächere Partner, und das ist in den meisten Fällen die Frau.

Die Expertinnen argumentieren, dass es im Fall einer harmonischen Partnerschaft kaum Unterschiede zwischen den beiden Güterständen gibt. Im Trennungsfall allerdings wären die Unterschiede enorm – vor allem zugunsten des sorgenden Partners, der sorgenden Partnerin. Ungleiche Machtverhältnisse würden ausgeglichen, die heute noch dafür sorgen, dass die Leitidee von Gemeinschaftlichkeit und der Gleichwertigkeit aller in der Partnerschaft geleisteten Beiträge allzu oft vergessen wird. Weil wir halt alle ein bisschen gehirngewaschen sind vom ewigen Credo »Jeder sorge für sich allein« und »Nur wer Geld verdient, arbeitet«.

Ähnliches gilt auch für die Rente: Hier gibt es schon jetzt ein etwas gerechteres Modell, für das man sich in Deutschland seit 2002 freiwillig entscheiden kann. Allein, es wird nicht beworben, besprochen oder bekannt gemacht, die wenigsten wissen davon. Es heißt Anwartschafts- oder Rentensplitting, und ist genau das, wonach es sich anhört. Die Rentenanwartschaften der Ehepartner werden schon während der Ehe aufgeteilt und nicht, wie bisher üblich, im Versorgungsausgleich während des Scheidungsverfahrens. Bei dieser Art von Splitting erhalten Frauen von Anfang an einen eigenständigen Rentenanspruch, der sich zwar immer noch auf das Gehalt des Mannes bezieht, aber die ganze Zeit schon ihr eigener ist. Bei all diesen Überlegungen ist immer das Ziel, eine *eigenständige Absicherung* für Menschen zu schaffen, die das aus eigener Kraft nicht können. Denn unabhängig von der innerfamiliären Aufgabenverteilung bauen in dieser Variante beide Partner eigenständige Ansprüche im gleichen Ausmaß auf.[38]

Allerdings müssen ein paar Grundvoraussetzung erfüllt sein, etwa dass beide mindestens 25 Jahre in die Rentenkasse eingezahlt haben. Eine Absicherung von Hausfrauen oder Menschen, die viel Fürsorgearbeit geleistet haben, wäre damit also immer noch nicht gewährleistet.

Ein weiterer Haken: Das Splitting führt bei Tod eines Partners zu einem etwas niedrigeren Versorgungsniveau des überlebenden Partners. Aber die Ansprüche verfallen nicht, etwa wenn eine Witwe noch einmal heiraten will. Nach der heutigen Regelung verliert eine Frau ihre Witwenrente bei Wiederverheiratung, was oft zu den unmöglichsten Lebenskonstellationen im Alter führt. Und so unzeitgemäß ist, dass man es gar nicht aussprechen will. Denn in der jetzigen Form wird die gestandene Frau im Moment der Neuheirat erneut zu einer abhängigen Person, die von einem Mann versorgt werden muss. Eine schlichtweg grauenhafte Vorstellung – und ein unhaltbarer Zustand. Expertinnen bemängeln grundsätzlich, dass die Rentenversicherung mitnichten die unbezahlte Arbeit von Frauen honoriert, sondern Witwen über den Tod des Mannes hinaus auf dessen Erwerbstätigkeit verweist.

AUF EIGENEN FÜSSEN STEHEN

Eines der großen Reformthemen der näheren Zukunft muss also der Aufbau einer eigenständigen Absicherung für alle sein, ob sie erwerbstätig sind oder sorgend. Das wäre etwa durch die Einführung einer durchgängigen Versicherungspflicht möglich, in der jede und jeder ein Leben lang in die Rentenversicherung einzahlt, die Einzahlerbasis allein dadurch verbreitert würde und Beiträge in Zeiten von verstärkter Sorgezeit von den Sozialkassen übernommen würden. In anderen europäischen Ländern ist dieses Problem besser gelöst, indem es eine höhere Grundrente für alle gibt, egal, was sie in ihrem Leben getan haben. Und mehr Berufsgruppen einzahlen.[39] Wir haben in unserem letzten Buch *Der tiefe Riss* ausführlich verschiedene Modelle beschrieben und vorgestellt.

Beispiel Schweiz: Auch dort gibt es mehrere Säulen der Rentenversicherung. In Säule eins, die gesetzliche, umlagefinanzierte, zahlen alle Bewohner ein, also Arbeitnehmer wie Selbstständige. Der Betrag für diese Säule liegt bei etwa zehn Prozent. Angestellte bekommen vom Arbeitgeber die Hälfte dazu. Eine Beitragsbemessungsgrenze gibt es nicht, allerdings ist der ausgezahlte Betrag gedeckelt. So leisten die, die mehr haben, einen solidarischen Beitrag für Geringverdiener. An der zweiten Säule muss sich nur beteiligen, wer viel verdient – aber auch wer freiwillig mitmacht, bekommt den Arbeitgeberanteil. Schlussendlich heißt das: Um eine Rente zu bekommen, die zumindest das Existenzminimum sichert, muss man in der Schweiz seine Bedürftigkeit nicht nachweisen. Denn allein aus der gesetzlichen Rentenversicherung bekommen Schweizer Rentner und Rentnerinnen umgerechnet knapp 1000 Euro im Monat, eventuelle Leistungen aus den anderen Säulen werden nicht darauf angerechnet.[40]

Leider scheinen heutzutage noch wenig junge Familien diese Dinge zu besprechen, geschweige denn genau auszurechnen. Sie tun das nicht aus bösem Willen oder Blauäugigkeit. Sie tun das, weil beide Partner das Erwerb-ist-alles-Credo zutiefst verinnerlich haben. Und erst mit Kindern an der vielbeklagten Unvereinbarkeit scheitern. Sie mühen sich ab, es doch irgendwie hinzukriegen, und geben sich am Ende selbst die Schuld, wenn das nur mäßig gelingt. Dass es andere Wege gibt, wie Mann und Frau sich Zeit für Sorge nehmen dürften und sollten – auch und über die Elternzeitmonate hinaus – wird immer weiter in den Hintergrund gedrängt. Weil es ins politische Kalkül passt und nur das promotet wird.

So ist es ist politisch und wirtschaftlich erwünscht, dass

möglichst viele junge Mütter arbeiten. Und zwar möglichst schnell wieder nach einer Geburt. Nicht, weil das gut für Kinder und Familie wäre. Nein, weil es gut ist für den Arbeitsmarkt und die Sozialkassen. Damit wollen wir keineswegs sagen, dass Kinder nicht in Kitas sollten, keine anderen Kinder brauchen und Frauen keine Jobs. Aber die einseitige Fixierung auf das Nutzbarmachen von Arbeitskraft für einen Markt, der relativ wenig Rücksicht nimmt auf die eigentlichen Bedürfnisse von Menschen – die kann, ja, die muss man kritisieren.

SORGEN FÜR HEISST AUCH SORGEN UM

Denn halten wir einmal fest: Ein Mensch, der einen Großteil seiner Lebenszeit auf den Erwerb verwendet, muss bei Kräften bleiben. Er oder sie braucht einen gefüllten Kühlschrank, eine geheizte Wohnung im Winter, Ansprache und Zuspruch, Zeit und Raum für Regeneration. All das ist für viele berufstätige Mütter ein schöner Traum. Denn zusätzlich zu ihrer Erwerbsarbeit sind es immer noch oft genug sie, die in den Supermarkt hetzen, dabei die unterschiedlichen Vorlieben im Kopf haben und für Kind 1 das glutenfreie Brot kaufen und für Kind 2 das normale. Die die Wohnung gemütlich einrichten, damit alle einen schönen Ort zum Entspannen haben. Die die schwierigen Gespräche führen, obwohl sie eigentlich viel zu müde dafür sind. Die bei Liebeskummer den Teenager trösten – und sich manchmal fragen, ob all das eigentlich auch jemand für sie tut.

Ja, Muttertagsfrühstücke am Bett sind eine wunderbare

Sache. Noch wunderbarer wäre, wenn jeden Morgen der Frühstückstisch gedeckt, der Kaffee gekocht und nachher der ganze Kladderadatsch wieder abgeräumt würde. Von jemand anderem als einem selbst. Wie gesagt, die Ansprüche an Frauen und vor allem Mütter sind enorm. Sie liegen nicht offen, vieles wird selbstverständlich erwartet. Frauen nehmen all das oft genug gar nicht als Arbeit, sondern als eigenen Anspruch an sich selbst wahr, und fordern deshalb nicht für sich ein, auch innerhalb der Familie entlastet zu werden. So geht dieses Spiel immer weiter.

Die amerikanische Autorin Gemma Hartley hat dieses Phänomen in ihrem Buch *Es reicht. Warum Familien- und Beziehungsarbeit nicht nur Sache der Frau ist*[41] ausführlich beschrieben: die krank und müde machende Macht der *mental load*. Die gedankliche und emotionale Last, für alles und jeden immer und jederzeit verantwortlich zu sein. Mitdenken zu müssen. Wenn ein Kind bei minus 10 Grad ohne Handschuhe rausgeht, mit den Fäustlingen hinterherzulaufen. Zu wissen, wann die Milch leer ist und wann Kind 3 zur Vorsorgeuntersuchung muss. Wann der nächste Elternabend ist und die beste Freundin der Tochter Geburtstag hat. Einem Kind ins Gesicht zu sehen und zu spüren: Es geht ihm nicht gut. Dann ein Zeitfenster freischaufeln, um reden zu können.

Es ist allzu oft diese *mental load*, diese enorme Gefühls- und Beziehungsarbeit, die Fürsorgearbeit so fordernd macht. Denn Fürsorge heißt ja nicht nur sorgen *für* jemanden, sondern auch sorgen *um*. Das ist ein erweiterter Sorgebegriff, der noch viel zu selten bedacht und beachtet wird. Menschen, die sorgen, achten auch auf die Gefühlszustände ihrer Mitmenschen, bieten dem Partner ein Gespräch – oder auch ein Glas Wein – an, wenn sie das

Gefühl haben, dass ihn oder sie etwas bedrückt. Sie schaffen nicht nur all die anfallenden Arbeiten weg, sie sind auch emotional verfügbar. Und haben dabei eine ständige To-do-Liste im Kopf, damit wiederum alle Alltagsaufgaben erledigt werden. Sie wissen, wenn das Kind aus der Badehose herausgewachsen ist, und sorgen dafür, dass eine passende angeschafft wird, bevor es sich in der nächsten Schwimmstunde blamiert. Sie wissen, welche Kosmetik ihrer Teenager-Tochter gefällt, und kaufen auf dem Nachhauseweg noch schnell deren Lieblingslipgloss. Es sind diese eine Million Aufmerksamkeiten, die von uns gefordert werden, die so ein kompliziertes Gefüge wie eine Familie oft überhaupt zusammenhalten. Die für eine gute Atmosphäre sorgen – und die zeigen, dass der andere einem wichtig ist. Es sind genau all diese Aufmerksamkeiten, die so oft unbemerkt bleiben – und den Caregiver immer mehr auslaugen.

GEFÜHLSARBEIT MACHT GLÜCKLICH

Die US-amerikanische Autorin Gretchen Rubin, deren Podcast *Happier*[42] absolut hörenswert ist, weist in ihren Büchern immer wieder darauf hin, dass es eine Überschneidung zwischen Gefühlsarbeit und Glücklichsein gibt. Sie ist sogar persönlich so weit gegangen, mehr Gefühlsarbeit zu leisten, weil sie zufrieden macht. Allerdings muss vorher ein grundsätzliches eigenes Umdenken stattfinden. Wir müssen diese Arbeit tun, weil sie uns zufrieden macht, uns erdet und mit unseren Lieben verbindet. Nicht, weil sie eben gemacht werden muss. Etwas »müssen« ist ohnehin oft genug Garant für Leiden. Wollen und es dann tun – selbst wenn es sich um die exakt selbe Aufgabe handelt – ist etwas ganz anderes.

Mal wieder ein lebensnahes Beispiel: Ich mag eine saubere Wohnung und einen gut gefüllten Kühlschrank. Ich denke aber auch gern, lese und schreibe und lasse mich von allem möglichen inspirieren. Für meine Bücher, meine Arbeit als Coach oder als Mutter. Seit vielen Jahren schon versuche ich deshalb, eine Balance hinzubekommen, die mehr nach dem Kann- als dem Muss-Prinzip funktioniert: Oft habe ich sogar Lust zum Putzen, weil es manchmal fast wie eine Meditation ist, in der Dusche herumzuwischen, bis kein einziger Kalkfleck mehr zu sehen ist. An anderen Tagen ist mir das ein Graus. Also habe ich den regelmäßigen Wochenputztag abgeschafft. Er hat mich gestresst und ich habe schon zwei Tage vorher schlechte Laune bekommen. Nun putze ich hier und da ein bisschen, wenn ich eine Pause von der Bildschirmarbeit will und brauche. Und siehe da: Es macht mir nichts mehr aus. Oder ich mache es so lange nicht, bis es jemand anderem zu schmutzig wird und er oder sie die Aufgabe erledigt. Natürlich wird insgesamt nun ein bisschen weniger und seltener geputzt. Völlig verdreckt ist die Wohnung aber nicht.

Mit dem Backen geht es mir genauso: Ich liebe Kuchen. Also backe ich relativ oft. Aber eben nur, wenn mir danach ist. Wenn ich es für mein Wohlbefinden brauche und nicht, weil die Familie sonntags Kuchen will. Bei uns gibt es Kuchen, wenn es Kuchen gibt. Manchmal am Wochenende – oft aber auch nicht. Worauf ich hinauswill: Erst wenn wir auch selber diese Arbeiten wertschätzen, können wir sie wieder aus vollem Herzen leisten und zu unserem Vorteil, zur Mehrung unseres Wohlbefindens nutzen.

Das heißt noch lange nicht, dass sie nicht auch von außen mehr Wertschätzung braucht. Im täglichen Kampf um Ausgleich und Zufriedenheit allerdings ist es schon ein erster Schritt, wenn wir ganz bewusst abwägen, was wir wollen, können und müssen und zu welchem Zeitpunkt wir was erledigen. Und uns klarmachen, warum wir diese Aufgaben übernehmen. Das ist schon ein großer Schritt zu mehr Gelassen- und Zufriedenheit. Wir haben ja auch die Freiheit, zu überlegen, welche Aufgaben wir im Gegenzug vielleicht lieber anderen überlassen.

Aber noch einmal zu den Aufgaben, die wir lieben: Lassen wir sie uns nicht entreißen durch ökonomische Anforderungen von außen. Sondern sorgen wir lieber dafür, dass wir sorgen dürfen. Aber eben ohne die noch immer bestehenden existenziellen Risiken.

DER DRECK MUSS WEG

Bei all den Auslagerungsideen von Care-Arbeit dürfen wir auch eines nicht vergessen: Irgendwer muss die Arbeit machen, unerledigt bleiben kann sie nicht. Expertinnen sprechen schon lange von der sogenannten Care-Chain, einer Kette also, in der sich sorgendes Glied an sorgendes Glied reiht. Wenn in den hochindustrialisierten und wohlhabenden Ländern Sorgearbeit also ausgelagert wird, dann oft an ärmere und benachteiligte Frauen, die wiederum ihren eigenen Sorgeverpflichtungen nicht mehr nachkommen können. Und die darüber hinaus schlecht bezahlt werden. Anders würde sich das Auslagern nicht lohnen. In den verschiedenen Regionen der Welt gibt es ganz spezifische geografische Fürsorge-Ketten. So richtet sich der mitteleuropäische oder deutsche Blick gern nach Osten, wenn man für sich und Angehörige Hilfe sucht. Das Heer der pflegenden Menschen aus Polen und der Ukraine spricht eine deutliche Sprache.[43] Oft überarbeitet, mit ungenauen oder unzulänglichen Arbeitsverträgen oder sogar im Graubereich tätig und daher wenig geschützt, weil es die Bundesregierung auch in diesem Bereich nicht schafft, für klare Regelungen zu sorgen. Zweifelhafte Agenturen vermitteln unter den Augen der Bundesregierung billige Arbeitskräfte, die vermeintlich legal hier arbeiten.[44] Im Vergleich zum Lebensstandard in ihren Herkunftsländern verdienen sie bei uns relativ gut, schaut man sich die Zahlen an, wird einem mulmig. Für knapp 1400 Euro – manchmal sogar bedeutend weniger – leisten sie eine Rund-um-die-Uhr-Pflege. Wer selbst je einen schwer kranken oder gar sterbenden Menschen begleitet hat, weiß, wie hart diese Arbeit ist, dass meistens nicht einmal Zeit ist, das Haus auch nur für kurze Zeit zu verlassen. Der Bundesverband für häusliche Betreuung und Pflege schätzt, dass mindestens 300.000 solcher Betreuerinnen in deutschen Haushalten wirken. Sie fangen auf, was über einen deutschen Pflegedienst unbezahlbar wäre.

Auch hier zeigt sich wieder exemplarisch: Care-Arbeit ist ein blinder Fleck der Politik. Sie wird gern im Privaten verortet, denn solange ein guter gesetzlicher und sozialpolitischer Rahmen fehlt, sind es die Einzelnen, die moralisch grenzwertige Entscheidungen treffen und vor sich selber verantworten müssen. Sozialwissenschaftlerinnen wie die mittlerweile emeritierte Professorin Uta Meier-Gräwe von der Justus-Liebig-Universität Gießen haben schon längst festgestellt: Es gibt enorme Herausforderungen in einer Gesellschaft, die Care-Bedarfe als eine grundlegende Form gesellschaftlicher Aufgaben immer noch nicht anerkannt hat. Die Forscherinnen hatten sich im Oktober 2017 zu einer Fachtagung getroffen, um darüber nachzudenken, wie man – mit der zunehmenden Erwerbstätigkeit von Frauen – dem stetig wachsenden Bedarf an haushalts- und personenbezogenen Diensten gerecht werden kann. In einer angemessenen Qualität wohlgemerkt. Denn auch wenn das gesellschaftlich immer noch nicht ausreichend diskutiert wird, durch den Abzug der Frauen in die Erwerbsarbeit entstehen enorme Care-Lücken, Fehlstellen, Leerräume, praktischer und vor allem menschlicher Art, die gefüllt werden müssen.

EINMAL KÜMMERN RUND UM DIE WELT

In New York fällt einem diese Leerstelle im Alltag sofort auf. Denn es sind fast ausschließlich Nannys, Kinderfrauen also, die auf den Spielplätzen anzutreffen sind, mit dem Nachwuchs einer zahlungskräftigen Mittel- und Oberschicht, die derweil ihren lukrativen Berufen in Anwaltskanzleien und Versicherungsbüros nachgeht. Die Frauen kommen aus aller Herren Länder, sind oft People of Colour und werden ihren eigenen Familien ein Stück weit weggenommen. Sie sprechen Spanisch oder Kreolisch untereinander, wenn sie die lieben Kleinen in den 1000-Dollar-teuren Kinderwagen durch die Straßen schieben, die Kinder schauen sie dabei oft gar nicht an. Wir haben mehr als einmal erlebt, dass der Kontakt nicht besonders liebevoll ist, obwohl natürlich den Auftraggeberinnen etwas anderes vorgemacht wird. Mehr als einmal sagte mein damals noch kleiner Sohn etwa, wenn wir wieder den Nachmittag auf dem Spielplatz verbracht hatten: Zum Glück habe ich keinen Babysitter. Die sind immer so unfreundlich zu den Kindern!

Das mögen Einzelfälle gewesen sein, aber es weist auf einen wunden Punkt in der gesamten Care-Debatte hin. Wie wichtig es uns Eltern ist, eine gute – und das ist eben nicht nur sauber, sicher, satt, sondern eine liebevolle, eine menschlich warme, eine fürsorgliche und Bindung herstellende – Betreuung für unsere Kleinsten zu finden. Wir müssen uns darauf verlassen können, dass freundlich und liebevoll mit unseren Kindern oder auch unseren alten Mitmenschen umgegangen wird, wenn wir unbesorgt erwerbstätig sein wollen.

In New York erhoffen sich das viele Familien vor allem von Frauen von den Philippinen. Denn sie gelten als besonders zugewandt und liebevoll. Doch diese Frauen haben nicht nur eine weite Entfernung zurückgelegt auf der Suche nach einem besseren Einkommen, sie haben auf einem weit entfernten Kontinent eigene Kinder, Ehemänner und Eltern zurückgelassen, um in den USA den Lebensunterhalt für ihre ganze Familie zu verdienen. Sie gelten als besonders fürsorglich Kindern gegenüber, sind enorm fleißig und schmeißen oft auch noch den Haushalt scheinbar nebenher. Ihre Tränen hört und sieht keiner, wenn sie ein paar Mal im Monat ein Vermögen für einen Long-Distance-Call ausgeben, um mit dem eigenen Anhang zu sprechen.

Rund um den Globus sind hauptsächlich Frauen unterwegs, um Fürsorge für andere gegen Geld zu leisten. Die Wege sind bekannt: Frauen aus Zentral- und Südamerika ziehen in die Vereinigten Staaten und Kanada; eine zweite

Gruppe geht von Südostasien nach Hongkong, Südkorea und Japan. Eine dritte geht von Südostasien in die reichen Golfstaaten. Dann gibt es noch eine Wanderbewegung von Afrika nach Südeuropa und eine von Ost- nach Westeuropa.[45] Diese kennen die meisten von uns nur allzu gut oder werden sie früher oder später kennenlernen. Die renommierte US-Soziologie Arlie Russell Hochschild sagt ganz deutlich: Mit jeder Frau, die sich um fremde Kinder und Alte kümmert, ist eine Geschichte von Trennung und Abschied verbunden. So wurde etwa ein Viertel aller Jugendlichen auf den Philippinen von einem Elternteil verlassen, weil dieser im Ausland arbeitet, so Hochschild. Diese Wanderbewegungen werden sogar von der Regierung unterstützt, da das Geld der Auslandsarbeiterinnen maßgeblich zum Landeseinkommen beiträgt. Erst als sich Depressionen, Schulprobleme und Kriminalität häuften, schreibt Hochschild weiter, habe man zumindest an die Mütter von kleinen Kindern appelliert, doch lieber Arbeit im eigenen Land zu suchen.[46]

Wir haben keine Zahlen darüber, wie viele Kinder in Ungarn, Polen oder Tschechien ein ähnliches Schicksal erleiden. Und ja, die Mütter können immerhin ab und zu einfacher nach Hause fahren. Aber: Sie alle fehlen in ihren eigenen Familien, können nicht für die sorgen, die ihnen am nächsten sind. Das im Bewusstsein zu haben, ist unsere Verantwortung. Wir müssen uns ihr stellen. Und endlich für nachhaltige Care-Konzepte kämpfen, die nicht so einseitig und stark zu Lasten anderer gehen. Etwa indem wir die Pflegeberufe hierzulande attraktiv gestalten und vor allem angemessen bezahlen. Denn wir greifen auf diesen enormen Graumarkt zurück, weil eine 24-Stunden-Pflege, die wir etwa für unsere gebrechlichen Eltern bräuchten, andernfalls kaum zu organisieren geschweige denn zu bezahlen ist.

Wir haben in Deutschland noch kein taugliches Konzept, einen Pool an qualifizierten Haushaltsmitarbeitern bereitzustellen, diese angemessen zu bezahlen und abzusichern, geschweige denn Missbrauch auf dem Graumarkt zu verhindern. Das eine hängt unweigerlich mit dem anderen zusammen. Wenn nicht für A gesorgt ist, also einen offiziellen Arbeitsmarkt, kann B nicht gelöst werden, also die zahlreichen Probleme, die mit halblegalen Lösungen verbunden sind. Auch hier gibt es noch viel zu tun.

AUSBEUTUNG IST NICHT MODERN

Uta Meier-Gräwe wird in diversen Beiträgen sehr deutlich: Bisher sei die historische Entwicklung der Arbeit des Alltags in Privathaushalten in doppelter Hinsicht keine Erfolgsstory. Weder sei die partnerschaftliche Arbeitsteilung bei der Übernahme der unbezahlten Haus- und Sorgearbeit im privaten Raum weit verbreitete soziale Realität, noch habe die Delegierung dieser Arbeit des Alltags an Frauen mit anderen sozialen Positionen oder ethnischen Zugehörigkeiten zu guten und fairen Arrangements geführt. Die Transformation von Tätigkeiten der Erziehung, Pflege und Hausarbeit folge offenkundig nicht einfach dem Pfad einer linearen »Modernisierung«, wonach bisher innerhalb der Familie erbrachte unbezahlte Arbeit immer mehr auf Professionelle verlagert werde, die dafür eine angemessene symbolische und vor allem finanzielle Gratifikation erhielten. Im Gegenteil: Es zeichneten sich derzeit neue Tendenzen einer Prekarisierung der »Arbeit des Alltags« ab, die durch vermeintlich innovative Geschäftsmodelle von jungen Start-up-Unternehmen wie »Book a tiger« oder »Helpling« gerade ein Milliardengeschäft entdeckt hätten und Arbeitnehmerinnen und Arbeitnehmer in die Solo-Selbstständigkeit führten, was letztlich auf eine Umgehung des gesetzlichen Mindestlohns hinauslaufe.[47]

Generell attestiert sie der Bundesregierung, entscheidende Veränderungen in unserer Gesellschaft, und auch in unser aller Alltag nicht wahr- beziehungsweise ernstzunehmen So habe bereits im Jahr 2010 der Dienstleistungssektor mit 71,2 Prozent einen ganz erheblichen Teil zur Bruttowertschöpfung beigetragen. »Wirtschaft und Politik verkennen zum großen Teil, dass im globalen Wettbewerb gerade solche Dienstleistungen zunehmend ökonomisch relevant werden, die mehr denn je benötigt werden, um den sozialen, qualifikatorischen, politischen und kulturellen Rahmen der materiellen Produktion zu liefern und abzusichern (Stichwort: globale Wertschöpfungsketten).«[48]

Sie hat ein eindringliches Beispiel für die Missachtung der Wichtigkeit des Dienstleistungssektors hierzulande: So arbeiteten mittlerweile mehr als 730.000 Menschen in der Kinder- und Jugendhilfe, nur knapp 750.000 Menschen in der Automobilindustrie, Tendenz fallend. Von welchem Bereich aber hören wir mehr? Welcher hat eine lautere Stimme und eine mächtigere Lobby? Wo gibt es angemessene Löhne und Gehälter? All diese Fragen beantworten sich von selbst.

Genau das ist er, der blinde Fleck der Politik: Die verschlossenen Augen vor dem Ausmaß der Care-Arbeit, die in zahlreichen Lebensbereichen geleistet wird und werden muss. Ihre – wenn überhaupt – unangemessene Bezahlung. Und die Selbstverständlichkeit, mit der so getan wird, als werde irgendwer die Arbeit schon machen. Was ja auch passiert. Aber der Preis dafür wird nicht genannt, möglicherweise gar absichtlich verschwiegen.

HAUSARBEIT IST UNSICHTBARER DENN JE

Sehr aufschlussreich ist in diesem Zusammenhang ein Text der mittlerweile emeritierten Historikerin Barbara Duden, der Mitte der 1970er Jahre in der Frauenbewegung für Furore sorgte: »Arbeit aus Liebe – Liebe als Arbeit«. 2009 schrieb sie einen Rückblick auf diesen Essay, und der hat es in sich. Sie sagt: Heute ist alles noch schlimmer. Hatte die erste Frauenbewegung sich noch zum Ziel gemacht, einen finanziellen Ausgleich vom Staat für die unbezahlte Hausarbeit zu erkämpfen und Frauen insgesamt unabhängiger zu machen, sei dieser Anspruch heute überhaupt nicht mehr diskussionsfähig. Schon in den 70er Jahren war das Thema Hausarbeit relativ schnell von der Agenda der Frauenbewegung verschwunden. Wurde früher diese Arbeit grundsätzlich dem »Wesen« der Frau zugeordnet und damit einhergehend geringgeschätzt und als selbstverständlich betrachtet, existiert sie als »Arbeit« heute fast gar nicht mehr im kollektiven Bewusstsein.

Das ist der Preis für ein Emanzipationsverständnis, das sich aus heutiger Sicht als beschränkt herausstellt. »Die Belastungen der Frauen in den Haushalten sind nicht weniger geworden, sondern mehr, aber es ist undenkbar geworden, dies öffentlich einzuklagen. Die Hausarbeit ist unsichtbarer denn je.«[49] Duden beschreibt ein Gespräch mit einer von ihr geschätzten Gleichstellungsbeauftragten, in welchem sie sich über die Zumutungen des neuen Unterhaltsrechts empört und Folgendes sagt: »Hieran siehst du, wie total das Bewusstsein von den Leistungen unentlohnter Hausarbeit heute getilgt ist. Müssen wir nicht die Revision des Scheidungsrechts als ein Zeitzeichen verstehen, das uns den Umbruch im Status der Frauen und ihrer unentlohnten Hausarbeit im Industriesystem vorführt?« Daraufhin die Gleichstellungsbeauftragte: Das sei völlig vernünftig und richtig, jede Frau müsse nun einmal vor der Eheschließung wissen, dass sie als »Nur«-Hausfrau nicht mehr zurechtkommen könne.

Viele unterstützen diese Haltung und finden nicht, dass Staat, Mann oder Arbeitgeber für die unbezahlte Hausarbeit von Frauen aufkommen müssten. Dabei war diese Einsicht, so Duden, eine bahnbrechende Errungenschaft der Frauenbewegung. Dadurch, dass wir diese Anerkennung seit Jahrzehnten nicht mehr einfordern, weil wir den allumfassenden Anspruch nach finanzieller Selbstständigkeit, egal in welcher Lebenslage, verinnerlicht haben, haben wir überhaupt erst ermöglicht, dass diese Arbeit immer mehr und mehr entwertet werden konnte. Und leben nun in einer Situation, in der sogar der Gesetzgeber der Meinung ist, dass etwa ein Mann seiner langjährigen Frau, die unendlich viele Stunden unbezahlter Arbeit in Jahrzehnten geleistet hat, nichts, aber auch rein gar nichts schuldet, wenn diese Verbindung auseinandergeht.

Wir haben jegliches Bewusstsein dafür verloren, wie viel wir leisten und wie wichtig diese Arbeiten sind, und die, die sie ausschließlich tun, dürfen das nicht einmal mehr laut sagen, um nicht als Ewiggestrige verschrien zu werden. Dabei, und das ist eine überraschende Erkenntnis in

Dudens Rückblick, war »die massive Politik zur Konsolidierung von Ehe und Familie, insbesondere nach dem Zweiten Weltkrieg, keineswegs ›konservativ‹ gewesen … und (hatte) nicht beabsichtigt, eine vermeintlich ›traditionelle‹ Lebensform abzustützen. Im Gegenteil. Sie war sozialpolitisch und volkswirtschaftlich hoch funktional! Die Kernfamilie, der private Haushalt als Hort für den Mann und die Kinder, war eine Voraussetzung für die Organisation des Binnen- und Arbeitsmarktes für das Wirtschaftswunder.«[50]

Was auch wir schon mehrfach bemängelt haben, die fast unmenschlichen Ansprüche an Frauen, vor allem Mütter, für alle zu sorgen, dabei einen auskömmlichen Verdienst zu haben, bei schlechten Löhnen und unterirdischen Rahmenbedingungen, bringt auch Barbara Duden zu dem Schluss: »Die Debatte um die Hausarbeit müsste neu beginnen. Ebenso müsste die Soziogenese des blinden Flecks genau untersucht werden, in deren Verlauf die Hausarbeit, die unbezahlte Arbeit der Frauen, in den letzten Jahrzehnten unsichtbar wurde – auch die Heraufkunft des blinden Flecks in unserem eigenen Blick auf die Gesellschaft.«[51]

Sie fragt: »Wieso und seit wann sprechen wir von ›Care‹ und nicht mehr von unbezahlter Hausarbeit? … Die Hausarbeit als Basis des älteren Industriesystems brauchte eine polarisierende normative Geschlechterordnung, der neue Kapitalismus wird gestützt durch eine Gleichheitsrhetorik, in deren Blickwinkel allein die Erwerbsarbeit steht. Die Hausarbeiten sind nicht weniger geworden, sie können aber als Leistungen nicht mehr öffentlich benannt werden.«[52]

Wir sollten wieder damit anfangen.

IST DAS ARBEIT ODER KANN DAS WEG?

Die Debatte um den Stellenwert von Fürsorge-Arbeit ist übrigens weit älter, als man auf den ersten Blick denken könnte. Interessant fanden wir, dass schon Marx die Reproduktionsarbeit weitgehend aus seinen sozial-ökonomischen Betrachtungen und Theorien ausschloss. Weil auch er sie im unproduktiven Sektor verortete.[53]

Vielleicht sind auch deshalb, aus einer grundsätzlich linken Überzeugung heraus, jahrzehntelang feministische Aktivistinnen dem Ruf nach mehr Erwerbsarbeit für Frauen als Ultima Ratio der Emanzipation und Befreiung gefolgt. Doch wir hatten dabei schon immer ein mulmiges Gefühl. Das sich nun für uns von überraschender Seite bestätigt: Ausgerechnet erwiesenermaßen »linke« Theoretikerinnen stellen genau diesen Anspruch – Erwerb um jeden Preis – in Frage und brechen eine Lanze für die Anerkennung der unbezahlten Arbeit. Eine prominente Vertreterin dieser Strömung ist die US-amerikanisch-italienische Wissenschaftlerin, Hochschullehrerin für politische Philosophie in New York, und Autorin Silvia Federici, deren Schriften uns mehr als einmal »Na endlich sagt mal eine, wie's ist!« ausrufen ließen.

So kommt sie nach der umfassenden Analyse der Reproduktionsarbeit im globalen Kapitalismus zu dem Schluss: »Erstens kann der Weg zur Befreiung nicht darin bestehen, um Lohnarbeit zu kämpfen, oder darum, ›sich der Arbeiterklasse am Arbeitsplatz anschließen‹ zu können, wie marxistische Feminist*innen bisweilen formuliert haben. Lohnarbeit mag eine Notwendigkeit sein, sie kann aber keine politische Strategie sein.«[54]

Allein diesen letzten Satz wollen wir uns einmal auf der Zunge zergehen lassen. Der allumfassende Anspruch an Erwerbsarbeit von Frauen kann und darf keine politische Strategie sein! Denn wie wir alle aus unserem eigenen Erleben nur allzu gut wissen: Es kommt dadurch lediglich Arbeit dazu, während die anderen Aufgaben nicht weniger werden. Federici argumentiert weiter, solange die Reproduktionsarbeit abgewertet und als Privatangelegenheit und Sache der Frauen angesehen werde, würden Frauen »Kapital und Staat mit geringerer Macht entgegentreten müssen als Männer«, und sie sind gesellschaftlich und wirtschaftlich extrem angreifbar. Zudem sei wichtig anzuerkennen, dass die Möglichkeiten, das Ausmaß der Reproduktionsarbeit zu verringern oder sie auf marktwirtschaftlicher Grundlage neu zu organisieren, sehr begrenzt seien. Ihre Schlussfolgerung daraus ist eine, die unserer Argumentation sehr ähnlich ist: »Was wir benötigen, ist die Wiederaufnahme eines kollektiven Kampfes um die Reproduktion, der darauf abzielt, die Kontrolle über die materiellen Bedingungen der Produktion von Menschen wiederzuerlangen und neue Kooperationsformen zu entwickeln, die außerhalb der Logik von Kapital und Markt angesiedelt sind.«[55]

WEIBER-WIRTSCHAFT

Nun gibt es mittlerweile mehrere Ansätze feministischer Forscherinnen, die einen ganzheitlicheren Blick auf Wirtschaft fordern. Allen ist mittlerweile klar, dass Care-Arbeit wahr- und ernstgenommen werden muss – und vor allem, dass die Bedingungen, unter denen sie geleistet wird, neuorganisiert und reformiert werden müssen. Care-Arbeit muss eine wirtschaftliche Kategorie werden. Sie muss ein Preisschild bekommen. Allein wie, das ist die große Frage. Leben doch Wirtschaft und Gesellschaft seit Jahrzehnten sehr gut damit, sie in den privaten und weitgehend unbezahlten Bereich zu verlagern und die Früchte daraus zu ernten. Ohne sie bezahlen zu müssen. Forscherinnen dagegen fordern schon länger eine sogenannte Plurale Ökonomik, eine Wirtschaftsweise also, die alle Lebensbereiche und alle darin erbrachten Dienstleistungen einschließt. Nur so können wir für mehr Gerechtigkeit sorgen – und Tätigkeiten, die für alle lebensnotwendig sind, endlich honorieren und damit die drohende Armut vieler Menschen, die diese Arbeit Tag für Tag erledigen, abwenden. Der Weg dorthin allerdings ist – das können Sie sich vorstellen – lang. Denn er erfordert nicht nur ein massives Umdenken, nein, er verlangt einen massiven Umbau unseres Wirtschaftssystems. Dass dort Beharrungskräfte wirken, ist klar, aber in einem ersten Schritt fehlt es ja schon an Menschen mit Einfluss, die sich massiv für eine solche Umgestaltung einsetzen.

Grundsätzliche theoretische Arbeit dazu leistet seit vielen Jahren die feministische Theologin Ina Praetorius. Sie ist Mitbegründerin des im Dezember 2015 begründeten Netzwerks »Wirtschaft ist Care« und neben vielen anderen Werken Autorin eines gleichnamigen Essays.[56] Darin stellt sie eine neue, grundsätzlich andere Frage: Kann es etwa sein, dass allein das Konzept »Gleichstellung« *nicht* (Hervorhebung der Autorinnen) die Lösung für das »Problem« der geschlechtsspezifischen Arbeitsteilung ist? Sie fragt: »Oder ist die gängige Identifizierung von Geschlechterpolitik mit Gleichstellungspolitik – und damit ihre Absonderung von sogenannten allgemeinpolitischen Fragen – Teil des Problems, das sie zu lösen verspricht?« Und weiter: »... wenn Gleichstellung nicht die Lösung ist: Welche andere Politik braucht es, um die Fehlleistungen im Kern nicht nur der Ökonomie, sondern der gesamten symbolischen Ordnung, von der die inzwischen den Globus dominierende westliche Wirtschaft und Wirtschaftswissenschaft ein Teil ist, im Sinne eines guten Zusammenlebens aller zu korrigieren?«[57]

Care muss mitten hinein in die Wirtschaft, fordert sie. Und stellt Ökonomen seit Jahren immer wieder die gleiche Frage: Warum wird die Hälfte der Maßnahmen und Mittel zur Befriedigung menschlicher Bedürfnisse – alles sorgende Arbeiten also – gewohnheitsmäßig aus ihrem wissenschaftlichen Gegenstand ausgeschlossen? Wenn es je eine Antwort gebe, laute sie meist so: Man könne und wolle ja nicht das ganz Leben monetarisieren. »Indem moderne Ökonomen von vornherein nur zu ihrem Gegenstandsbereich zählen, ›was Geld einbringt‹ oder sich zumindest in Geldwerten ausdrücken lässt, unterliegen sie einem folgenreichen Zirkelschluss: Nur was sich in Geldwerte übersetzen lässt, gehört zum Gegenstandsbereich der Ökonomie, folglich kann es keine Befriedigung menschlicher Bedürfnisse geben, die sich nicht in Geldwerten ausdrücken lässt.«[58] Ihre und auch unsere schon vor Jahren vorgeschlagene Lösung, um der befürchteten allumfassenden Monetarisierung von Leistungen der »Liebe« vorzubeugen, ist und bleibt übrigens ein bedingungsloses Grundeinkommen. Um dessen Angemessenheit zu überprüfen, müssten sich Ökonominnen, so Praetorius weiter, erst einmal entschließen, die andere Hälfte der erbrachten Leistungen wahr- und ernstzunehmen, als das, was sie ist: Ein unerlässlicher Teil der Wertschöpfungskette.

In einem Aufsatz[59] diskutiert die Wissenschaftlerin Anna Saave-Harnack von der Universität Jena weitere Lösungsvorschläge als Auswege aus der Care-Krise, etwa:

EINE ABGABE FÜRS KÜMMERN

Die Historikerin Tove Soiland hat diesen Begriff in die Debatte geworfen und schlägt sie als wirtschaftspolitisches Instrument vor. Eine Idee, die – so auch Saave-Harnack – noch weiter ausgearbeitet werden müsse. Aber für uns schon jetzt einen enormen Charme hat:

Denn die Care-Abgabe greift auf Lösungsansätze aus der konventionellen Umweltökonomik zurück und verknüpft diese miteinander. Ähnlich einer CO_2-Abgabe sollen also auch Mittel für Care-Arbeit, sowohl bezahlter wie unbezahlter Natur, generiert werden. Grundidee ist, dass von Care die ganze Gesellschaft profitiert, also sollte auch die Gesellschaft als Ganzes dafür aufkommen.

Soiland schlägt vor, dass man eine Care-Abgabe oder Care-Steuer für wirtschaftsstarke Sektoren einführen könne, denn, so ihr Argument, wenn man Ökoabgaben machen kann, kann man auch Sorge-Abgaben erheben. Der Staat solle dann Profite umverteilen, die in Sektoren mit hoher Produktivität entstehen. Der Care-Sektor mit seiner vergleichsweise geringen Produktivität und schweren Rationalisierbarkeit – die Arbeit am und mit Menschen braucht eine bestimmte Zeit und ist nicht rationalisierbar – solle dann von dieser finanziellen Umverteilung profitieren.[60]

Wir haben schon in unseren früheren Büchern herausgearbeitet, dass strukturelle Probleme systematisch dem Individuum angelastet werden – auch und gerade in der Fürsorgefrage ist diese gesamtgesellschaftliche Zumutung offensichtlich. Würde man ein Instrument wie die Care-Abgabe einführen, so könnte dies, so Saave-Harnack, die Finanzierung der privaten, freiwilligen und bezahlten Care-Arbeit für andere Menschen verbessern und Probleme wie Unterbezahlung und damit einhergehende Probleme wie Überlastung, Zeitmangel und geringe Qualität lösen. Grundsätzlich kritisiert auch sie den begrenzten Blick der traditionellen wirtschaftswissenschaftlichen Theorien, da diese Care-Arbeit einfach ausblenden, obwohl allen bewusst ist, dass nur der versorgte Mensch überhaupt wirtschaftlich tätig sein kann. Dazu komme, dass in industrialisierten Gesellschaften wie Deutschland, so Saave-Harnack weiter, viele Menschen Care-Arbeit unter hohem Spar- und/oder Zeitdruck leisten.

Wenn Menschen mit Care-Verantwortung, besonders Frauen, die traditionell mehr Care-Arbeit leisten, vermehrt in den Arbeitsmarkt einträten – und das ist ja nun seit Jahrzehnten erklärter politischer Wunsch und Ziel hierzulande –, entstehen enorme Zeitlücken, die anderweitig aufgefüllt werden müssen. Mit welchen Folgen – das haben wir oben beschrieben.

DER FEHLER LIEGT IM SYSTEM

Individuelle Phänomene wie enorme Erschöpfung durch Doppel- und Dreifachbelastungen sind dabei noch gar nicht erwähnt. Auch diese werden übrigens in der Wirtschaftstheorie der Neoklassik schlicht verschwiegen beziehungsweise dem Individuum und dessen Unfähigkeit zugeordnet, Beruf und Familie zu vereinbaren. Wir hingegen sehen die Fehler viel mehr im System als bei jeder und jedem Einzelnen. Und grundsätzlich in der Unvereinbarkeit von Kapitalismus und Sorgearbeit. Allerdings gibt auch Saave-Harnack zu bedenken, dass noch nicht geklärt ist, ob es überhaupt eine krisenfreie Organisation von Care-Arbeit in kapitalistischen Gesellschaften geben kann. Wie dieses massive strukturelle Problem gerecht und fair gelöst werden kann – das ist und bleibt eine der großen unbeantworteten Fragen unserer Zeit.

Dennoch: Wir geben die Hoffnung nicht auf, dass mit einer umfassenden, offenen und kritischen Diskussion neue, zukunftsfähige und umsetzbare Konzepte und Ideen entstehen. Und vor allem: Von den Verantwortlichen, in erster Linie Politikerinnen, aber auch der Wirtschaft, vorangetrieben und umgesetzt werden.

Interessanterweise weiß auch die Bundesregierung längst, dass sich etwas ändern muss. Zumindest haben ihr die Sachverständigen im Zweiten Gleichstellungsbericht mitgeteilt: »Zukunftsorientierte Geschlechterpolitik muss die Kernfrage überzeugend beantworten, wie künftig die Bereitschaft zur Übernahme von generativer Sorgearbeit für Kinder und für unterstützungsbedürftige Mitglieder der Gesellschaft als Voraussetzung für ein wirtschaftlich und gesellschaftlich intaktes Gemeinwesen strukturell gewährleistet und organisiert werden kann.«[61] Was hier so schön in Beamtensprache daherkommt, birgt im Grunde nicht weniger als die Warnung vor einer gesellschaftlichen Implosion: »Wirtschaftlich und gesellschaftlich intaktes Gemeinwesen«, aha. Das Gemeinwesen könnte also durch die enormen Asymmetrien, die wir seit Jahrzehnten beobachten und leben, gefährdet werden? Oder ist es das vielleicht längst? Es sei doch kein Wunder, sagt etwa die Bloggerin Claire Funke[62] (Blog *Mama streikt*), dass die Menschen immer extremer und radikaler würden, schließlich würden ihre Bedürfnisse nicht mehr wahr- und ernstgenommen. Das Bedürfnis nämlich nach einer fairen Arbeitsteilung, bezahlbarem Wohnraum, Zeit für Erholung und Anerkennung der Sorgearbeit.

AUF DIE BARRIKADEN!

Die Sozialwissenschaftlerin Gabriele Winker, die sich seit Jahren mit der Kritik neoliberaler Verhältnisse beschäftigt, fordert nichts weniger als eine Care-Revolution. Nur so könnten wir der von ihr diagnostizierten Reproduktionsfalle entkommen. Damit endlich menschliche Lebensinteressen verwirklicht werden können und grundlegende Bedürfnisse befriedigt. Ohne den Stress, sie sagt dazu »Arbeit ohne Ende« in der neoliberalen Gesellschaft, in der Muße zum Fremdwort geworden ist und Überforderung Alltag.

Das Ziel einer Care-Revolution müsse sein, bisher abgewertete legitime Grundbedürfnisse neu zu interpretieren, sie aus der Zone der Privatheit herauszuholen und in die Öffentlichkeit zu tragen.[63] Allerdings dürften keine neuen Abhängigkeiten entstehen. Deshalb seien gesellschaftliche Bedingungen anzustreben, in denen sich individuelle und generative Reproduktionsarbeit mit Zeit und existenzieller Absicherung realisieren ließen. Dafür bräuchte es

- eine verbindliche und drastische Reduktion der indivi-

duellen Erwerbsarbeit – selbstverständlich ohne Lohnkürzungen
- ein bedingungsloses Grundeinkommen

in Verbindung mit einem ausgebauten Netz staatlicher oder genossenschaftlich angebotener Dienstleistungen

- mehr Kinderbetreuung und Altenpflege
- eine bessere Entlohnung personennaher Dienstleistungen
- existenzsichernde Löhne, vor allem für Frauen, die diese Arbeit leisten
- Legalisierung migrantischer Helfer und Helferinnen.

Sie definiert die »Care-Revolution« als ein politisches Handeln, das einen radikalen Wechsel des Ausgangspunktes politischer Argumentation vornimmt. Sie plädiert für ein Handeln, das Politik und Wirtschaft nicht von Wachstumsraten, Profitsicherung und Gewinnmaximierung aus denkt, sondern von den menschlichen Bedürfnissen, also zentral auch vom Sorgen und Versorgtwerden her. Es müsse verdeutlicht werden, dass ein ökonomisches, ein gesellschaftliches System fähig sein müsse, Grundbedürfnisse aller Menschen in ihrer Verschiedenheit zu befriedigen, ohne dabei Menschen aus anderen Weltregionen zu diskriminieren.[64]

ALLE DENKEN NUR AN DAS EINE

Die Initiative Care.Macht.Mehr fordert nach den Erfahrungen in der Corona-Zeit die Gelegenheit zu nutzen, unsere Gesundheits-, Sozial- und Wohlfahrtssysteme und damit die Gesamtheit von Care-Arbeit gesellschaftlich solidarischer zu organisieren und zu finanzieren.[65] Eine ihrer Forderungen ist, Care Mainstreaming einzuführen. Konkret heißt das, bei allen politischen Maßnahmen aller Ressorts zu berücksichtigen, was die Entscheidungen für Menschen mit Care-Verpflichtungen oder für Care-Empfänger und Empfängerinnen bedeuten.

Es brauche dafür eine breite gesellschaftliche Auseinandersetzung darüber, wie wir Care gemeinsam organisieren wollen. So müsse die Finanzierung von Kliniken, Pflege-, Sozial- oder Erziehungseinrichtungen so geändert werden, etwa mit öffentlichen Mitteln oder Beitragszahlungen, dass nicht mehr die Erwirtschaftung von Renditen im Vordergrund stehe. Das wirkt auf uns ohnehin paradox: Wie ein Wirtschaftsbereich, der menschliche Fürsorge und Beziehung voraussetzt, wirtschaftlich arbeiten kann, ohne Menschen wie zum Beispiel Ärzte, Ärztinnen und Pflegepersonal einerseits auszubeuten und andere zu vernachlässigen.

Dass es nicht geht, wird Tag für Tag in deutschen Kliniken und Pflegeheimen bewiesen. Generell kommt von mehreren Seiten die Forderung, die soziale Infrastruktur wieder mehr in die öffentliche Hand zu legen. Um genau dieses Dilemma, Profit mit menschennahen Dienstleistungen machen zu müssen, wieder aus der Welt zu schaffen.

Auch Uta Meier-Gräwe kommt zu dem Schluss, dass »die Weltgesellschaft ohne einen grundlegenden Paradigmenwechsel weder die Care-Krise noch die Klima-Krise lösen kann: Das heutige Wirtschaftssystem beruht gleichermaßen auf der Externalisierung der Kosten für Care-Arbeit wie für sämtliche Naturressourcen, um Profitraten ins Unendliche zu steigern. Das muss sich ändern.«[66] Sie attestiert herkömmlichen Wirtschaftstheorien Borniertheit, die darin bestehe, dass seit der Industriellen Revolution eindimensional auf technische Innovationen gesetzt worden sei, verbunden mit einer »unvergleichlichen Steigerung der Arbeitsproduktivität«. Das habe zu einer systematischen Alltags- und Reproduktionsvergessenheit geführt.

EIN LEBEN IN WELLEN

Meier-Gräwe plädiert für ein Modell weg vom *adult-worker-model*, welches die Vollzeiterwerbstätigkeit aller Erwachsenen vorsieht, ohne Care-Verpflichtungen zu berücksichtigen, hin zu einem *earner-carer-model*, welches auch die Sachverständigenkommission vorschlägt. Wir haben das in unseren vorhergegangenen Büchern die »On-Off-Biografie« beziehungsweise ein Leben in Wellen genannt. Ein Leben, in dem Zeiten von Erwerb und von Sorge sich immer wieder abwechseln können – den persönlichen Lebensphasen und individuellen Prioritäten entsprechend. Sozial abgesichert, selbstverständlich. Denn: Frauen wollen sich beruflich entwickeln und Männer wollen Sorgeaufgaben übernehmen. Aber immer so, wie es gerade zu ihrer Lebenssituation passt. Mal vom einen mehr, vom anderen weniger. Und umgekehrt.

Grundsätzlich bedeutet das *earner-carer-model*, so Meier-Gräwe weiter, dass die Aufteilung von Erwerbs- und Sorgearbeit keine Privatangelegenheit ist, die von Einzelnen irgendwie zu bewältigen sei. Es gelte stattdessen, Rahmenbedingungen herzustellen, die es ermöglichten, ein Erwerb- und Sorgemodell ohne Überforderung leben zu können, und zwar unabhängig vom Geschlecht. Der Umgang mit Care-Arbeit muss zum Maßstab unseres Zusammenlebens werden.

4

DIE ROLLENFALLE

ES WIRD ZEIT FÜR DAS WEIBLICHE PRINZIP!

Was für eine Kapitelüberschrift: Es wird Zeit für das weibliche Prinzip. Wir sehen sie direkt vor uns, die Leserinnen und Leser, wie sie stirnrunzelnd weiterlesen und denken: Was soll das sein, das weibliche Prinzip? Und warum sollte ausgerechnet jetzt Zeit dafür sein? Weibliches Prinzip – das klingt nach den 1980er Jahren, nach Mütterbewegung, anthroposophischen Globuli und Körnermüsli. In der *Alles ist möglich-Lüge* haben wir dieses ewige Heraufbeschwören der »weiblichen Zukunft« noch selber als frommen Wunsch enttarnt: »Die Zukunft ist weiblich – und die Erde ist eine Scheibe« haben wir geschrieben. Mehr noch, unsere Vision war nicht eine weibliche Zukunft, sondern eine Zeit, in der wir Stereotypen überwunden haben, in der nicht mehr das eine hinter dem anderen zurückstehen muss, sondern beides gemeinsam gelebt werden kann. Eine Zukunft also, so hatten wir geschrieben, die »nicht männlich oder weiblich, sondern menschlich«[1] sein sollte.

WARUM FRAUEN NICHT DIE BESSEREN MÄNNER SEIN MÜSSEN

Jetzt aber postulieren wir, es sei Zeit für das »weibliche Prinzip«. Rolle rückwärts, Provokation? Nein: Erkenntnis. Die schlichte Erkenntnis, dass wir trotz aller Anstrengungen der vergangenen 200 Jahre und der laut geführten, aktuellen Debatten – und das schreiben wir nüchtern, ohne Pathos – nach wie vor keine Augenhöhe zwischen Männern und Frauen, keine Gleichwertigkeit der Geschlechter erreicht haben. Statt die gleichen Entfaltungsmöglichkeiten zu haben und ein gesichertes Leben zu führen, sitzen viele von uns in der Falle. Wie kann das sein? Wir stellen mehr als die Hälfte der Menschheit, wir sorgen für Nachwuchs und kümmern uns um ihn, wir halten soziale Gefüge zusammen, fluten seit vielen Jahren die Universitäten, machen beste Abschlüsse, bringen mit innovativen Ideen Unternehmen nach vorne und verändern die Führungskultur in Konzernen. Wir haben uns allen gleichstellungspolitischen Anforderungen westlicher Industrienationen angepasst. Wir sind vorzüglich ausgebildet, haben Kinder bekommen, die Fürsorgeaufgaben so gut es geht und so schnell wie möglich abgegeben und das Bild der ewig jugendlichen, attraktiven, gut organisierten, konstruktiven, meist gut gelaunten Superwoman zu unserem eigenen gemacht. Wir optimieren uns, wo wir können, führen Ehen und leben Familie wie in einer Waschmittelwerbung – oder bemühen uns zumindest stets – und werfen Geschlechtsgenossinnen mal mehr, mal weniger unbemerkt verächtliche Blicke zu, die sich vollständig aus dem Beruf zurückgezogen haben, um für andere da zu sein. Wir sind emanzipiert, informiert, tough und unabhängig.

Dennoch liegen wir nach wie vor in fast allen Bereichen hinten. Wir mögen sie gar nicht mehr aufzählen, die ganzen Gaps, die sich zwischen uns und dem männlichen Teil der Bevölkerung auftun. Was politisch schiefgelaufen ist, haben wir im vorangegangenen Kapitel geschildert. Trotzdem bleibt die Frage: Warum haben wir trotz aller Bemühungen und gegenteiligen Botschaften immer noch das Gefühl, hinterherzuhecheln? Vielleicht hilft ein Perspektivwechsel. Könnte es sein, dass wir gerade wegen all dieser oben aufgezählten Bemühungen nicht auf Augenhöhe sind? Könnte es sein, dass uns schlicht das Selbstbewusstsein fehlt, zu erkennen, wer wir sind und was wir können? Und zwar nicht, weil wir uns ständig weiter optimieren, sondern weil wir so sind, wie wir sind? Und weil wir viele Jahre falschen Idealen nachjagten, die wir erst jetzt, in der Lebensmitte, grundsätzlich in Frage stellen?

Wir messen Erfolg und ein gelungenes Leben immer noch an männlich geprägten Karriere- und Lebenswegen. Ohne uns das bewusst zu machen, sind typisch männliche Lebensläufe für uns ein Maßstab. Wir haben uns das nicht ausgesucht, auch das war uns gar nicht bewusst. Und weil das so ist, bemühen wir uns seit Jahrzehnten, unsere Biografien einem Ideal anzupassen, das für uns gar keines ist. Und in Zukunft nicht mehr sein sollte.

ANDERS IST BESSER ALS GLEICH

Wir sind einen Weg gegangen, der schon vor Jahrzehnten – vermeintlich *für uns* – bereitet wurde. Wir sind schon in Kapitel 2 kurz auf die feministische Debatte eingegangen. Aber wir müssen uns jetzt die zweite Welle des Feminismus und ihre Theorien noch einmal genau anschauen. Schon Ende der 1940er Jahre hat Simone de Beauvoir in ihrem Klassiker *Das andere Geschlecht* die Gleichheit der Geschlechter gefordert.[2] Gleichheit bedeutete bei Beauvoir, sich nicht als Mutter und Hausfrau in die »Sklaverei« zu begeben, sondern sich unabhängig von jeder Sorgeverpflichtung in den Diskurs einzumischen. In einem Interview, das sie 1976 Alice Schwarzer für den SPIEGEL gegeben hat, wird deutlich, woher ihr Antrieb kam und wie sie ihn in den 1970er Jahren radikalisiert hat: »... ich war daran gewöhnt, in dieser Welt zu leben, wo die Männer so sind, wie sie sind, nämlich Unterdrücker. Ich selbst habe, glaube ich, noch nicht einmal allzu sehr darunter gelitten. Ich bin den meisten typisch weiblichen Sklavenarbeiten entgangen, war nie Mutter und nie Hausfrau. ... Ich war eine Ausnahmefrau, und – ich habe es akzeptiert. Heute weigern sich Feministinnen, Alibi-Frauen zu sein. Und sie haben recht! Man muss kämpfen.«[3] Das war der Tenor der zweiten Welle der Frauenbewegung. Diese Einstellung war den Zeiten, in denen Frauen damals gelebt haben, vollkommen angemessen. Denken wir nur daran, dass bis 1977 die Berufstätigkeit einer Frau nur dann erlaubt war, wenn sie mit ihren Pflichten in Ehe und Familie vereinbar war, und erst seit 1997 die Vergewaltigung in der Ehe als Straftat gilt. Diese Wut ist bis heute völlig berechtigt.

Allerdings hat sich das Repertoire an Theorien seitdem erweitert, damit sollten auch die Möglichkeiten beziehungsweise Perspektiven für Frauen vielfältiger geworden sein. Nachdem Beauvoir das Feld für die zweite Welle des Feminismus bereitet hatte, stießen andere wichtige Wissenschaftlerinnen dazu, die dem Gleichheitsanspruch einiges entgegenzusetzen hatten. Eine der bekanntesten ist Luce Irigaray.[4] Die Psychoanalytikerin und Feministin begründete die sogenannte »Differenztheorie«, die in der Forderung nach Gleichheit die Gefahr einer Angleichung an männliche Normen sah. Aus der Perspektive der Differenztheoretikerinnen musste – und muss – die besondere Situation der Frauen wahrgenommen und abgesichert werden, um die Ungerechtigkeit zwischen den Geschlechtern strukturell aufheben zu können. Genau daran aber kranken bis heute alle – auch die noch so gutgemeinten – Gleichstellungsversuche: An dem Nicht-Anerkennen, dass Menschen, die Kinder bekommen, andere Lebensumstände, -bedürfnisse und Zukunftsperspektiven haben. Dass sie andere Sicherheiten brauchen als unabhängige Menschen, sowohl emotional als auch finanziell. Dass sie schlicht anders sind.

Relativ schnell wurde dieser Blick, der in den 1980er Jahren recht populär war, von der Konstruktionstheorie, aufgeworfen von Judith Butler (wir haben sie im zweiten Kapitel ausführlich behandelt), abgelöst. Seitdem steht die »Differenztheorie« unter Konservatismus-Verdacht, ihr wird unterstellt, Heterosexualität und damit letztlich die Anerkennung männlicher Hegemonie zu zementieren. Die Philosophin Silvia Stoller hält seit einiger Zeit klug dagegen und plädiert für eine gemeinsame Betrachtung der Theorien.[5] »Jede dieser theoretischen Analysen und Forderungen ist noch aktuell«, sagt sie in einem Interview dem österreichischen Standard.[6] Das Bewusstsein einer ungleichen Existenz von Beauvoir habe ohne Zweifel die zweite Welle des Feminismus erst möglich gemacht und diese Ungleichheit sei alles andere als überwunden. Die Differenztheorie habe dann die wichtige Beobachtung hinzugefügt, dass weibliche Identität bis dahin immer von einer männlichen Norm aus gedacht wurde, und forderte eine klare Abgrenzung, eine Differenz, um eigene Normen aufstellen zu können. Die Konstruktionstheorie habe schließlich diese Unterscheidung zwischen zwei Geschlechtern als beengend wahrgenommen und die Vielfalt der Individuen mit in die Debatte aufgenommen.

Betrachten wir die aktuelle politische Diskussion, wird diese seit geraumer Zeit vor allem von dem Ruf nach Gleichheit der Geschlechter und somit dem Herstellen gleicher Lebens- und Arbeitsbedingungen bestimmt. In letzter Zeit ist noch das Ringen um die reine Konstruktion von Geschlecht dazugekommen. Unterschiede sind aus dem Blick geraten beziehungsweise gleich ganz verneint worden. Dass die Differenz so ins Hintertreffen geriet, kann Silvia Stoller nicht nachvollziehen: »Ich habe diese negative Bewertung nie verstanden, denn die Pluralität, die die Konstruktionstheoretikerinnen einfordern, baut doch auf Differenz auf. Ohne Differenz gibt es keine Pluralität.«[7] Oder anders formuliert: Ohne Unterschied gibt es keine Vielfalt.

Lassen wir uns das noch ein paar Sekunden durch den Kopf gehen. Je vehementer wir Unterschiede verneinen und gleichzeitig Vielfalt einfordern, umso weniger substanziell kann Vielfalt sein. Wenn alle im Grunde gleich sind, ist Vielfalt Maskerade. Erst der Unterschied ermöglicht Pluralität.

Was bedeutet das für unsere Frage, warum wir immer noch keine wirkliche Gleichstellung zwischen den Geschlechtern haben? Weil wir die Unterschiede nicht wahrnehmen oder wahrnehmen wollen. Um es einmal deutlich auf den Punkt zu bringen: Durch die Bezeichnung von Mutterschaft und jeder Art von Fürsorgearbeit als »Sklaverei« hat Beauvoir das Kümmern als solches desavouiert. Wer sich kümmert, und das eventuell sogar noch gerne, wer den Tisch deckt, Geschirr wäscht, Pflaumenpfannkuchen backt, ja sogar diejenige, die Kinder auf die Welt bringt, macht sich zur Sklavin. Diese Betrachtung von Fürsorgearbeit hallt immer noch nach und ist enorm wirkmächtig. Selbst, wenn es uns gar nicht mehr so bewusst ist. Die zweite Welle der Frauenbewegung hat fürsorgliche Arbeiten so nachhaltig abgewertet, dass sich gut ausgebildete Frauen fast ein wenig schämen, wenn sie zugeben, dass es ihnen Freude, ja, manchmal sogar tiefe Befriedigung bereitet, Zeit für die Familie zu haben. Macht es uns denn wirklich stark – und damit sind nicht nur Frauen, sondern auch Männer gemeint, aber dazu unten mehr – männliche Lebenswege einzuschlagen? Ist es ein erstrebenswertes Ziel, 40 Stunden in Büros zu verbringen, während zu Hause die Arbeit einer Vollzeit-Haushälterin auf uns wartet? Oder ist es nicht vielmehr so, dass selbstbewusste Forderungen nur diejenigen aufstellen können, die sich ihrer Bedürfnisse bewusst sind?

Wobei sich Selbstbewusstsein in diesem Zusammenhang nicht durch den Ausschluss anderer Möglichkeiten auszeichnet. Im Gegenteil: Echte Gleichheit bedeutet aus unserer Sicht, mehrere Wege wählen zu können, ohne Nachteile dafür in Kauf nehmen zu müssen.

ACHTUNG BACKLASH

Unser Plädoyer für die Unterschiede bedeutet aber nicht, dass wir zurück in alte Rollenmuster wollen. Aber genau dieser Backlash ist zu beobachten. Hatten wir bestimmte

Rollenklischees schon überwunden geglaubt, gehen uns die Augen über, wenn wir uns im Netz und auf den sozialen Netzwerken unserer Kinder umschauen.

Spannend dafür ist die Expertise für den Dritten Gleichstellungsbericht der Bundesregierung unter dem Titel »Geschlechterstereotype und Soziale Medien«[8] – und natürlich ein Blick ins Netz und die Plattformen selber. Sie sind voll von sogenannten Influencern und Influencerinnen, die ihrer Fangemeinde wahlweise ihre neuesten Beautytipps und Schminkgeheimnisse oder den ultimativen Weg zum Sixpack anvertrauen und – meist knapp bekleidet – zu Push-up-BHs oder gleich zur Brustvergrößerung raten. Nicht selten haben ihre Profile mehrere zehntausend »Follower« und werden gesponsert von Kosmetik- oder Pharmakonzernen. Der ein oder andere mag das jetzt für ein cleveres oder gar emanzipiertes Geschäftsmodell halten. Und wir wollen gar nicht abstreiten, dass Instagram-Größen mit Hilfe ihres Profils ein beeindruckendes Einkommen erwirtschaften und dadurch Unabhängigkeit erlangen können.

Vermittelt werden allerdings tradierte Vorstellungen von Weiblichkeit beziehungsweise Männlichkeit: Coole Männer mit durchtrainiertem Körper und klarer politischer Haltung und blonde, manchmal auch brünette Barbiepuppen mit langen, geglätteten Haaren, das Gesicht selfiegerecht optimiert, der Körper wohlgeformt und an den richtigen Stellen gepolstert und in den Augen der »Ich warte nur auf dich«- Blick. Geschlechter-Klischees, wie sie schon im Rokoko en vogue waren. Das kann man emanzipiert finden. Wir bezeichnen es lieber als einen Retraditionalisierungs-Booster.

Die beiden Autorinnen der Expertise für den Dritten

Gleichstellungsbericht, Maya Götze und Elisabeth Prommer, formulieren es so: »Fassen wir diese Ergebnisse zusammen, so zeigt sich fast ein Frauenbild der 50er Jahre. Die Frau bleibt im Privaten, ist emotional und zuständig für Schönheit und Service, überlässt dem Mann den öffentlichen Raum, in dem er professionell agiert.« Frauen, so schreiben sie weiter, »inszenieren sich in den Mustern ›die erotisch Attraktive‹, ›die sympathisch Naive‹ oder ›die schöne, beiläufig Fotografierte‹, ergänzt dann jeweils durch weitere Facetten ›der Geliebten‹ oder ›guten Freundin.‹ Ausreißerfotos, in denen keine gezielte Pose eingenommen wird und in denen mehr Emotionen als nur Heiterkeit oder persönliches Engagement sichtbar werden, kommen so gut wie nicht vor.«[9] Interessant ist vor allem, was sie über den Ort der Selbstdarstellung festgestellt haben. Während Frauen sich überwiegend im privaten Raum präsentieren, zeigen sich Männer doppelt so häufig im öffentlichen Raum. Die Frau zurück an Heim und Herd beziehungsweise auf dem Bett und am Schminktisch, der Mann draußen im wahren Leben. Simone de Beauvoir würde rotieren.

EINE ROLLE RÜCKWÄRTS IM NETZ

Was diese simplen Botschaften bei Jugendlichen jeglichen Geschlechts auslösen, liegt für uns alle auf der Hand. Nicht erst, aber vor allem während der Corona-Pandemie haben sich unsere Kinder monatelang bei tiktok, Instagram, YouTube, WhatsApp und Co herumgetrieben. Und während dieser Zeit, das ist uns eigentlich schon vor dem Bericht klar gewesen, aber jetzt haben wir es auch noch schwarz auf weiß, sind sie fast durchgehend mit diesen Geschlechterstereotypen konfrontiert worden. Auffallend ist laut den Autorinnen, dass gerade bei Jungen und jungen männlichen Erwachsenen die Bandbreite hinsichtlich der Selbstinszenierung noch enger ist als bei Mädchen und jungen Frauen. Sie müssen sich als leistungsstark und selbstbewusst zeigen, jede Abweichung wird diffamiert. Dieser Inszenierung ist die Abwertung von Frauen und Männern, die sich nicht den Normen offensiver Männlichkeit unterwerfen, inhärent. Zitat: »Es wird eine Elite von weißen, jungen, fitten und gesunden Männern mit sexueller Potenz definiert, die sich gegenüber ›weniger wertvollen‹ Männlichkeiten abgrenzt«.[10] Wohlgemerkt, wir berichten hier nicht aus den 30er oder 40er Jahren des vorigen Jahrhunderts, sondern beschreiben den Zeitgeist des Jahres 2022. Bei dieser Vorstellung wird uns selbst etwas flau.

Während also im öffentlichen, eher universitären, und urbanen Raum die Individualisierung unserer Lebensentwürfe offensiv postuliert und in vielen Massenmedien peinlich genau auf genderneutrale Sprache geachtet wird, entsteht in den Sozialen Netzwerken offenbar eine mächtige Gegenkultur. Ein Gruppenzwang zur Normierung binärer Geschlechtlichkeit, wie wir sie seit den 1950er Jahren nicht mehr erlebt haben. Mehr noch: Alle, die nicht in diese Norm passen, werden mit Ablehnung und Hass bestraft.[11] Frauenfeindliche Posts, Diffamierungen und offen zur Schau getragene Aggressionen sind an der Tagesordnung – und ihre Auswirkungen auf eine offene, demokratische Diskussion fatal. Frauen können nur bedingt in und mit dem Internet arbeiten, müssen sie doch jederzeit gewahr sein, sich einem Shitstorm, Beschimpfungen bis hin zu furchtbaren Gewalt-Androhungen auszusetzen. Unsere Timelines sind voll von Frauen, die nicht mehr können oder wollen und ihre Accounts aufgeben. Sie wurden mundtot gemacht. Hexenverbrennung 4.0. Die Angst vor der Macht weiblicher Gedanken scheint groß und immer größer zu werden.

Der Druck ist zum Teil so groß, dass mehr und mehr Frauen öffentlich von der Gender- und Frauenbewegung abrücken. Nicht, weil sie sich mit den Zielen nicht identifizieren können, sondern weil bestimmte Vokabeln durch die permanente Abwertung im Netz verbrannt sind. »Ich würde mich nicht als Feministin bezeichnen, das klingt mir einfach zu hart«, erklärte zum Beispiel neulich eine Freundin beim Spaziergang. Eine Frau übrigens, die sich selbstverständlich als emanzipiert bezeichnet und sich in jeder Debatte mit vielen feministischen Forderungen identifizieren würde, die aber dennoch mit diesem Begriff nicht in Zusammenhang gebracht werden möchte. Kein Vorwurf, nur eine Überlegung: Ist uns eigentlich klar, wie sehr wir uns von den Netz-Stereotypen und der Aggression im Netz einschüchtern lassen?

Das Gunda-Werner-Institut für Feminismus und Geschlechterdemokratie der Heinrich-Böll-Stiftung sah sich schon vor vier Jahren dazu genötigt, eine Broschüre mit zwölf Richtigstellungen zu Antifeminismus und Gender-Kritik herauszugeben.[12] Darin heißt es: »Wir leben in einer Gesellschaft, in der es grundsätzlich möglich ist, das eigene Leben auf vielfältige Art und Weise zu gestalten. … Allerdings werden diese Errungenschaften von rechtspopulistischen und christlich-fundamentalistischen Kräften, aber auch aus der liberalen Mitte heraus, zunehmend bekämpft und in Frage gestellt.«[13] Die aufgeführten zwölf Vorurteile kann jede und jeder mittlerweile herunterbeten, selbst wenn sie oder er sich mit der aktuellen Debatte nicht beschäftigt. »Gender Mainstreaming will Männer und Frauen gleichmachen«; »Man darf ja Frauen nicht mal mehr ein Kompliment machen. Wenn Frauen einen Minirock tragen, wollen sie doch angemacht werden«; »Die Genderideologie will unsere Kinder in ihrer sexuellen Identität verunsichern« sind solche Vorurteile. Oder: »Feminismus ist Männerhass. Männer sind die eigentlichen Verlierer der Gleichstellung« ein anderes.

Die Autorin der Broschüre, die Soziologin und Geschlechterforscherin Franziska Schutzbach, formuliert sehr vorsichtig und klug, lässt allerdings durch ihren Ton keinen Zweifel daran, dass es zur Art und Weise, wie die Genderdebatte derzeit geführt wird, für sie keine Alternative gibt.

Derzeit geht die Tendenz aber wie geschildert in die andere Richtung. Das macht die Situation für niemanden einfacher. Auch für Männer nicht. Zur Erinnerung: Sie müssen sich laut Expertise für den aktuellen Gleichstellungsbericht als gesund, leistungsstark und selbstbewusst präsentieren, jede Abweichung wird diffamiert.

Und bevor wir uns der Frage zuwenden, was das weibliche Prinzip eigentlich sein soll und warum es dafür höchste Zeit ist, lohnt sich ein Blick auf das andere Geschlecht. Denn noch orientieren sich Wirtschaft und Sozialpolitik an männlichen Lebensläufen. Unser Interesse gilt der Frage: Wie nimmt die Mehrzahl der Männer eigentlich ihre Rolle wahr? Und welchen Gewinn könnte die Aufwertung des weiblichen Prinzips auch für sie bedeuten?

DER FLUCH DES MÄNNLICHEN PRINZIPS

Wann er anfing, sich unwohl zu fühlen, kann er gar nicht genau beschreiben. Vielleicht mit Anfang 20, vielleicht etwas später. Volker ist der jüngste von vier Brüdern. Der älteste ist 20 Jahre älter als er, von den beiden mittleren trennen ihn etwa zehn Jahre. Aus seiner Perspektive sind das ganz andere Männergenerationen. Dennoch habe er sich in diesem »Jungs-Haushalt« immer aufgehoben gefühlt, erzählt er, behütet und bewacht von den Großen. Erst als er pubertierte, Mädchen für sich entdeckte und Beziehungen führte, wurde er aufmerksamer. Er spürte, wie er sich von Mal zu Mal unwohler fühlte unter seinen Brüdern, die die Hackordnung untereinander qua Alter oder beruflichem Status festlegten und deren traditionell geführte Ehen in Ritualen und Klischees erstarrt schienen. »Kam man zu Besuch, war vollkommen klar, wer in die Küche ging und Kaffee machte oder den Tisch deckte. Darüber wurde nicht einmal gesprochen. Ein Blick genügte und eine meiner Schwägerinnen sprang auf und kümmerte sich«, erinnert er sich.

Volker selber war gerade einmal 18, als er seine große Liebe traf. Sie machten gemeinsam Abitur, zogen in eine kleine Wohnung in Berlin und begannen zu studieren: »Für uns stand außer Frage, dass wir alles gemeinsam und auf Augenhöhe entscheiden.« Traten Meinungsverschiedenheiten auf, wurde lange diskutiert. Seine Brüder dagegen erlebte der heute Anfang 50-Jährige als »wortlos«. Konflikte wurden verdrängt oder als Kämpfe um die Rangfolge ausgetragen. »Es war diese Sprachlosigkeit, die mich immer weiter wegtrieb«, sagt er. Irgendwann zog er sich für eine Weile ganz zurück und brach den Kontakt ab. »Ich hatte das Gefühl, dass mich diese Sprach- und letztlich Hilflosigkeit meiner Brüder vergiftete. Sie tat mir nicht gut, sie kostete mich Kraft und ich empfand sie als destruktiv.« Dabei war gar nichts Aufsehenerregendes geschehen. Kein Betrug, keine Kämpfe, keine Lügen, kein Bruder hat dem anderen die Frau ausgespannt oder ihn um das Erbe betrogen. Es war nur dieses Sich-Abfinden mit Rollenklischees, was er nicht mehr aushielt.

Mittlerweile ist der Kontakt wiederhergestellt, gesprochen worden ist über die Gründe seines Rückzugs nie. Besonders schwierig sind jedoch nach wie vor gemeinsame Treffen zu viert. Während sich die Brüder in Zweierkonstellationen gut verstehen und eine Form des Umgangs miteinander gefunden haben, wird es zumindest für Volker schwer erträglich, wenn alle zusammen am Tisch sitzen: »Wenn ich uns dann so sehe, sich die Gespräche um Oberflächlichkeiten wie Job, Status, Geld, Häuser oder gar Autos drehen, und jeder von uns um Beachtung und Selbstachtung kämpft, weiß ich, was mit toxischer Männlichkeit gemeint ist.«

Toxische Männlichkeit. Was für ein Begriff, der immer wieder durch die Diskussionen über männliche Rollenbilder geistert. Männlichkeit, die vergiftet, die krank macht. Diejenigen, die sie besitzen und diejenigen, die damit konfrontiert sind. Ausgesprochen von einem Mann, der sich inmitten anderer Männer, seiner Brüder, fremd und ausgestoßen fühlt – sinnbildlich für viele andere Männer. Als wir nach einer Definition suchen, stoßen wir auf ein Glossar des Missy Magazin, Magazin für Pop, Politik und Feminismus: »Das Konzept beschreibt eine in unserer Gesellschaft vorherrschende Vorstellung von Männlichkeit und umfasst das Verhalten, das Selbstbild und Beziehungskonzept von Männern sowie kollektiv männliche Strukturen. Männer sollen keine Schwäche zeigen, höchstens Wut, sie sollen hart sein, aggressiv und nicht zärtlich und liebevoll, schon gar nicht miteinander.«[14]

Diese Sätze treiben auf die Spitze, was Männern seit Jahrzehnten vorgeworfen wird. Mittlerweile reicht es aber offenbar nicht mehr, diese Stereotypen als zermürbend und einengend zu beschreiben. Nun sind sie also toxisch. Toxische Substanzen schließt man in den Giftschrank oder entsorgt sie schnellstmöglich als Sondermüll. Viel anzufangen ist damit nicht.

Stellen wir uns diese Diskussion einmal umgekehrt vor: Ein Männer-Magazin würde das gesellschaftlich dominierende Frauenbild als »toxische Weiblichkeit« bezeichnen und darunter Begriffe wie weich und nachgiebig, schwach und fürsorglich fassen. Der Aufschrei würde wahrscheinlich – hoffentlich – in der gesamten Republik zu hören sein. Dafür haben wir zu viel erreicht. 200 Jahre lang haben Frauen erfolgreich dafür gekämpft, differenzierter wahrgenommen zu werden. Ja, gekämpft, siehe Simone de Beauvoir, nicht Plätzchen gebacken, Katzen gestreichelt oder Wäsche gefaltet, wir sind wütend und laut skandierend durch die Straßen gezogen. Die Tatsache, dass es undenkbar erscheint, Weiblichkeit als vergiftend zu beschreiben, ist definitiv ein Erfolg.

Und die Männer? Sie schreien nicht, sie lamentieren, wir kommen weiter unten noch darauf zu sprechen. Oder sie verzweifeln, fühlen sich missverstanden, an den Rand gedrängt, und werden aggressiv oder radikal. Dass Männer den eigenen Habitus nachdenklich und öffentlich in Frage stellen und gemeinsam um neue Männerbilder ringen, so wie es die Frauenbewegung die letzten 200 Jahre vorgemacht hat, ist ein eher neues Phänomen. Zwar gibt es immer mehr aktive Väter in Männergruppen, kommen Vätervertreter in der Öffentlichkeit zu Wort, und es gibt es auch einen wissenschaftlichen Diskurs über neue Männerbilder. Aber von einer echten Bewegung analog zur Frauenbewegung sind sie noch weit entfernt.

Dabei wollen wir hier ausdrücklich anerkennen, dass viele Männer mehr für ihre Familien da sein wollen. Sie setzen ihre Interessen aber nur unzureichend durch, wie die Zahlen belegen. Und eine grundsätzliche Tatsache ist dabei noch gar nicht bedacht: Wo, bitte, würde denn ein Mehr an häuslicher Arbeit von Männern überhaupt hinführen? Würde es die grundlegenden strukturellen Probleme, unter denen bislang meist noch Frauen leiden, aus der Welt schaffen? Oder würden die Zumutungen dann schlichtweg auf mehr Schultern verteilt? Sicher, das wäre schon ein Erfolg. Aber, noch einmal, würden dadurch grundsätzliche Probleme gelöst? Und für wie lange? Ein ganzes Arbeits- und Familienleben lang oder nur für den Zeitraum, in dem zum Beispiel Kinder klein, Alte pflegebedürftig sind?

Könnte es sein, dass das bislang vorherrschende Verhalten auch bequem ist? Dass es sich sehr gut anfühlt, als die Norm wahrgenommen zu werden, nach der sich vieles richtet? Männer haben qua Geschlecht und den damit verknüpften Eigenschaften fast nur Vorteile. Das ist ihnen in den wenigsten Fällen bewusst. Weil es schon sehr lange so ist und immer schon so war. Es ist vollkommen klar und wird ihnen seit Jahrhunderten gesellschaftlich gespiegelt. Und wer gibt schon gerne und freiwillig Privilegien auf, für die er nichts tun musste? Es reicht schlicht, im richtigen Körper geboren worden zu sein, um einen Statusvorsprung zu haben. So bitter dies vor allem für die reflektierten Männer ist.

Ja, wir verallgemeinern hier manchmal und sind uns dessen bewusst. Selbstverständlich gibt es immer mehr, die sich unwohl fühlen mit dem normierten Bild von Männlichkeit. Und selbstverständlich werden dann männliche Rollennormative hinterfragt. In der öffentlichen Wahrnehmung – und vor allem in der Arbeitswelt oder Politik – haben sie aber keine große Bedeutung, sie beeinflussen das vorherrschende männliche Rollenverhalten bisher nur in einem sehr geringen Maß. Wäre es anders, würden wir das alle merken. In unserem Alltag, in unseren Beziehungen, an unseren Arbeitsplätzen.

Daran ändern auch Männer wie Ralf Bönt nichts, der schon 2012 in seinem Buch *Das entehrte Geschlecht. Ein notwendiges Manifest für den Mann* zu einem neuen, modernen, von Stereotypen befreiten und gerade deshalb selbstbewussten Männerbild aufgerufen hat.[15] Wie schlecht es dem Mann mit seiner eigenen Rolle gehe, sehe man unter anderem an seiner Lebenserwartung. Die habe sich seit dem Zweiten Weltkrieg stetig zu seinen Ungunsten entwickelt. Schuld daran sei, dass der Mann mit seinem männlichen Verhalten zunehmend aus der Zeit falle. Und er sei zu passiv, um daran etwas zu ändern. Immerhin sorgten seine Thesen für einiges Interesse, Besprechungen in den großen Zeitungen und Auftritte in Talkshows. Verändert hat es die Außen- und Selbstdarstellung der Männer allerdings kaum, siehe oben.

Historisch ist die Forschung über Männer ein eher junger Zweig und hat sich, wen wundert es, in den 1980er Jahren vor allem aus dem feministischen Diskurs heraus entwickelt.[16] Frauen drängten nach einem Jahrhundert der Selbstbetrachtung darauf, nicht nur sich in Frage zu stellen. Ihnen war klar: Wenn sich grundsätzlich etwas an den Geschlechterverhältnissen ändern soll, müssen sich auch Männer mit ihren Rollen, ihren Strukturen und Haltungen auseinandersetzen. Offen und ohne Angst vor Macht- und Gesichtsverlust.

DER GEMACHTE MANN

Ein wichtiger Impuls in der soziologischen Männerforschung auf wissenschaftlichem Niveau kam in den 1990er Jahren aus einer interessanten Richtung, in Gestalt eines Mannes, der nicht mehr als Mann leben wollte: Robert Connell wurde 1944 in Sydney geboren. Nach dem Tod seiner Lebenspartnerin in den 2000er Jahren entschloss er sich zu einer Geschlechtsumwandlung. Unter dem Namen Raewyn Connell wurde sie als Professorin der Erziehungswissenschaften zur Begründerin der kritischen Männerforschung und lehrte lange Jahre an der Universität in Sydney. Wegen ihres männlichen Körpers wurde sie als Junge erzogen, spürte aber schon in ihrer frühen Pubertät, dass sie ein Mädchen war. Ein unerträglicher Zustand, für den es in den 1950er Jahren noch keinen Namen gab. Trotz ihrer inneren Zerrissenheit lebte sie das Leben eines Mannes, heiratete eine Frau, mähte den Rasen, reparierte das Dach und machte als Mann wissenschaftliche Karriere zu einer Zeit, »als Frauen kaum Chancen auf gehobene Positionen hatten«, berichtet sie in einem Interview.[17] Ihr Buch *Masculinities*, auf Deutsch erschienen unter dem Titel *Der gemachte Mann. Konstruktion und Krise von*

Männlichkeit[18] ist ein Standardwerk der soziologischen Männerforschung und hat den Blick auf Männlichkeit nachhaltig verändert. Mit ihm wurde das Konzept der »hegemonialen Männlichkeit«, also der dominanten Position des Mannes gegenüber der untergeordneten Rolle der Frau überhaupt erst in die öffentliche Diskussion eingeführt. »Ich konnte den Gegenstand meiner Forschung zugleich von innen und von außen betrachten. Vielleicht gelang es mir besonders gut, bei meinen Interviews Empathie für Männer wie Frauen zu empfinden. Und wahrscheinlich machte mich meine Veranlagung sensibel für die Ungereimtheiten in der Ordnung und in den Rollen der Geschlechter«, so Raewyn Connell weiter.

Lesenswert ist, wie sie die Erfahrungen in ihrer neuen Rolle als Frau beschreibt: »Ich lerne das Gefühl ungezwungener Solidarität zwischen Frauen kennen. Eine gewisse Leichtigkeit im Umgang mit Kindern, die ich auch Männern wünschen würde. Manchmal hält man mir die Türen auf, zugleich bin ich das Ziel gelegentlicher Anzüglichkeiten. Auf Sitzungen werde ich von Männern einfach übergangen. Ich lerne, mich nachts in leeren Straßen zu fürchten. Auf Partys finde ich mich mit den anderen Frauen in der Küche wieder, während die Männer auf der Veranda Bier trinken.«[19] Eine Krise der Männlichkeit sieht Connell trotz aller Diskussion nicht. »Männer beherrschen nach wie vor die meisten Konzerne, die Armeen, die Kirchen, die Polizeikräfte und so weiter. Es gibt höchstens eine Legitimationskrise, denn zumindest in der westlichen Welt gilt die Gleichberechtigung heute als anerkanntes soziales Prinzip«, wird sie in dem Interview weiter zitiert.[20]

Vereinfacht heißt das: Es wird uns Gleichberechtigung oder zumindest ihr Erreichen als großes Ziel mit Riesenerfolgen vorgegaukelt, während im Grunde alles beim Alten bleibt: Männer beherrschen die Welt, Frauen ordnen sich unter oder reihen sich zumindest ein. Aber das herrschende Prinzip, das als Maßstab für alles gilt, wie wir leben, wie wir lieben, wie wir arbeiten, ist männlich.

Raewyn Connell beschreibt in ihrem Standardwerk nicht nur die Beziehung des Mannes zu Frau, sondern entwirft auch vier Grundmuster des Umgangs von Männern untereinander. Sie bezeichnet sie als: Hegemonie, Unterordnung, Komplizenschaft und Marginalisierung. In einer männlichen Gruppe gibt es also diejenigen, die dominant sind, die, die unterdrückt werden und sich unterordnen, die Mitläufer und die, die an den Rand gedrängt und nicht wahrgenommen werden. Der Grund, warum diese Gruppen nicht gegeneinander kämpfen, ist, dass sie alle durch die dominante Männlichkeit, also die Unterdrückung der Frau, in den Genuss der sogenannten »patriarchalen Dividende« kommen.

Der Sozialpädagoge Lothar Böhnisch beschreibt den Ausdruck »patriarchale Dividende« für die Bundeszentrale für politische Bildung so: »Mit diesem Begriff ist die allen Männern gleichsam kulturgenetisch eingeschriebene, in der Entwicklungsdynamik des Kindes- und Jugendalters immer wieder aktivierte und eingeübte Haltung gemeint, dass der Mann ›im Grunde‹ doch der Frau überlegen sei, egal ob das der Überprüfung durch die soziale Wirklichkeit standhält.«[21] Dieser Leitsatz werde, so Böhnisch weiter, in kritischen Lebenssituationen quer durch alle Schichten aktiviert. Eine Rückfalloption in Krisenzeiten also. Darum werden männliche Machtgruppen auch von vielen anderen Männern – bewusst oder unbewusst – unterstützt.

Connells Ansatz ermöglichte einen neuen Blick auf das männliche Rollenbild. Zum ersten Mal werden unterschiedliche Formen von Männlichkeit in einer Gesellschaft definiert und lösen damit den eindimensionalen Patriarchatsbegriff zumindest in der Wissenschaft ab. Aufbauend auf diesem Konzept konnte sich die wissenschaftliche Männerforschung weiterentwickeln und nuancieren. Was Raewyn Connell allerdings explizit nicht beabsichtigt hat, war die Auflösung und Dekonstruktion von Geschlecht. Sie glaubt an eine andere Art der Geschlechter-Gerechtigkeit. In einem Interview in der Online-Ausgabe der Zeitschrift EMMA von 2018 beschreibt sie die Bedingungen so: »Dazu gehört, dass wir die Definition von ›Weiblichkeit‹ weiter ausdehnen um Bereiche, die wir normalerweise Frauen nicht zuordnen wie: naturwissenschaftliche Begabung, Entscheidungsfreudigkeit, Rationalität etc. Damit korrespondierend erweitern wir die Definition von ›Männlichkeit‹ um Bereiche wie Sensibilität oder Fürsorglichkeit. Das schafft die Kategorie Geschlecht nicht ab, sondern erweitert einfach die jeweiligen Möglichkeiten jedes Geschlechts.«[22] Das könnte aus unserer Sicht ein Teil der Lösung sein.

HAUSMANN VERZWEIFELT GESUCHT

Trotz Raewyn Connells Vorstoß in den 1990er Jahren kam die Diskussion über Männer und ihre Rollenbilder nur schleppend in Gang. Doch der Druck wuchs. Je mehr Frauen mit immer höheren Stundenzahlen arbeiten, desto augenfälliger wird, was alles liegenbleibt. Und desto größer wird der Anspruch an Männer, mitanzupacken, erst von ihren Partnerinnen formuliert, dann sogar von der Politik.

Der Soziologe Carsten Wippermann skizziert den Stand der Diskussion in seiner aktuellen Studie »Männer-Perspektiven. Auf dem Weg zu mehr Gleichstellung?«[23] anhand der unterschiedlichen männlichen Haltungen zum Thema Gleichstellung. Er zieht dazu Vergleiche zu einer ähnlichen Studie von 2007 mit dem Titel »Rolle vorwärts – Rolle rückwärts?«, in der das Verhältnis von Männern zum Rollenbild des »neuen Mannes« erforscht wurde.[24] Viele Männer, so ein Ergebnis der Untersuchung, standen damals schon durch das mediale Mantra vom »neuen Mann« unter Druck und einige wünschten sich deshalb eine Ausweitung der Gleichstellungsdebatte, die auch die Bedürfnisse von Männern in den Blick nahm.

Eine Erkenntnis findet sich in beiden Studien: Je aufgeregter und lauter das Thema gesellschaftlich diskutiert wurde, umso mehr spaltet es die Gruppe der Männer. »Männer entwickeln sich in ihrer Haltung zur Gleichstellung weiter auseinander, es gibt Tendenzen zur Polarisierung und Verfestigung von Haltungen.«[25] Einfach gesagt: Die einen bewegen sich, die anderen werden immer radikaler. Wie oben schon angedeutet, hätten sich Zellen »traditioneller Männlichkeit« etabliert, die sich von dem Themen Gender und Gleichstellung bedroht fühlten und eine Rückkehr zu bewährten, klaren Rollenmustern forderten. Auf der anderen Seite sei laut der Befragung von Wippermann die Gruppe der »gleichstellungsorientierten« Männer zumindest etwas gewachsen. Viel zu sagen hätten sich beide Seiten nicht. Ein wirklicher Diskurs findet zwischen den Seiten nicht statt.

Wenn wir weiterlesen auf der Suche nach konkreten

Aussagen zur Gleichstellung, stoßen wir auf einen Satz, der im Jahr 2017, dem Erscheinungsjahr der Studie, mehr als ernüchternd klingt und auch die Hoffnungen auf eine stärkere Beteiligung des Mannes bei der Lösung der Vereinbarkeitsfrage schmälert: »Für Männer ist die Vollzeiterwerbstätigkeit die Regel.« Und zwar unabhängig davon, ob sie Single, verheiratet oder geschieden sind, in welchem Umfang ihre Partnerin erwerbstätig ist oder wie viele Kinder sie haben. Stets liege der Anteil der Vollzeitarbeit bei Männern über 85 Prozent. Es ist kaum anzunehmen, dass sich daran in den letzten Jahren viel verändert hat. Wir haben die Zahlen dennoch noch einmal überprüft und können sie mit Angaben des statistischen Bundesamtes aktualisieren: 2019 lag der Anteil von Vollzeit arbeitenden Männern mit minderjährigen Kindern im Haushalt bei 93,6 Prozent. Lediglich 6,4 Prozent arbeiteten in Teilzeit. 6,4 Prozent! Nur der Vollständigkeit halber: Der Anteil der in Teilzeit arbeitenden Mütter mit minderjährigen Kindern lag im gleichen Zeitraum bei 66,2 Prozent[26]. Hat noch jemand Fragen? Wir schon.

Wie bitte schön lässt sich die wachsende Zahl der »gleichstellungsorientierten« Männer mit der seit Jahren stagnierenden Teilzeitquote von Vätern in Verbindung bringen? Was bedeutet für sie überhaupt der Begriff »gleichstellungsorientiert«, wenn sie nicht das tun, was zwei Drittel aller Mütter tun – ihre Arbeitszeit reduzieren, um mehr Zeit für Familie und Haushalt zu haben und damit gleichzeitig den Partner beziehungsweise die Partnerin zu entlasten? Und ihr damit erst die Möglichkeit geben, annähernd gleichgestellt zu sein.

Der Soziologe Carsten Wippermann hat in seiner Studie nachgefragt und die Antworten folgendermaßen zusammengefasst: »Aus der Perspektive der Mehrheit der Männer erscheint eine Teilzeitbeschäftigung zwar theoretisch möglich, jedoch finanziell riskant und mit Makel verbunden. Die Mehrheit der Männer hat die Einstellung, dass in Unternehmen jene keine Karriere machen, die in Teilzeit sind oder den Wunsch nach Teilzeit äußern.«[27] Ein Umstand, der nebenbei bemerkt auch für Frauen gilt. Diese nehmen die Nachteile aber offenbar hin, weil sie wissen, dass es nicht anders geht. Die Care-Aufgaben sind enorm und wenn sie sie nicht übernehmen, tut's keiner. Männer in der Rollenfalle – offensichtlich hat sich wenig bis gar nichts an den Befürchtungen und Einstellungen erwerbstätiger Väter verändert, seit wir ihnen im Jahr 2014 in unserem Buch *Die Alles ist möglich-Lüge* ein ganzes Kapitel gewidmet haben. Und wir wissen sehr genau, dass man sich diese Form von Partnerschaftlichkeit leisten können muss. Rein finanziell. Die meisten Familien hierzulande können das nicht.

WIR DACHTEN, WIR SEIEN SCHON WEITER

Wir könnten jetzt Verständnis heucheln. Dazu haben wir aber keine Lust. Wenn sich Männer als »gleichstellungsorientiert« bezeichnen und – zumindest bei soziologischen Befragungen – ein großes Interesse an neuen Männerbildern und Rollenmustern bekunden, dann sollten sie verdammt noch mal auch bereit sein, den Preis dafür zu zahlen. Oder aber endlich anerkennen, dass Frauen genau diese Nachteile in Kauf nehmen, um Sorgearbeit zu leisten, und die Männer, wenn sie sich schon nicht daran im gleichen Maße beteiligen wollen, die Pflicht haben, alles daranzusetzen, um sie abzusichern. Dass sie das nicht tun, kann nur mit der oben schon genannten Angst vor dem Verlust von Privilegien zu tun haben.

Oder etwas kleiner angesetzt: Aus ihrer privilegierten Situation heraus erkennen sie oft gar nicht, welchen Zumutungen ihre Partnerinnen ausgesetzt sind. Sie können es einfach nicht. Weil ihnen all das, was uns täglich hindert und behindert, nie zugestoßen ist. Kein einziger Vater hat wohl nach der Geburt eines Kindes von seinem Vorgesetzten den Satz gehört: »Diese anspruchsvollen Aufgaben traue ich Ihnen jetzt nicht mehr zu.« Gefallen ist er im Jahr 2021 gegenüber einer dreißigjährigen Karrierefrau, die bis zur Geburt ihres ersten Kindes hochangesehen in ihrem Job war. Beim ersten Chefkontakt nach der Elternzeit ging es dann um alles, was sie fortan nicht mehr könne – und ums Stillen, was sie besonders empörend und unangemessen fand. Selten haben wir eine desillusioniertere junge Frau gesehen, als sie leise sagte: »Ich dachte, wir wären schon weiter.«

Etwas weiter unten in der Wippermann-Studie stößt man dann auf den aus unserer Sicht wahren Grund für den großen Unterschied zwischen der Teilzeitquote von Frauen und Männern. Keine Spur mehr von dem Wort »gleichstellungsorientiert«. Nach wie vor erlebe die Mehrzahl der Familien einen Retraditionalisierungs-Effekt nach der Geburt des ersten Kindes. Wobei wir den Begriff problematisch finden, weil dafür ja erst einmal eine »Ent-Traditionalisierung« hätte stattfinden müssen. Es wird ja schon lange so getan, als hätten wir tradierte Rollen- und Verhaltensmuster überwunden. Haben wir aber nicht! Und zwar nicht, weil wir nicht wollen. Sondern weil es in

Deutschland keine passenden Rahmenbedingungen gibt, diese zu überwinden, wir haben das wiederholt beschrieben und beklagt.

Auch deshalb stellt Wippermann fest, dass der Rückfall in tradierte Muster stattfindet, und zwar nicht erst mit der Familiengründung, sondern bereits vorher mit dem Zusammenziehen in einem gemeinsamen Haushalt.[28] Um hier sofort der nächsten Erklärung den Wind aus den Segeln zu nehmen: Das liegt nicht daran, dass Frauen sich vor die Kloschüssel oder ihr Kind schmeißen und das Putzen und Füttern für sich reklamieren, sondern an der oben zitierten Verhaltensstarre. Es ist gelinde gesagt schon etwas abenteuerlich, wenn der SPIEGEL im August 2021 mit der Zeile titelt »Papa kann das schon alleine.« Und mit der charmanten Unterzeile: »Was moderne Väter alles hinkriegen – wenn die Mütter sie lassen« – Frauen vorwirft, ihre Männer bei der Ausübung ihrer Vaterrolle zu blockieren, weil sie nicht loslassen könnten.

Wir haben uns in Kapitel 2 auf dünnes Eis begeben, als wir beschrieben haben, warum Frauen mehr Interesse an Sorgearbeit haben könnten als Männer. Das bedeutet aber weder, dass sie es genießen, Windeln zu wechseln, Spielzeug wegzuräumen oder schreiende Kinder zu beruhigen, noch, dass sie Vätern den Zugang zum Kinderzimmer verwehren oder keine Lust auf andere Tätigkeit hätten. Wir möchten es einmal so formulieren: Frauen haben sich mit ihrem Geschlecht, ihren Bedürfnissen und ihren Rollenbildern so intensiv auseinandergesetzt, dass sie erkennen, dass sie in ihrem Leben Raum und Sicherheit für beide Bereiche, Familie und Beruf, haben möchten. Männer hingegen erlauben sich und ihren Geschlechtsgenossen, laut aktuellem Forschungsstand, weit weniger Bandbreite.

Mag die großstädtische Akademiker-Bohème und die SPIEGEL-Redaktion auch anderer Meinung sein. Rein statistisch sind es gerade einmal 17 Prozent der Männer, die sich im Jahr 2017 für ein anderes, ganzheitlicheres Männerbild aussprechen. Umgekehrt bedeutet das: 83 Prozent der Männer identifizieren sich mit der Rolle des Haupternährers und wollen mindestens am Status quo festhalten.[29] Ein faszinierend hoher Anteil, wenn man bedenkt, wie lange die Diskussion über Gleichstellung und Überwindung von Stereotypen schon andauert.

Noch einmal: Die Geschlechterdiskussion ist erst vollständig, wenn Männer ihre Rolle ohne Angst vor Prestigeverlust und mit echtem Interesse an neuen Rollenmöglichkeiten hinterfragen. Wie das geht, aber auch wie viel Mühe und Verwerfungen so eine Rollenfindung mit sich bringt, hat die Frauenbewegung in den letzten Jahrhunderten vorgemacht. Nach wie vor sind die Fragen, wie eine Frau lebt, arbeitet, ihre Mutterschaft definiert und mit ihren verschiedenen Lebenszyklen umgeht, ständige Themen in der gesellschaftlichen Debatte und vor allem zwischen Frauen untereinander. Es gibt kaum ein Treffen, in dem Frauen zusammenkommen, ohne dass mindestens eines dieser Themen zur Sprache kommt. Wir sind in einem regelmäßigen Austausch darüber, wie es uns geht, wie wir unser Leben organisieren, welche Prioritäten wir setzen (wollen), wie wir ein Gleichgewicht herstellen können zwischen unseren unterschiedlichen Bedürfnissen und Ansprüchen im Beruf und im Privaten. Wenn Männer nachziehen, wenn diese Themen ebenfalls selbstverständlich an den Theken beim Bier oder auf dem Sportplatz nach dem Fußball diskutiert werden, sind das die ersten Schritte in eine neue, menschlichere Zukunft.

Noch scheint aber die Angst vor dem Verlust von Privilegien groß zu sein. Dabei sind sie ohnehin nicht mehr zu halten. Denn die Zukunft gehört den Frauen. Oder zumindest den Eigenschaften, die wir als weiblich definieren.

DIE ZUKUNFT IST WEIBLICH

Schon 2012 hat das Beratungsunternehmen Zukunftsinstitut aus Frankfurt den sogenannten Female Shift, also eine Verschiebung hin zu mehr Frauen in besser bezahlten Positionen in Politik und Wirtschaft, prognostiziert. Und dafür drei Hauptgründe genannt: Frauen sind die Bildungsgewinnerinnen weltweit. Der Fachkräftemangel zwingt mehr und mehr Unternehmen, Frauen einzusetzen, und das männlich-industrielle Wachstumsmodell ist durch die Automatisierung und die Abwanderung vieler traditioneller Industrieproduktionen in Schwellenländer an seine Grenzen gelangt.[30] Fein, haben wir schon damals gedacht und warten seitdem sehnsüchtig auf diese Veränderung. Sie lässt noch immer auf sich warten.

2020, mitten im Pandemie-Lockdown, überraschte uns einer der Denker des Zukunftsinstituts, der Jurist und Politikwissenschaftler Daniel Dettling, dann mit einer Neuauflage dieser These: »Frauen sind die Verlierer der Coronakrise – doch der Trend wird sich umkehren«, kommentierte er im Mai 2020 im Handelsblatt.[31] Schon diese Überschrift hat uns elektrisiert. Was für eine optimistische Überschrift in einer mehr als dunklen Zeit für Familien und vor allem für Mütter. Hatten wir doch kurz zuvor erst die Analyse von Jutta Allmendinger gelesen, der Präsidentin des Wissenschaftszentrums in Berlin, dass wir in der Zeit der Pandemie und des Lockdowns eine entsetzliche Retraditionalisierung erleben.[32] Und alle Umfragen und Studien gaben ihr Recht.

Ganz abgesehen davon, dass wir am eigenen Leib erlebt haben, wie uns der Lockdown an den Rand der Verzweiflung und tageweise ins berufliche Abseits getrieben hat. Videokonferenzen zu leiten, Artikel zu schreiben, Interviews zu führen und parallel zwei Teenager aus dem Bett zu prügeln, um sich langweiligen Frontalunterricht auf permanent abstürzenden Lernplattformen anzuschauen, war unmöglich. Täglich standen wir vor der Entscheidung, entweder die Kinder mehr oder weniger sich selbst zu überlassen und zu wissen, dass sie in ihren Zimmern ganz sicher nicht Aufsätze schreiben oder Vokabeln lernen, oder den Abgabetermin eines Projektes nicht halten zu können. Für eine von uns gab es zu dieser Entscheidung keine Alternative, da sie als Alleinerziehende zumindest wochenweise beim Teenager-Motivieren keine Unterstützung hatte.

Daniel Dettling präsentiert uns nun also eine ganz andere Argumentation: Zwar sähe es in der Pandemie so aus, als ob das Virus alles zerstört, was sich Frauen jahrzehntelang erkämpft und erarbeitet hätten. Auf lange Sicht aber würde Corona auch in der Geschlechterfrage zum »Game Changer«: »In der ›neuen Normalität‹ wird Homeoffice die Regel und stundenlange Präsenzsitzungen und Veranstaltungen werden zur Ausnahme. Wir werden mehr Zeit haben: für Familie, Freunde und uns selbst«, schreibt er. Und weiter. »Zum wichtigsten Wert in der Post-Corona-Arbeitswelt wird nicht Effizienz, sondern Resilienz. Gemeint ist die Fähigkeit, in wechselnden und ändernden Situationen flexibel und robust reagieren zu können.«

Woher nimmt er diesen Optimismus, haben wir erst uns gefragt und kurz darauf ihn. Wie um alles in der Welt kommt er zu dieser positiven Sicht, wo doch alle Statistiken aus dieser Zeit eine deutlich andere Sprache sprachen. »Weil der Trend einfach unumkehrbar ist«, erklärt er uns am Telefon. Frauen seien selbstdisziplinierter und besser organisiert als Männer, deshalb würden sie auch die besseren Bildungsabschlüsse machen. Sie hätten zudem einen selbstbewussteren Umgang mit Unsicherheit und Komplexität als Männer. Er verweist auch noch einmal auf einen Satz, der uns schon in seinem Kommentar ins Auge gesprungen war: Frauen »verfügen über ein besseres soziales und mentales Immunsystem, weil sie zukunftsintelligenter sind.«

Soziales und mentales Immunsystem, Zukunftsintelligenz. Was für fantastische Begriffe! Diese Zukunftsintelligenz, so Dettling auf Nachfrage, ergebe sich aus der Tatsache, dass Frauen für wichtige Entscheidungen im Leben einfach weniger Zeit hätten als Männer – und das auch wissen. »Die biologische Uhr spielt dabei eine nicht zu unterschätzende Rolle. Frauen wachsen auf im Bewusstsein der Tatsache, dass sie für die Gründung einer Familie weniger Zeit haben als Männer. Und dieser Umstand ist einer der größten Unterschiede im Umgang mit Zukunft zwischen den Geschlechtern«, erklärt Dettling.

Er zwinge Frauen dazu, früher erwachsen zu werden. Offensichtliches Zeichen: Frauen zögen deutlich früher aus ihrem Elternhaus aus als junge Männer.[33] »Männer wissen, dass sie mehr Zeit haben, darum gehen sie einfach nicht so verantwortlich mit ihrer Zeit um. Sie werden später erwachsen, legen sich später fest und verbringen mehr Zeit mit mehr oder weniger sinnlosen Dingen«, so Dettling weiter. Ein Luxus, den Frauen sich in den seltensten Fällen gönnen. Sie sind effizient. Diese Effizienz von Frauen erstrecke sich auf nahezu alle Lebensbereiche. Frauen seien disziplinierter und früher vernünftig, hätten deshalb bessere Schulabschlüsse, absolvierten ihr Studium schneller und würden in Unternehmen zumindest am Anfang schneller nach oben kommen. Gebremst werden sie, so Dettling, in der Familienphase. Wenn sie aber, wie so viele, in Teilzeit zurückkommen, sind sie oft beeindruckend effektiv und bewältigen so manchen Vollzeitarbeitsplatz in der Hälfte der Zeit.

Selbst die Berufswahl der meisten Frauen, lange mit viel Unverständnis betrachtet und als »weiblicher Weg in die Abhängigkeit« bezeichnet, gereiche ihnen jetzt zum Vorteil. Laut Trendstudien gehören typisch weibliche Berufe zu den boomenden Bereichen. Beispiel Pflege. Noch sind Pflegeberufe unterbezahlt und schlecht ausgestattet. Daniel Dettling: »Das ändert sich aber gerade rasant. Unsere Gesellschaft wird immer älter. Immer mehr Menschen müssen versorgt und gepflegt werden. Dadurch steigen schon jetzt die Gehälter von Pflegern und Krankenschwestern unaufhörlich. Natürlich von einem sehr niedrigen Niveau aus, deshalb ist das noch nicht so offensichtlich. Aber spätestens wenn die Boomer-Jahrgänge der 1960er Jahre gepflegt werden müssen, gehören Pflegekräfte zu den gut verdienenden Berufsgruppen.«

Wir können nur hoffen, dass er mit dieser Einschätzung Recht behält. Und politischen Druck machen, um eine bessere Bezahlung in den menschennahen Berufen zu erreichen. Eine Forderung, die auch die Sachverständigen bereits im Zweiten Gleichstellungsbericht an die Politik erhoben haben.

Ein weiterer Grund für Dettlings Zuversicht: Die »typisch weiblichen« Berufe wie Erzieherin, Pflegekraft oder Physiotherapeutin sind nicht so leicht zu automatisieren. Männerdominierte Berufe in der Finanz- oder Automobilbranche oder in der Industrie dagegen könnten schon jetzt oft durch Algorithmen ersetzt werden. Auch ökonomisch seien Frauen in der Regel überlegter und nachhaltiger ausgerichtet als Männer. Wir horchen überrascht auf: Wie kann das sein? Sie sind doch diejenigen, die sich um Altersvorsorge, Sparpläne und Aktienpakete viel weniger kümmern und nicht zuletzt auch deshalb Altersarmut fürchten müssen. Daniel Dettling: »Männer sind eher fixiert auf Statussymbole wie hierarchische Positionen und Dienstwagen, Frauen eher interessiert an Inhalten und Teamarbeit. All das macht sie zu den idealen Protagonisten der neuen Wirtschaftsstrukturen, die wir jetzt brauchen.« Das Zeitalter des Höher, Schneller, Weiter sei vorbei. Nachhaltigkeit und Qualität statt Geschwindigkeit und Masse – das seien die Werte, die unsere Gesellschaft in Zukunft brauche. Wir merken, wie wir während des Telefonates ständig nicken[34].

AUS MINUS WIRD PLUS UND UMGEKEHRT

Frauen seien auf all diese Veränderungen besser vorbereitet. Trotz oder vielleicht gar wegen vermeintlich »weicher«, jahrhundertelang negativ besetzter Eigenschaften? Wir müssen uns nicht fragen, wie wir Frauen erfolgreicher machen können. Die eigentliche Zukunftsfrage ist, so Dettling, wie wir mit den unreifen, undisziplinierten, ungebildeten jungen Männern umgehen. »Die Schwierigkeiten sind jetzt schon offensichtlich. Diese Gruppe lebt ihre Zukunftsängste durch Aggressionen gegenüber anderen und sich selbst aus. Sie flüchten sich in Nationalismus, Spielsucht und Depression. Nicht die Frauen, die Männer sind das Problem der Zukunft«, erklärt der Zukunftsforscher.

Was für eine Diagnose. Es gibt kaum eine Statistik oder empirische Forschung, die ihr ernsthaft widersprechen würde. Schwierig, noch vom »starken« Geschlecht zu sprechen, wenn die eigentliche Stärke einer hochtechnisierten und kultivierten Gesellschaft nicht mehr das Erlegen von Bären ist. Wenn es nicht mehr um die Verteidigung der Höhle oder, um es moderner klingen zu lassen, um die Maximierung von Gewinnen geht. Die offenkundige Schwäche durch eine gewisse Unbeweglichkeit und mangelnde Disziplin löst bei Männern langsam Panik aus. Eine Panik, die bestenfalls in Larmoyanz, schlimmstenfalls in Aggression umschlägt, wir haben das in Kapitel 2 beschrieben.

Selbstverständlich gibt es auch andere Stimmen. Selbstverständlich gibt es auch diejenigen, die einen Schritt zurücktreten und eine analytischere Perspektive einnehmen. Der Schweizer Soziologe und Autor Walter Hollstein zum Beispiel, der eine ganze Reihe von Publikationen zur prekären Situation der Männer veröffentlicht hat, spricht in seinem Artikel »Männer haben keine Zukunft«[35] zwar auch von sich »dramatisch verschlechternden Bedingungen« für Jungen und Männer, macht aber nicht die Frauen, sondern immerhin die sich ändernden wirtschaftlichen Rahmenbedingungen dafür verantwortlich. »Die Emanzipationsverlierer sind heute Jungen und Männer. Die Entwicklung der Wirtschaft tendiert seit geraumer Zeit in Richtung des »weiblichen« Dienstleistungsgewerbes und zur sukzessiven Schrumpfung der »männlichen« Industriearbeit«. Seit einigen Jahren, so Hollstein weiter, sei die männliche Arbeitslosenquote höher als die weibliche. Schulversager, Schulabbrecher, Schulschwänzer sind heute fast ausschließlich männlich. Kulturhistorisch »waren Männer früher der Speicher für Avantgarden; heute sind Männer – wie alle empirischen Untersuchungen ausweisen – überwiegend retrograd. Sie orientieren sich am Gestern, weil ihnen die Zukunft abhandengekommen ist.« Dies alles münde, so hat es Hollstein schon 2004 beschrieben, in der »Angst der Männer vor der Weiblichkeit«. In seinem Buch dazu findet sich ein Satz, der vor dem Hintergrund der aktuellen Geschlechterdebatte fast ein wenig merkwürdig anmutet, der aber die ganze oben geschilderte Verzweiflung und Aggression auf den Punkt bringt: »Statt das Andere, das Frauen verkörpern, zu respektieren, versuchen Männer, es zu dominieren.«[36]

Wir lesen den Satz ungefähr sieben Mal, um ihn in allen seinen Nuancen zu verstehen: »Statt das Andere, das Frauen verkörpern, zu respektieren, versuchen Männer, es zu dominieren.« Alle, die sich jetzt wieder auf den Standpunkt zurückziehen, dass es doch eigentlich keine Unterschiede zwischen Männern und Frauen gäbe, dass das »Andere, das Frauen verkörpern« eine Folge unseres soziokulturellen Erbes sei, nach Simone de Beauvoir anerzogen oder, um es mit der Theorie Judith Butlers zu sagen, lediglich konstruiert, entgegnen wir: Das ist in diesem Zusammenhang vollkommen egal. Es geht darum, dass es different, dass es anders ist. Das reicht.

Was auch immer es ist, was Männer als »anders« an

Frauen wahrnehmen, sie versuchen es mehrheitlich nicht zu respektieren oder gar zu verstehen, sie versuchen es zu beherrschen. Seit Jahrhunderten. Auch wenn der Ton Walter Hollsteins an der ein oder anderen Stelle larmoyant ist, so ist dieser Satz aus der Feder eines Mannes doch bemerkenswert.

ZEIT FÜR DAS WEIBLICHE PRINZIP

Walter Hollstein bietet uns dann noch eine Definition des »Anderen« an. 2004 schrieb er: »Die Fruchtbarkeit der Frau lässt uns leben und weiterleben. In der ersten, langen Epoche von Menschheitsgeschichte war unseren Vorfahren nicht einmal der männliche Beitrag zur Zeugung bekannt; gewusst wurde nur, dass die Frauen gebären und damit den Fortbestand der Gemeinschaft sichern. Aber auch später, als dem Mann die Folgen des Liebesaktes nicht mehr verborgen blieben, erschien seine Leistung gegenüber jener der Frau als sekundär und eher gering.«[37] Männer dominieren Frauen aus Eifersucht auf ihre Bedeutung für die Fortpflanzung? Kühne These. Wir haben in Kapitel 2 noch schüchtern und skrupulös hergleitet, dass es überhaupt einen Unterschied zwischen den Geschlechtern gibt und dass er eine Bedeutung für ihre weitere Entwicklung gehabt haben könnte.

Abgesehen davon, dass Walter Hollstein in diesem kurzen Abriss versucht, tausende Jahre Menschheitsgeschichte in einen Satz zu gießen, muss die Frage darauf dringend lauten: Ergeben sich allein aus dem unterschiedlichen Einsatz für den Erhalt unserer Spezies tatsächlich zwingend geschlechtliche Hierarchien? Man muss nicht Vor- und Frühgeschichte studiert haben, um an dieser These mindestens Zweifel anzumelden. Da ist doch noch einiges an soziokultureller Entwicklung passiert, dass aus der unterschiedlichen Art der Fortpflanzung eine Vorteils- beziehungsweise Nachteilssituation für das jeweils andere Geschlecht wurde. Eine wegweisende Entwicklung war zum Beispiel die Sesshaftwerdung in der Eisenzeit. Erst durch Ackerbau und Viehzucht haben sich die Aufgaben von Männern und Frauen grundlegend verändert. Die körperliche Kraft der Männer wurde zum Hausbau, zum Ackerbau und zur Verteidigung gebraucht, die Frauen bekamen mehr und vor allem in einem schnelleren Rhythmus Kinder.[38]

ES LEBE DER UNTERSCHIED

Differenz wahrnehmen, ohne zu werten. Unterschiede bemerken und sie dabei als gleichwertig betrachten. Das wäre aus unserer Sicht ein echter Fortschritt in der Geschlechterdebatte. Es würde den Raum für eine Diskussion öffnen, in der Männer und Frauen sich in ihrer Unterschiedlichkeit wahrnehmen und aus diesem Wissen heraus nach Gemeinsamkeiten suchen könnten. Derzeit sind wir aber in der öffentlichen Debatte vor allem dabei, Geschlechter abzuwerten. Frauen sind entweder Emanze oder Heimchen am Herd, Männer entweder Macho oder Weichei. Oder aber es wird gleich gegen die binäre Aufteilung von Geschlecht geschossen und man fühlt sich in einem deutlich einem Geschlecht zuzuordnenden, heterosexuellen Körper von vorgestern.

Dabei haben wir alle noch sehr klare Vorstellungen von männlichen beziehungsweise weiblichen Eigenschaften im Kopf. Fürsorge, Nachhaltigkeit, Empathie, Zärtlichkeit, Zuverlässigkeit verbinden wir eher mit dem Begriff weiblich, Mut, Durchsetzungsvermögen, Risikobereitschaft und Ehrgeiz eher mit dem Begriff männlich. Während Männer mit dieser Zuordnung im Grunde zufrieden sind, fühlen Frauen sich durch diese Begriffe herabgesetzt. Sensibilität und Fürsorge haben keine Konjunktur, wenn man noch in alten Karrieremustern denkt und Wachstum gleichsetzt mit gesellschaftlichem Fortschritt. Mittlerweile müsste es aber den Letzten klar sein, dass wir andere Parameter brauchen, an denen wir individuellen und gesellschaftlichen Erfolg messen.

Das weibliche Prinzip stärken heißt, selbstbewusst diese neuen Parameter zu definieren und mit Leben zu füllen. Wir haben den Zukunftsforscher Daniel Dettling schon zitiert: Frauen sind zukunftsintelligenter. Weil sie sozialer sind, nachhaltiger denken, weil ihr Ehrgeiz anderen Bereichen gilt. Beziehungen pflegen, Netzwerke spannen, Verständnis aufbringen – das sind Aufgaben, die viele Frauen interessieren und in denen sie gut sind. Das macht sie nicht schwach, ineffizient und angreifbar, sondern resilient, beziehungsfähig und damit hervorragend aufgestellt für eine bessere Zukunft.

Wie wäre es, wenn wir uns diese Begriffe selbstbewusst zuordnen würden? Wenn wir uns nicht fast entschuldigend in Unternehmen um die Personalplanung und die Kommunikation kümmern, sondern mit dem Wissen, dass genau diese Ressorts das Zünglein an der Waage des Unternehmenserfolgs sind? Wenn wir nicht mit dem Gefühl, minderwertigen Tätigkeiten nachzugehen, unsere Kinder großziehen und unsere Eltern pflegen, sondern in dem Bewusstsein, dass genau das der Kitt ist, der Gesellschaften zusammenhält? Dieses Selbstbewusstsein könnte dafür sorgen, dass wir auch von außen anders wahrgenommen werden. Und dass diese weiblichen Prinzipien plötzlich auch für Männer interessant werden.

Wir haben die australische Soziologin Raewyn Connell bereits zitiert. Warum sollten wir Geschlechterkategorien abschaffen? Ist es nicht viel interessanter, die eigene Kategorie und ihre Eigenschaften zu kennen, anzunehmen und dann zu erweitern? »Es wird Zeit für das weibliche Prinzip«, unsere Kapitelüberschrift, bedeutet gerade nicht, dass wir die Machtverhältnisse einfach umdrehen wollen. Es bedeutet, sich der weiblichen Prinzipien überhaupt erst bewusst zu werden, sie positiv zu konnotieren, damit sie dann von beiden Geschlechtern genutzt werden können.

Nachhaltigkeit, Fürsorglichkeit, Zärtlichkeit, Einfühlungsvermögen mögen weibliche Prinzipien sein. Sie sind nicht Frauen vorbehalten. Genauso wenig, wie Ehrgeiz oder Mut für Männer reserviert sind. Um die Herausforderungen zu schaffen, die auf uns als Gemeinschaft zukommen, brauchen wir beide Geschlechter. Auf Augenhöhe. Ein Gegeneinander ist bei der Größe der Aufgaben, die vor uns liegen, keine Option. Aber wir können voneinander lernen. Wir können uns in unseren Unterschieden wahrnehmen und unsere jeweilige Bedeutung für die Gesellschaft ernst nehmen.

Um dieses Miteinander der Geschlechter zu ermöglichen, brauchen wir das weibliche Prinzip. Das Prinzip der Zuwendung, des Zuhörens und des Integrierens. Es wird Zeit dafür. Höchste Zeit. Denn nur so wird es uns gelingen, aus der Kümmerfalle herauszukommen und uns nicht mehr an männlich-normierte Lebensentwürfe anpassen zu müssen. Weder wir Frauen noch die Männer selbst.

Die amerikanische Autorin Meg Wolitzer hat den Roman dazu geschrieben. Ihr Buch *Das weibliche Prinzip*[39] (englischer Titel: *The female persuasion* – wörtlich: »Die weibliche Überzeugung«) ist die Geschichte zweier Frauen aus zwei Generationen, die die Bedeutung feministischer Themen auf unterschiedliche Art in ihren Leben spüren. Meg Wolitzer wollte kein feministisches Manifest schreiben, wie sie selbst sagt. Ihr ging es darum, Frauenleben zu verstehen. Denn dann, so die Autorin in einem Interview, werde klar, dass es keine unterschiedlichen Typen von Feministinnen gibt. »Die wollen letztlich alle dasselbe: Gleichheit und eine faire Welt. Die Unterschiede zwischen den Frauengenerationen werden von den Medien übermäßig betont.«[40] Wie wäre es im Anschluss daran damit: Der Unterschied zwischen den Geschlechtern ist real, die noch bestehende Hierarchie zwischen ihnen aber ist nicht zukunftstauglich. Denn letztlich wollen wir alle dasselbe: Ein gutes Leben in einer fairen Welt.

5

RAUS AUS DER KÜMMERFALLE

> »What becomes clear, when we look to the past with an eye to the future, is that the discouragement of women's anger – via silencing, erasure, and repression – stems from the correct understanding of those in power that in the fury of women lies the power to change the world.«[1]
>
> *Rebecca Traister*

In der Wut der Frauen liegt die Macht, die Welt zu verändern. Was für ein Satz von Rebecca Traister, einer *der* Stimmen der modernen Frauenbewegung. Wir haben Sie mitgenommen auf unsere persönliche Reise, haben nach Ursachen geforscht, unsere Wut mit Ihnen geteilt und unsere Ideen für eine gerechtere Gesellschaft. Nun ist es Zeit für einen Blick nach vorn, einen versöhnlichen Blick in die Zukunft. Denn ja, es gibt sie, die Wege raus aus der Kümmer- und damit der Armutsfalle. Aber, was Wunder, sie sind steinig. Wir können sie nur gemeinsam gehen.

Die gute Nachricht: Darin sind wir Meisterinnen. Wenn Ehen nach Jahrzehnten scheitern, beweisen Frauen immer wieder, dass sie sich das verlässlichere Nest gebaut haben. Sie können auf Freundinnen und Familie zurückgreifen, sie sind gut vernetzt in der Nachbarschaft. Sie sind sich nicht zu schade, um Rat und Hilfe zu fragen. Sie werden aufgefangen.

Ohne es bewusst zu wollen, haben sie in vielen Jahren einiges investiert in diese Beziehungen, seien sie nun tief und exklusiv oder eher oberflächlich, aber hilfreich in Momenten, wo man vielleicht genau diese eine Eigenschaft oder Ressource einer anderen Person braucht, um weitermachen zu können. Auch diese Zeit, die vielen Stunden, die Frauen dafür vor dem Schultor »geplaudert«, den Elternabend besucht, einer verzagten Nachbarin zugehört haben, ist unbezahlte Familienarbeit. Das Großartige daran ist: In einer Krise zahlt sich das plötzlich aus. Denn nun springt dieses Netzwerk an wie ein gut gewarteter Motor. Es unterstützt dabei, wenn Frauen sich aus dem tiefen Loch des Verlusts und der Lebensangst allmählich wieder herausarbeiten. Da werden Kinder gehütet, wenn Gerichtstermine anstehen, da wird der Teenager in der Nachbarsfamilie bekocht, wenn man mit den Kleinen zur Ärztin muss. Da werden Autos und Ferienhäuser bereitgestellt, wenn finanziell grad kein Urlaub drin wäre. Und vieles mehr.

Trotzdem sind Frauen oft nicht stolz auf das, was sie sich geschaffen haben. Dabei ist es alles andere als selbstverständlich, sondern das Ergebnis harter Arbeit. Es ist Krisenmanagement im klassischen Sinne. Ein Problem muss schnell und effizient gelöst werden. Niemand kann das besser als an Turbulenzen gewöhnte Frauen. Ein Alltag in einer Familie ist ja oft nichts anderes als eine Achterbahnfahrt: Da geht es rauf und runter, oft so schnell, dass man kaum folgen kann. Mütter reagieren flexibel, spontan und lösungsorientiert. Es ist ihnen in Fleisch und Blut übergegangen, aber zu selten bewusst, welch enorme Fähigkeit diese effiziente Form der Alltagsbewältigung ist.

Es wird Zeit, das – jenseits von Erwerbstätigkeit – selbstbewusst zu betonen. Es ist nicht nötig, dass Frauen männliche Verhaltensweisen annehmen, um erfolgreich zu sein. Es sind die weiblichen Eigenschaften, die bei großen Herausforderungen – wie beim Scheitern einer langen Ehe und damit einer ganzen Familie oder eben auch in einer jahrelangen Pandemie – wichtig sind. Es geht nicht mehr um egoistisch und schnell. Die neuen Ziele für ein gutes Leben sind Gemeinsamkeit, Umsicht, Kooperation und Nachhaltigkeit.

Jetzt wird es Zeit, dass wir selbstbewusst diese *Eigenschaften* und nicht nur Berufe *als systemrelevant* bezeichnen. Und nicht mehr verschämt einräumen, dass wir auch ganz gut kommunizieren und ein echtes Beziehungsnetzwerk aufbauen können, sondern mit lauter Stimme verkünden, dass es diese Fähigkeiten sind, die uns vor dem Untergang retten werden, so pathetisch das vielleicht klingen mag.

HILF DIR SELBST, SONST HILFT DIR KEINER

Doch auch wenn Frauen hervorragende Lebensmanagerinnen sind, so kann, ja muss jede Einzelne lernen, besser darauf zu achten, dass sie abgesichert ist. Mit einer privaten Rentenversicherung zum Beispiel, in die der finanzstärkere für den sorgenden Partner einzahlt. Wo vorher genau hingeguckt wird: Wie viele Stunden machst du die Arbeit für unsere Familie, was könntest du in dieser Zeit in deinem Beruf verdienen, wie könnte ein halbwegs gerechter Ausgleich aussehen? Dann würde die Absicherung innerhalb der Partnerschaft stattfinden – wo sie hingehört – und nicht mehr der Gemeinschaft auferlegt, falls diese Verbindung scheitert. Kurzum: Um die Folgen einer Trennung für die finanziell weniger leistungsfähige Person abzumildern, bräuchte man so etwas wie einen »Fürsorge-Anerkennungs-Vertrag« im Privaten. Geschlossen in guten Zeiten und in dem vollen Bewusstsein, wie Lasten und Nachteile in der Partnerschaft verteilt sind. Und wo die Verantwortung dafür auch noch übernommen wird, wenn eine Ehe, eine Partnerschaft scheitert. Weil die Arbeit schließlich längst geleistet wurde. Zum Wohle aller. Und dieser Einsatz beim Ende einer Beziehung nicht der sorgenden Person für den Rest ihres Lebens auf die Füße fallen darf.

Ehen und Partnerschaften gehen auseinander. In unserer schnelllebigen und individualisierten Gesellschaft ist Trennung naheliegender als Kontinuität und Dauerhaftigkeit. Heute spüren Partner nicht nur den Druck, finanziell unabhängig voneinander bleiben zu müssen – nein, die Beziehung soll auch noch Garant für persönliches Glück sein. Diese Ansprüche sind enorm. Eigentlich können wir dabei nur verlieren. Und an dem Prinzip, dass jeder sich selbst der Nächste ist, scheitern.

Denn Beziehungen sind auf Geben und Nehmen, auf einen unausgesprochenen Nachteilsausgleich angewiesen. Wenn jeder nur noch an sich selber denkt, werden sie überstrapaziert – und münden nicht selten in Trennung.

In den skandinavischen Ländern ist das bei allen Errungenschaften in sozialen und gesellschaftlichen, vor allem emanzipatorischen Fragen ein beobachtbarer Effekt: Wenn alle in erster Linie für sich selber sorgen, werden Beziehungen beliebiger, Partnerschaften immer öfter nur noch auf Zeit eingegangen, Trennungen die Regel statt die Ausnahme, Familien zersplitterter. Man muss das nicht bewerten. Man muss sich aber im Klaren sein, dass es eine Gesellschaft von Grund auf verändert. Deutschland fördert seit vielen Jahren diese Individualisierung, nicht zuletzt mit dem geänderten Unterhaltsrecht, zugleich wird gesellschaftlich nicht mehr aufgefangen, was in Beziehungen an gegenseitiger Solidarität verloren geht.

KÜMMERN – EIN MILLIARDENMARKT

Eine zentrale Forderung – nicht nur von uns – ist, Care-Arbeit sichtbar und messbar und vor allem in konkreten Zahlen, also mit ihrem Wertschöpfungsanteil, abzubilden. Etwa, indem man sie im Bruttoinlandsprodukt ausweist.

Denn etwas Unsichtbares, dessen genauen Preis man nicht kennt, kann nicht wertgeschätzt werden. Erst wenn man die genauen Zahlen, und es sind riesige Summen, die den Wert dieser Arbeit verdeutlichen, erhebt und ernst nimmt, kann sich etwas ändern. So berichtete die Entwicklungsorganisation Oxfam Anfang 2020 auf dem Weltwirtschaftsforum in Davos, dass global gesehen die Wertschöpfung der hauptsächlich von Frauen geleisteten unbezahlten Care-Arbeit den Wert dreimal übersteigt, den die Tech-Riesen im Silicon Valley zusammen erwirtschaften. Wenn wir die weltweit geleistete unbezahlte Care-Arbeit genauso bewerten würden wie andere Arbeit, wäre sie fast 11 Billionen US-Dollar (ca. 9 Billionen Euro) wert.

Wenn diese Summe auch nur ansatzweise in den Bruttosozialprodukten abgebildet würde, wären wir schon ein Stückchen weiter auf dem Weg von der Profitökonomie hin zu einer Wirtschaft, die *alle* geleisteten Arbeiten abbildet.

Wo wir gerade über Care sprechen: Wo waren und sind eigentlich die alternativen, originellen und pragmatischen Konzepte, die Frauen in Krisen *wirklich* helfen? Was etwa haben wir in der Corona-Krise gesehen in unserer kleinen deutschen Welt, als Millionen von Frauen über ein Jahr lang an den Rand des Wahnsinns getrieben wurden – und oft genug mittenhinein. Sie waren völlig überlastet mit zu vielen Aufgaben, die ihnen ohne große Ansage einfach zugeschoben worden waren.

Eine unserer spontanen Ideen war und ist: Warum wurden nicht Studenten und Studentinnen, Abiturientinnen und Abiturienten, all diese Rentner und Rentnerinnen in einem solidarischen Kraftakt zu Haushaltshelferinnen gemacht? Spätestens nachdem ein Großteil der Älteren geimpft war, wäre das gegangen. Man hätte eine Internetplattform aufbauen können, auf der Hilfesuchende und Helfende schnell und unbürokratisch zueinander hätten finden können und gleich mehrere Probleme mit einem Schlag gelöst gewesen wären:

Die Einsamkeit der Rentnerinnen: passé. Das Gefühl des In-der-Luft-Hängens, der Sinnlosigkeit bei einer ganzen Schulabgänger-Generation: Geschichte. Die Überforderung der Mütter: eingedämmt. Myriaden von Ersatz-Großeltern hätten in die Haushalte strömen können, die Wäsche waschen, Mittagessen kochen, Kekse backen und den Kleinen bei den Schulaufgaben helfen. Mütter und Väter hätten sich derweil auf ihre Arbeit im Homeoffice konzentriert. Ein Begriff übrigens, der an Schönfärberei kaum zu übertreffen ist. Schließlich haben die wenigsten ein vollausgestattetes »office« zu Hause. Sie saßen und sitzen an Küchentischen, auf Sofas, in Ecken im Schlafzimmer, während um sie herum das Leben tobt. Und auf der anderen Seite Millionen von alleinlebenden, aber fitten Seniorinnen, die monatelang keine Menschenseele zu Gesicht bekommen haben und irgendwann anfingen, mit dem Kühlschrank zu reden. Es klingt wie eine surreale Utopie – und dennoch auch nach einer bestechend einfachen und – mit etwas gutem Willen – praktikablen Idee, oder?

Was es für solche Ideen zudem braucht, ist der Wille zum »Out-of-the box-Denken« von ganz oben. Vielleicht gar einem eigenen Ministerium. Das haben wir schon in anderen Büchern gefordert – deshalb bleibt es aber nicht weniger wahr oder dringend. Wenn es schon nicht zu einem eigenen Ministerium reicht, dann doch bitte zu einem Querschnittressort, in dem alle Entscheidungen auf ihre Auswirkungen auf Eltern, Mütter, Väter und Kinder hin überprüft werden. Zumindest was Gleichstellungsfragen angeht, hat sich die Regierung nun vorgenommen, darauf besser zu achten. Aber eben nur darauf. Was Entscheidungen für Familien und vor allem für Sorgearbeit bedeuten, dieses Thema ist immer noch nicht auf der Agenda.

MEHR MÜTTER AN DIE MACHT

Als Ministerinnen, Staatssekretärinnen, Kanzlerinnen. Wir brauchen mehr Menschen an zentralen Schaltstellen, die wissen, wie ein Familienleben aussieht. Vor allem eins, in dem nicht alle Fürsorge-Arbeit externalisiert ist, wo sich Angehörige noch umeinander kümmern. Wir brauchen grundsätzlich eine Politik, die sich wieder mehr an Menschen und ihren Bedürfnissen orientiert. In anderen Ländern wie etwa Neuseeland gibt es das bereits und die Erfolge sind greif- und spürbar. So hat etwa die neuseeländische Regierungschefin Jacinda Ardern unlängst erklärt, sie werde in ihrer Finanzpolitik künftig nicht mehr nur auf Produktivität und wirtschaftliches Wachstum setzen, sondern sie auch an den Bedürfnissen der Menschen und der Umwelt ausrichten. Nur so könne man den komplexen Herausforderungen unserer Zeit begegnen. Der Haushalt des Landes ist seitdem auch an das Wohlbefinden der Bevölkerung gebunden. Bei Vorschlägen für neue Ausgaben seien, schreibt Johanna Schoener in der ZEIT, alle Ministerien verpflichtet, soziale und ökologische Indikatoren zu berücksichtigen. So müssten sie sich etwa fragen, wie sich bestimmte Investitionen auf Kinderarmut auswirkten oder auf die psychische Gesundheit der Menschen.[2]

Das ist nun wirklich keine Herkulesaufgabe, sondern sollte längst selbstverständlich sein. Und doch klingt es für uns hier wie ein Märchen aus einem sehr fernen Land. Familien werden hierzulande viel zu selten mitgedacht. Sie werden noch allzu oft als eine Einheit betrachtet, die sich schon um sich selber kümmern wird. Und dies schließlich aus freien Stücken so gewählt hat. Im schlimmsten Fall werden Familien lediglich als Empfängerinnen von Transferleistungen betrachtet, nie jedoch als die Macht und auch die Kraft, die sie sind. Oder als das schützenswerte Gut, das sie sind. Ganz besonders gilt das für verletzliche Bevölkerungsgruppen. Frauen und Kinder etwa in gewalttätigen Beziehungen, Menschen also, die selbst ohne äußere Krise in unsicheren Lebensverhältnissen ausharren müssen. Eine Plakataktion, die darauf hinweist, ist viel zu wenig. Da ist noch kein Frauenhaus wiedereröffnet, keine Zufluchtsmöglichkeit geschaffen, kein Kind und keine Frau wieder an einem sicheren Ort. Auch an dieser Stelle bleibt in Zukunft viel zu tun.

Erst wenn Frauen, Kinder, Familien im Allgemeinen, in offiziellen Entscheidungen stets mitgedacht, ihre Bedürfnisse erforscht und auf diese angemessen reagiert wird, kann der dringend nötige Wandel stattfinden. Dabei ist es vollkommen egal, wie diese Familien aussehen, ob traditionell, alleinerziehend, Patchwork oder Regenbogen. Sie alle müssen in Zukunft stärker in den Blick genommen werden.

EINE UTOPIE?

Wir fangen jetzt an, ein bisschen zu träumen. Der Blick über den nationalen Tellerrand beweist zudem: Es muss nicht mal beim Träumen bleiben. Kleine, machbare Veränderungen können Großes bewirken. Investitionen in Bildung zum Beispiel.[3] Das Geld ist ja da – es ist nur eine Frage, wie es verwendet wird. Auch da kommt wieder das Querschnittsressort in den Blick. Wären mehr Eltern und Pflegende in wichtige Entscheidungen eingebunden, würden vielleicht ein paar Milliarden weniger für Flugzeug- und Autoindustrien locker gemacht und ein paar mehr in Aus- und Fortbildung von Pädagogen gesteckt, in die Renovierung maroder Schulen, in alternative Verkehrskonzepte zum Wohle aller, in Spiel- und Sportplätze, in

Naturschutzprogramme und natürlich in alle nur erdenklichen Unterstützungsprogramme für Eltern. Für Alleinerziehende natürlich im Besonderen. Deren Last ist groß, und sie und ihre Kinder überleben nur, weil sie oft fast Unmenschliches leisten. Dankesreden und rein verbale Anerkennung helfen ihnen nicht weiter. Konkrete Hilfen sind immer noch Mangelware. Wann hört zum Beispiel ihre steuerliche Benachteiligung endlich auf?

Warum akzeptieren wir weitgehend widerspruchslos, dass eine alleinerziehende erwerbstätige Mutter eine höhere Steuerlast hat als ein kinderloses Ehepaar? Das ist eine seit Jahrzehnten unerträgliche Situation, die wir zum Wohle aller verändern müssen. Denn mit dem Heer ausgebrannter Mütter ist niemandem gedient. Sie und ihre Kinder werden um Lebenschancen gebracht, ein Zustand, den sich ein Land wie Deutschland nicht leisten darf.

Fassen wir den Utopie-Gedanken noch ein bisschen größer. So sollte man sich etwa beim Denken nicht davon eingrenzen zu lassen, was jetzt machbar ist. Das forderte Teresa Bücker in einer Vorlesung an der Universität Bonn. Veränderung entstehe nur, wenn alte Denkmuster verlassen würden, Vorhandenes grundsätzlich in Frage gestellt werde. Ausgehend von der Definition des Wortes Utopie als »dem Ort, den es nicht geben kann«, einen Ort, an dem die ideale Gesellschaft geschaffen ist, fragt sie: »… wenn es diesen Ort nicht gibt, kann er dann überhaupt eine Weiterentwicklung von dem sein, was wir gerade sehen? Ist es utopisches Denken, etwas zu verbessern und vor allem mit dem zu arbeiten, was schon da ist und was wir kennen?«[4] Nein, utopisches Denken reißt Altes nieder und kreiert etwas völlig Neues. Etwas, das jede Art von Arbeit und damit Wertschöpfung einschließt. Etwas, das so den Wirtschaftsbegriff erweitert und alle geleistete Arbeit gleichwertig betrachtet. Wir können und dürfen uns nicht mit dem Gefühl, die Welt sei ja schon viel gerechter geworden, zufriedengeben.

Auch haben wir hier deutlich gemacht, dass Gleichstellung als alleiniges Ziel für Gerechtigkeit zu kurz greift. Denn, so auch Bücker: »Wenn wir Feminismus als Gleichstellung missverstehen, dann orientieren wir uns an den Maßstäben, die Männer sich ausgedacht haben.«[5] Genau, Frauen sollen nicht wie Männer werden müssen. Denn der männliche Maßstab, an dem bis heute alles Tun von Frauen gemessen wird, taugt nicht. Das haben wir schon bei der Vereinbarkeits-Debatte erkannt und kritisiert. Aus der Welt geschafft ist er deshalb noch lange nicht.

Wann, wenn nicht jetzt, wäre die beste Zeit für nachhaltige Veränderungen? Wir haben in der letzten großen gesellschaftlichen und wirtschaftlichen Krise erkannt, was wirklich wichtig ist. Nichts wäre schlimmer, als nun einfach zur Tagesordnung überzugehen. Die Aufwertung von sogenannten weiblichen Berufen hat bereits zaghaft begonnen. Allzu oft spüren wir noch den gegenteiligen Effekt aus der ersten Emanzipations- und Gleichstellungswelle: Dass nämlich die Bezahlung in Berufen sinkt, wenn mehr Frauen in sie drängen. Das ist traurige Realität etwa bei Ärztinnen, bei Rechtsanwältinnen und vielen anderen hochqualifizierten Berufen.

Wissenschaftlerinnen haben dieses Phänomen bereits beschrieben: Sobald der Frauenanteil in einer Profession 60 Prozent erreicht, sinkt langsam, aber sicher der durchschnittliche Verdienst.[6] Diese sogenannte Feminisierung von Berufen ist ein aus mehreren Ländern bekanntes Phänomen. Es ist besonders empörend, diesen Umstand zu verschweigen, wenn man gleichzeitig nach Frauenermächtigung im reinen Sinne von Erwerbstätigkeit ruft. Ja, Frauen können arbeiten. Sie können heute auch alles sein: Pilotinnen, Chirurginnen, Mathematikerinnen und natürlich auch Kindergärtnerinnen, so sie das wollen. Aber: Sie werden in ihrer Selbstwirksamkeit behindert, wenn sie selbst in den anspruchsvollsten Berufen allein durch ihr Frausein das Lohnniveau absenken.

Die noch schlimmere Erkenntnis aus mehreren Studien zur Feminisierung ist: Die Löhne sinken nicht für beide Geschlechter. Vielmehr drücke ein steigender Frauenanteil den Durchschnittslohn, weil Frauen ihre schlechteren Gehälter mit in den Beruf bringen. Die Bezahlung der Männer in der Branche sinkt nicht. Die Soziologinnen Corinna Kleinert, Kathrin Leuze und Ann-Christin Hausmann sprechen deshalb auch nicht von einer generellen Entwertung von Berufen, sondern von einer generellen Entwertung von Frauen im Beruf.[7]

Nun gibt es zusätzlich dazu auch Berufe, die schon immer entwertet waren, weil sie weitgehend von Frauen ausgeübt wurden. Wir alle kennen sie: Die hart arbeitenden, aber schlecht bezahlten Kranken- und Altenpflegerinnen, die Sozialarbeiterinnen, die Erzieherinnen und Erzieher. Der Grund dafür ist, dass diese Berufe früher nicht darauf angelegt waren, ein Leben lang einen selbst und/oder eine Familie davon ernähren zu können – diese Tatsache haben wir nur leider vergessen. Nachdem diese Aufgaben im 19. Jahrhundert aus den Familien herausgeholt und professionalisiert wurden, waren sie klassische Zuverdienerinnen-Berufe. Weil die Frauen, die sie ergriffen, sie irgendwann für eine eigene Familie aufgeben würden. Diese Zeiten sind längst vorbei. Immer mehr Menschen wollen und müssen von diesen Berufen leben und sich und andere ernähren. Und, was einen zweiten Irrtum angeht: Sie arbeiten mindestens genauso hart wie etwa der Facharbeiter in der Autofabrik, der oft ein Vielfaches verdient. Die Altenpflegerin, die Menschen aus Betten hebt, hat eine höhere körperliche Belastung als der Disponent im Lagerhaus. Sie spürt das deutlich in ihrem Rücken – auf ihrem Lohnzettel sieht sie das nicht.

GLEICHER LOHN FÜR UNTERSCHIEDLICHE ARBEIT

Und dann gibt es noch einen dritten Irrtum: Dass technische Arbeit gerechterweise höher entlohnt werden kann und muss als emotionale.

Dabei müsste es doch genau umgekehrt sein! Die körperlichen und auch psychischen Belastungen in den sogenannten Care-Berufen sind um ein Vielfaches höher als in vielen Büro- oder Handwerksberufen. Sie werden nur nicht anerkannt. Und schon gar nicht entsprechend bezahlt. Einen Ausweg aus diesem Dilemma, ach, ein viel zu harmloses Wort, aus dieser himmelschreienden Ungerechtigkeit, kann es nur so geben:

Die Bezahlung, die Tarifsysteme, müssen komplett überholt und ihrer gesellschaftlichen Leistung entsprechend angepasst werden. Nur so würden sie für künftige Generationen attraktiv und den immensen gesellschaftlichen Wert dieser Arbeit abbilden. Mit der Reform der Pflegeversicherung im Jahr 2021 ist ein kleiner Anfang gemacht. Allerdings wird auch hier wieder nur im System herumgedoktert, der Beitragsaufschlag für Kinderlose minimal angehoben und der Bundeszuschuss erhöht, um Pflegekräfte auch nur ansatzweise fair bezahlen zu können. Strukturell ändert sich wieder einmal – nichts! Die Sozialverbände waren denn auch schnell mit umfassender Kritik zur Stelle und Recht haben sie. Das ist nicht nachhaltig, zukunftsweisend oder tragbar für die kommenden Jahrzehnte, in denen Deutschland immer älter und damit auch immer pflegebedürftiger werden wird.

Unsere Wirtschaft wird sich ohnehin immer weiter hin zu einer Dienstleistungsgesellschaft entwickeln. Die Arbeit am und mit Menschen wird gerade mit unserer alternden Bevölkerung einen immer größeren Stellenwert einnehmen. Sie ist auch die Einzige, die nicht ohne Weiteres durch Maschinen und Computer ersetzt werden kann. Ihr einziges Problem: Sie lässt sich nicht produktiver machen. Diese Arbeit braucht die Zeit, die sie braucht. Wer mehr Menschen in kürzerer Zeit pflegt, tut dies nicht besser, sprich produktiver. Da ist eher das Gegenteil der Fall.

Dieses Problem lässt sich nur durch enorme Investition in die Manpower und eine Gegenbewegung lösen: Mehr Menschen müssen diese Berufe ergreifen, damit sie mehr Zeit für die ihnen Anvertrauten haben. Und sie müssen, wir werden nicht müde es zu betonen, angemessen entlohnt werden. Erst wenn Frauenberufe fair entlohnt werden, kann dies in andere Branchen hineinstrahlen, und erst dann können Frauen im Beruf generell aufgewertet werden. Das stärkt sie im Umkehrschluss auch wieder im Falle einer Trennung. Vor allem einer späten.

Wenn dies, aus welchen Gründen auch immer, nicht möglich ist, müssen sie einen anderen Ausgleich oder Anerkennung erhalten. Vier-Tage-Wochen etwa, damit sie mehr Zeit zur Erholung haben. Oder zumindest ein bezahlter »Care-Tag« im Monat, damit Menschen, die sich um andere kümmern, etwas mehr Zeit dafür haben. Wir haben die Ausbeutung von Frauen in der DDR unter einem für uns etwas zu knapp gefassten Emanzipationsbegriff in der *Alles ist möglich-Lüge* hinlänglich beschrieben und kritisiert. Immerhin hat es die DDR durch einen Haushaltstag aber geschafft, die Fürsorgeverpflichtungen hart arbeitender Frauen anzuerkennen. Auch bei der Unterstützung von Ein-Eltern-Familien war die DDR fortschrittlicher. »Sie bekamen bevorzugt Wohnungen, Zusatzstipendien, Kitaplätze …, im Job, in der Hochschule wurde ein Hilfsnetz um sie herum geknüpft.«[8] Man muss keine romantische Verklärung betreiben, um diese pragmatischen Ansätze gut zu finden. Außerdem wurde in der DDR der Unterhalt für Kinder oft gleich vom Gehalt abgezogen. Die in Westdeutschland weit verbreitete Unsitte, keinen oder zu wenig Unterhalt nach einer Trennung zu zahlen, war damit unmöglich. Das DIW geht davon aus, dass jede zweite alleinerziehende Mutter keinen Unterhalt von ihrem Ex-Partner für die Kinder bekommt, 40 Prozent der alleinerziehenden Mütter leben von Sozialhilfe, sie und ihre Kinder sind heute armutsgefährdeter als noch vor zehn Jahren.[9]

HILFE IM HAUSHALT

Und noch mehr Ideen, wie Fürsorge in der Gesellschaft besser abgebildet werden und nicht ausschließlich auf das Individuum abgewälzt werden könnte: Kostenlose Kinderbetreuung. Kostenlose beziehungsweise vom Staat subventionierte Haushaltshilfen. Auch das ist übrigens bei weitem keine Utopie. Gesellschaften, die diese Herausforderungen im Blick haben, beschäftigen sich mit solchen Fragen. Sie geben Gutscheine aus für haushaltsnahe Dienstleistungen, die die Menschen bei Bedarf einlösen können.

Selbst in den Koalitionsvertrag der letzten schwarzroten Regierung hatte es diese Überlegung schon geschafft. Allein, passiert ist seitdem nichts. Jetzt gibt es einen neuen Anlauf von SPD, Grünen und FDP.[10] Wir sind gespannt. Eine Studie von Prognos und Forsa hat eindeutig belegt, dass die Förderung haushaltsnaher Dienstleistungen positive Effekte auf die Gesellschaft hätte.[11] Immer vor dem Hintergrund der alten leidigen Frage der besseren Vereinbarkeit von Familie und Beruf, versteht sich. Die Studie brachte ans Licht, was viele von uns schon lange wissen: Jeder zweite Haushalt in Deutschland wünscht sich mehr Unterstützung im Haushalt, vor allem, um mehr Zeit mit der Familie verbringen zu können. Nur zur Erinnerung: Hausarbeit war viele Jahrzehnte lang ein Vollzeitjob für eine Person, meistens die Frau. Es ist eines der großen Missverständnisse unserer Zeit, dass man die abertausend Aufgaben, die damit verbunden sind, nur wegen eines neuen gesellschaftlichen Ideals – der Vollerwerbsarbeit – auf einmal nebenbei machen kann. Kann man nicht. Punkt.

Diskutiert wird in der Forsa- und Prognos-Studie auch ein Modell, in dem haushaltsnahe Dienstleistungen durch Arbeitgeberzuschüsse finanziert werden könnten. Das hätte direkte volkswirtschaftliche Effekte: Weil mehr Menschen dann mehr erwerbsmäßig arbeiten können, fließen höhere Steuer- und Sozialversicherungseinnahmen wieder an den Staat zurück. Auf der anderen Seite werden Transferzahlungen geringer, weil bislang gar nicht oder unterbeschäftigte Personen wieder in Lohn und Brot stehen. Allerdings könnte sich mit Blick auf die indirekten volkswirtschaftlichen Effekte auch eine öffentliche Förderung mittel- bis langfristig lohnen. Dabei haben die Studienmacher sechs positive Effekte gefunden:

- Die Ausweitung von Beschäftigungsverhältnissen der Nutzerinnen haushaltsnaher Dienstleistungen
- Höhere Mehrwertsteuereinnahmen durch höhere Kaufkraft, weil mehr Menschen beschäftigt sind
- Abmilderung des Fachkräftemangels
- Bessere Karriereperspektiven für Frauen
- Bessere Vereinbarkeit von Familie und Beruf
- Positive betriebswirtschaftliche Effekte in den Unternehmen

Da kann man sich ja nur fragen: Warum haben wir das nicht längst? Diese Positivliste ist schlichtweg überzeugend![12] In Frankreich hat man mit einem ähnlichen Modell bereits gute Erfahrungen gemacht. Dort sind die Unternehmen eingebunden und es gibt zusätzlich eine staatliche Förderung. Die Unternehmen profitieren von Steuervorteilen auf die Zuschüsse. In Deutschland haben wir erst einen kleinen Schritt in diese Richtung gemacht. »Familien und Alleinerziehende könnten von der Unterstützung im Haushalt besonders profitieren, doch die Förderung erreicht sie kaum, weil Haushalte mit niedrigen Einkommen ohnehin einkommensteuerfrei sind«, so ein Fazit.[13]

Von Unternehmensseite her wären steuerbegünstigte Zuschüsse interessant, denn gerade bei kleinen und mittelständischen Betrieben ist der Wunsch groß, Fachkräfte zu gewinnen, zu binden und zu halten.

EINE ZUKUNFTSRENTE FÜR KINDER

Der Ökonom Martin Werding, der an der Ruhr-Universität Bochum lehrt, fordert schon lange, dass in die deutschen Sozialversicherungssysteme ein wie auch immer gearteter Kinderfaktor eingebaut werden müsse. Ein Faktor also, der den reproduktiven Aspekt berücksichtigt, der bei Adenauers Rentenreform Ende der 50er Jahre nicht beachtet worden war, obwohl er versicherungsmathematisch logisch gewesen wäre. Adenauer war, seinem oft zitierten Ausspruch folgend, davon überzeugt, dass die Leute immer Kinder bekommen würden, die Pille war noch nicht erfunden, das Rheinland erzkatholisch. Dass die Geburten so stark absinken würden, wie sie das ab Mitte der 1960er Jahre taten, konnte damals niemand ahnen – und so etablierte sich langsam, aber sicher eine strukturelle und systematische Schieflage, um deren Ausgleich wir uns bis heute verzweifelt bemühen – aber bisher scheitern. Denn es ist erschreckend einfach: Ohne ausreichend Nachwuchs gerät ein umlagefinanziertes Sozialsystem schnell an seine Grenzen. Wir gleichen das seit vielen Jahren mit immer höheren Steuermitteln aus, dem sogenannten Bundeszuschuss, der nichts anderes ist als eine Finanzspritze aus einem anderen Topf, nämlich dem aller Steuerzahler, also auch von Familien.

Der auch »Vater der dynamischen Rente« genannte Erdenker der Adenauer'schen Reform, Wilfrid Schreiber, hatte damals ganz deutlich gemacht, dass so ein System nur mit einem Kinderfaktor gerecht finanziert werden kann. Er wollte Renten in zwei Richtungen auszahlen: An die junge Generation, damit sie gut aufwachsen kann, und an die Alten aus den Beiträgen der aktuell Beschäftigten.

Wer später selber Kinder bekam, sollte dann in seinen Beiträgen entlastet werden – je mehr Kinder man selber hatte, desto niedriger wäre dann der Rentenbeitrag gewesen. Nur so, sagte Schreiber sinngemäß, könnte verhindert werden, dass Kinderlose von dem Erziehungsaufwand von Familien übermäßig profitierten, ohne selbst in Reproduktion investiert zu haben.

Wenn wir das jetzt auf das Thema Frauen, Fürsorge, Care und Altersarmut beziehen, könnte etwa eine, nennen wir sie mal »Zukunftsrente«, das Armutsrisiko für sorgende Frauen stark abmindern. Bekämen sie nämlich eine (Kinder-)Rente für die Zeit gezahlt, in der sie die Kinder erziehen, könnten daraus diese enormen Kosten bestritten werden. Sie würden von ihren Männern unabhängiger. Es wäre gleich auf mehreren Ebenen mehr Gerechtigkeit hergestellt. Eine Rente hätte zudem nicht den negativen Beigeschmack wie das Erziehungsgeld für Mütter, die zu Hause bleiben, das ja von unterschiedlichen politischen Lagern als »Herdprämie« (allein das Wort!) diffamiert wurde.

Auch so eine Bezeichnung ist ja politisch gewollt: Da wird etwas umetikettiert, um es zu diffamieren. Keine Frau der Welt möchte oder verdient eine Prämie für das Ausharren am heimischen Herd. Sie hat aber in der Tat eine Entlohnung für ihre Erziehungsarbeit verdient – höher, als es die »Herdprämie« je war. Von der Debatte um den »falschen Anreiz« wollen wir hier gar nicht anfangen. Die Frau, die in 100 Euro im Monat einen Anreiz sieht, mehrere Kinder zu bekommen, die sie ein Vielfaches kosten werden, muss wohl erst noch geboren werden. In der erbitterten Debatte darum ging es den sorgenden Müttern in allererster Linie um Anerkennung für ihre wichtige Arbeit. Denn von einem Gehalt oder einer existenzsichernden Leistung konnte man angesichts der lächerlichen Höhe ohnehin nie sprechen.

Also: Es wäre für Mütter, sorgende Väter und Kinder schon viel gewonnen, würde der Umstand anerkannt werden, dass Kinder zum Erhalt des sozialen Sicherungssystems unerlässlich sind und diejenigen, die für sie sorgen und im Erwerbsleben dafür zurückstecken, dafür in angemessenem Maß »belohnt« oder »entschädigt«.

WEG MIT DEM FRAUEN-WEGWERF-GESETZ

Ja, die Zeiten haben sich geändert, Frauen und Männer gehen häufiger auseinander, oft müssen Kinder aus mehreren Partnerschaften unterhalten werden. Das ist so. Warum der Staat allerdings die alleinige finanzielle Verantwortung den Frauen zuschiebt und sie seit der Reform des Scheidungsrechts 2008 in eine prekäre Lage bringt, das ist und bleibt sein Geheimnis.

Wenn schon eine solche Reform, dann müssen einige Vorbedingungen erfüllt sein:

- Ein komplett ungehinderter Zugang zum Arbeitsmarkt für Frauen jeglicher Qualifikation und jeglichen Alters
- Aufstiegschancen für Frauen mit Kindern
- Eine Verpflichtung der Väter, sich nach einer Trennung zu mindestens 50 Prozent um die Kinder zu kümmern, wenn die Frau denn wieder voll erwerbstätig sein soll.
- Bezahlbare Haushaltshilfen
- Mehr Ganztagsschulen

- Kindergärten ohne Schließzeiten
- Kostengünstige oder kostenfreie Kindergärten
- Sportangebote und Musikunterricht, zu denen Kinder von den Vereinen und Anbietern hingebracht und abgeholt werden
- Ein geändertes Steuerrecht, so dass Alleinerziehende nicht über Gebühr steuerlich belastet werden
- Ein Ende der in Deutschland weit verbreiteten Altersdiskriminierung, die Menschen ab 50 den Zugang zum Arbeitsmarkt enorm erschwert[14]
- Finanz- und Versicherungswesen als Schulfach, damit bereits die ganz jungen Menschen wissen, was bestimmte Entscheidungen für ihr ganzes Leben bedeuten und wie sie gut vorsorgen

Sie sehen, wir könnten noch ewig weitermachen. Denn es fehlt der strukturelle Rahmen in diesem Land, der Frauen ein Leben, wie es hier gefordert wird, überhaupt ermöglicht. Die »Neu«-Regelung des Unterhaltsrechts gibt sich einen Anstrich von Modernität, dabei ist sie eigentlich nur eins: brutal. Und zwar hauptsächlich für Frauen und Kinder. Diese Reform hatte nie Hand und Fuß und dient bis heute fast ausschließlich Männern, die eine zweite Familie gründen, und lässt Frauen allein. Sie akzeptiert, dass alleinerziehende Menschen, und das sind mit gut 90 Prozent nun einmal Frauen, in ihren Lebenschancen behindert werden, dass sie rund um die Uhr im und außerhalb des Haushalts arbeiten, dass sie ausbrennen, krank werden – und dabei finanziell kein Bein auf den Boden bekommen. Sie akzeptiert, dass Millionen Kinder in finanziell prekären Verhältnissen aufwachsen, dass Väter sich aus der Verantwortung stehlen können. Ja, es gibt rühmliche Ausnahmen. Wir sprechen hier aber von der Regel.

Wir bräuchten zudem eine Rentenreform, die Lebensleistung als das anerkennt, was sie ist, nämlich die Leistung eines ganzen Lebens, und das ist nun einmal auch Kindererziehung. Je nachdem, wie viele Kinder man hat, kann das schon einmal ein ganzes Erwachsenenleben dauern, für andere ist es eher ein Lebensabschnitt. Es ist jedenfalls absurd, dass wir ein Wort wie »solidarische Lebensleistungsrente« überhaupt akzeptieren im öffentlichen Diskurs, wenn sich diese wieder nur an jahrzehntelange Einzahlerinnen richtet. Wobei hier das generische Femininum total fehl am Platze ist, denn Voraussetzung für diese Aufstockung der Rente sind ab 2023 40 Beitragsjahre – eine Anforderung, die nur die wenigsten Frauen aus den bekannten Gründen schaffen.

Wer mag, kann sich auch mit dem Gedanken einer bedingungslosen Grundsicherung befassen, die Fürsorge besser absichern würde. Oder zumindest einer Basisrente für Mütter, am besten nach der Zahl der Kinder gestaffelt. Denn im Moment ist es ja umgekehrt: Je mehr Kinder eine Frau hat, desto schwieriger wird es für sie auf dem Arbeitsmarkt (vom Alltag ganz zu schweigen), desto weniger kann sie also für ihre eigene Altersvorsorge tun, desto mehr sorgen aber ihre Kinder für die Rente anderer. Ein Umstand, der an Ungerechtigkeit und Absurdität nicht zu übertreffen ist. Andere Länder machen das anders: Sie zahlen zum Beispiel eine höhere Grundrente an alle und staffeln erst danach nach Beitragsjahren. So »belohnen« etwa die skandinavischen Länder allein die Existenz ihrer Bürger und Bürgerinnen, auch die Schweiz hat ein ausdifferenzierteres System.

Es ist schon oft gesagt worden, deshalb reißen wir es hier nur kurz an: Selbstverständlich muss Geld für Kinder in Zukunft an den Ort und die Menschen gebunden sein, wo Kinder sind, und nicht an die Rechtsform der Ehe. Der Vorschlag ist seit Jahren, das Ehegatten-Splitting zu einem Familien-Splitting zu machen. Dann profitierten auch unverheiratete Elternpaare davon und kinderlose Ehepaare nicht mehr, die dieses Geld einfach nicht brauchen.

Sie haben keine erhöhten Miet- und Fahrkosten, benötigen nicht so viele Lebensmittel, kein Spielzeug, keine zusätzlichen Sportausrüstungen und Musikinstrumente. Und vor allem: Sofern sie gesund sind, kann jede und jeder für sich selber sorgen, erwerbstätig sein im von ihnen gewünschten Umfang. Während Menschen, die für andere sorgen, das nicht können. Jedenfalls nicht ohne neue Kosten für die Kinderbetreuung zu produzieren.

Das Ehegattensplitting kann und darf allerdings nicht ohne Weiteres und ersatzlos gestrichen werden. Die Familien, die ihr Leben danach ausgerichtet haben, müssen Vertrauensschutz und entsprechende Übergangsfristen bekommen.

DAS GROSSE RAD

Gehen wir nun einmal von den vielen kleinen und aus unserer Sicht durchaus machbaren Lösungsansätzen weg und hin zu ein paar größeren Fragen und was alles vorstellbar oder auch undenkbar ist – beziehungsweise bisher war. Wir hätten uns bis vor kurzem in unseren dunkelsten Träumen zum Beispiel nicht vorstellen können, dass die AfD einmal im Bundestag sitzen würde. Warum also nicht an einen anti-kapitalistischen Feminismus glauben und für ihn kämpfen?

Eine simple Frage stellen die Anhängerinnen des Vollerwerbs-Credos nicht: Ist das die richtige Lösung? Die einzige? Oder machen wir uns hier gerade zu Handlangerinnen eines rücksichtslosen Kapitalismus, der für einige wenige funktioniert, die große Masse aber immer weiter abhängt? Nur wenige Sozialwissenschaftlerinnen, darunter die renommierte Sozialphilosophin Nancy Fraser, die an der New School in New York lehrt, trauen sich, die Systemfrage zu stellen. Wir brauchen wieder feministische Streiks. Und vor allem müssen wir uns mit anderen antikapitalistischen und antisystemischen Bewegungen zusammenschließen, sagt sie.[15]

Nur wenn wir untereinander solidarischer werden, haben wir eine Chance auf eine größere Schlagkraft. In eine ähnliche Kerbe schlägt auch die renommierte politische Philosophin Silvia Federici, die klar benennt, dass der Kapitalismus zur Überausbeutung der Frauen geführt hat. Es klingt fast merkwürdig, wenn wir das heute so schreiben, aber ist es nicht genau dieses Gefühl, was viele von uns seit Jahrzehnten haben? Dass hier irgendetwas von Grund auf nicht stimmt? Selbstverständlich wissen wir, dass eine radikale Kapitalismuskritik ihre Grenzen hat. Die Möglichkeiten zu einer grundlegenden Veränderung des Wirtschaftssystems sind begrenzt. Auch der renommierte Kapitalismuskritiker Branco Milanovic, der seit 2014 als Dozent am City University of New York Graduate Center arbeitet, kennt die Grenzen seiner Kritik. Und wird dennoch nicht müde zu betonen, dass die wachsende Ungleichheit der wohl gefährlichste Sprengstoff für den Kapitalismus ist. Auch er fordert allerdings, wie viele

Expertinnen in diesem Feld, zumindest höhere Steuern auf Vermögen und Erbschaften, und – und das scheint uns für unser Thema besonders wichtig – wieder mehr öffentliche Investitionen des Staates.[16]

Zumindest das könnte eine Möglichkeit sein, wegzukommen von Privatisierungen, die der Gemeinschaft schaden, und hin zu einem Staat, der sich wieder mehr um die öffentliche Daseinsfür- und -vorsorge kümmert. Interessanterweise kommt Schützenhilfe von unerwarteter Seite: Die promovierte Volkswirtin, Publizistin und renommierte Politikerin (Die Linke) Sahra Wagenknecht konstatiert in ihrem nicht unumstrittenen Buch *Die Selbstgerechten*, Politik solle das Leben verbessern. Das sei mitnichten ein utopischer Wunsch, sondern in den 50er bis 70er Jahren durchaus Realität gewesen. Die heutige Politik tue das nicht mehr. Zumindest nicht für die Mehrheit.[17] Wir fragen uns, ob wir alle uns längst nicht allzu sehr an einen unbefriedigenden Status quo gewöhnt haben. Und ob es nicht an der Zeit ist, wieder an Veränderung und tiefgreifenden Wandel zu glauben.

ENDLICH EIN LEBEN IN WELLEN

Wir haben schon in unseren früheren Büchern für die On-Off-Biografie plädiert. Abgesicherte Zeiten im Leben eines jeden und jeder, die Raum und Unterstützung geben für Beruf und Familie, alles zu seiner Zeit, ohne in den finanziellen und sozialen Abgrund zu stürzen. Vom Staat und der Gesellschaft mitgetragen, weil alle gemeinsam anerkennen: Kinder und Familie sind Leben, nur mit ihnen und durch sie kann es überhaupt eine Zukunft geben.

Diese Anerkennung wäre der erste Schritt raus aus der Kümmerfalle. Wer sich um andere kümmert, würde aufgewertet, weil diese Arbeit als solche eine Aufwertung erfahren würde. Die On-Off-Biografie würde sie herausholen aus der Welt des Privaten und sichtbar machen im Leben eines jeden Menschen. Wir zitieren hier noch einmal aus der *Alles ist möglich-Lüge*, weil wir es eigentlich nicht glauben wollen, dass wir immer noch da stehen, wo wir schon vor zehn Jahren standen: »Wie weit wir von Lösungen entfernt sind, die für ein Leben im Gleichgewicht sorgen könnten, beschreibt der achte Familienbericht für die Bundesregierung von 2012 …: ›Das … sequenzielle Lebens- beziehungsweise Berufsmodell mit einer Zeit(um)verteilung über den Lebensverlauf, das sich viele Mütter und Väter wünschen, wurde aber bisher weder von den Arbeitgebern (einschließlich des öffentlichen Dienstes) noch von den Bildungseinrichtungen so entwickelt, dass die faktische Benachteiligung im beruflichen Aufstieg von denjenigen, die in einer bestimmten Sequenz ihres Lebens die Fürsorge stärker betonen als die berufliche Entwicklung, tatsächlich aufgehoben wurde‹.«[18]

Wann wäre ein besserer Zeitpunkt, um diese On-Off-Biografien endlich einzuführen, als jetzt. Fast allen ist klar, dass es Zeit ist, eine neue Richtung einzuschlagen. Eine Zeit, in der auch durch die furchtbare Corona-Pandemie, an der weltweit Millionen Menschen starben, unsere Werte und unser Konsumverhalten auf dem Prüfstand stehen?

Es fühlt sich gerade so an, als wäre im revolutionären und aufständischen Bereich einiges möglich. Es ist keine Zeit mehr für Bescheidenheit, für leises Klagen und nein, auch nicht für die Zweifel, vielleicht doch das falsche Leben gewählt und gelebt zu haben.

Es ist im Gegenteil eine Zeit, in der Frauen selbstbewusst und fordernd aufstehen, um sich nicht mehr zu Dienerinnen eines undankbaren Herrn machen zu müssen. Denn, um wieder einmal mit Silvia Federici zu sprechen: »Erst mit dem Aufstieg des Kapitalismus ist die Reproduktion vollständig privatisiert worden: ein Prozess, der mittlerweile so weit fortgeschritten ist, dass er unser Leben zerstört. Das müssen wir ändern, wenn wir der beständigen Abwertung und Zersplitterung unseres Lebens ein Ende setzen wollen.«[19] Und das wollen und müssen wir. Für uns, unsere Kinder und die Zukunft.

ANMERKUNGEN

Einleitung

1 Wir verstehen Care-Arbeit, nach Uta-Meier Gräwe, als die »Gesamtheit der unbezahlten und bezahlten (re)produktiven Tätigkeiten des Sorgens und Sich-Kümmerns, Fürsorge und Selbstsorge(.) Sie beginnt mit der Begleitung und Versorgung Schwangerer, Neugeborener und ihrer Mütter, reicht über die Erziehung, Bildung und Betreuung von Kindern, die Wiederherstellung der physischen und psychischen Reproduktion des Arbeitsvermögens von berufstätigen Erwachsenen, die familiäre und professionelle Pflege und Unterstützung bei Krankheit oder Behinderung, über die Hilfe zur Selbsthilfe, unter Freund*innen, Nachbar*innen, im Bekanntenkreis, bis zur Altenpflege und Sterbebegleitung. Der Care-Begriff umfasst zudem das ganz alltägliche, immer wiederkehrende Kümmern und Versorgen aller Haushaltsmitglieder und das Wissen, die Organisation und die Verantwortung (»Mental Load«), die es dafür braucht. »Care« meint jedoch nicht nur die körpernahe Arbeit, sondern schließt ebenso das Kochen, Putzen, Reparieren und alle Arbeiten im Haushalt mit ein, und beginnt in vielen Ländern des Globalen Südens bereits mit dem Besorgen von sauberem Trinkwasser oder Brennholz.« Zitat aus: Uta Meier-Gräwe, Wirtschaft neu ausrichten. Wege in eine carezentrierte Ökonomie, in: Aus Politik und Zeitgeschichte (APuZ), 45/2020, https://www.bpb.de/apuz/care-arbeit-2020/

317855/wirtschaft-neu-ausrichten-wege-in-eine-care-zentrierte-oekonomie. Meier-Gräwe bezieht sich bei ihrer Definition auf das Equal Care Manifest, 19.05.2020, https://equalcareday.de/manifest/
Eine besonders umfassende Definition, was Care-Arbeit alles umfasst, haben Almut Schnerring und Sascha Verlan in ihrem Buch Equal Care. Über Fürsorge und Gesellschaft. Schriftenreihe der Bundeszentrale für politische Bildung, Band 10526, Bonn 2020, geliefert. Sie weisen auch noch einmal auf die historischen Hintergründe der Trennung von Haus- und Erwerbsarbeit durch die Industrialisierung hin, wodurch die Entwertung von Ersterer erst möglich wurde, und liefern eine Menge Vorschläge für eine bessere Gesellschaft. Außerdem haben sie sich mit der Begründung des Equal Care Days im Jahr 2016 darum verdient gemacht, das Thema Care mehr in die öffentliche Debatte zu holen und jedes Jahr an die enormen strukturellen Versäumnisse, die hierzulande damit zusammenhängen, zu erinnern.

2 Siehe dazu: Steffen Kröhnert, Reiner Klingholz, Not am Mann. Von Helden der Arbeit zur neuen Unterschicht? Lebenslagen junger Erwachsener in wirtschaftlichen Abstiegsregionen der neuen Bundesländer. Hrsg. Berlin-Institut für Bevölkerung und Entwicklung, Berlin 2007. Die Studie zeigt eine düstere Perspektive: Durch die Abwanderung junger Frauen entsteht eine Entwertung männlicher Rollenbilder, auf die viele Männer mit einer Hinwendung an den rechten oder rechtsradikalen politischen Rand reagieren.

3 Kathrin Werner, Das Modell Kleinfamilie hat versagt. In: Süddeutsche Zeitung, 11.04.2021, https://www.sueddeutsche.de/wirtschaft/familienpolitik-deutschland-probleme-1.5259836.

4 Marc Gärtner, Elli Scambor, Caring Masculinities. Über Männlichkeit und Sorgearbeit, in: APuZ, 45/2020, https://www.bpb.de/apuz/care-arbeit-2020/317852/caring-masculinities-uebermaennlichkeiten-und-sorgearbeit, abgerufen am 06.10.2021

5 Zahl der Woche Nr. 36, 03.09.2019, Drei Viertel der Pflegebedürftigen zu Hause versorgt, in: Statistisches Bundesamt,

https://www.destatis.de/DE/Presse/Pressemitteilungen/Zahl-der-Woche/2019/PD19_36_p002.html, abgerufen am 05.10.2021

Kapitel 1

1 Pasqualina Perrig-Chiello, Wenn die Liebe nicht mehr jung ist. Warum viele längjährige Partnerschaften zerbrechen und andere nicht. Bern 2017
2 Women Hurt More by Breakups but Recover More Fully, in: Science Daily, 06.08.2015 https://www.sciencedaily.com/releases/2015/08/150806151406.htm
3 https://www.beyondbreakup.de/wie-ticken-maenner-nach-trennung-diese-3-unterschiede-solltest-du-kennen/
4 Miriam Bröckel, Hans-Jürgen Andreß, The Economic Consequences of Divorce in Germany. What has Changed Since the Turn of the Millennium? In: Comparative Population Studies, 40,3 (2015), S. 277–312
5 Jocelyn Elise Crowley, Gray Divorce. What We Lose and Gain from Mid-Life Splits. Berkeley, Kalifornien 2018 (unsere Übersetzung)
6 Perrig-Chiello, Wenn die Liebe nicht mehr jung ist, S. 13
7 https://de.statista.com/statistik/daten/studie/273406/umfrage/entwicklung-der-lebenserwartung-bei-geburt-in-deutschland-nach-geschlecht/
8 Perrig-Chiello, Wenn die Liebe nicht mehr jung ist, S. 200
9 Ebd., S. 146 (in ihrer Studie wurden 2000 Menschen befragt)
10 Interview d. Autorin mit Professor Michael Vogt am 10.12.2019
11 Friedemann Karig, Machen monogame Beziehungen überhaupt Sinn?, 12.09.2020, https://www.jetzt.de/liebe-und-beziehung/ist-die-offene-beziehung-die-loesung
12 Interview von Thorsten Schmitz mit Alain de Botton, »Wir sind alle mit der falschen Person verheiratet«, in: Süddeutschen Zeitung vom 19.06.2016, https://www.sueddeutsche.de/leben/

alain-de-botton-ueber-die-liebe-wir-sind-alle-mit-der-falschen-person-verheiratet-1.3124423

13 Wer generell tiefer in das Thema Monogamie einsteigen möchte, mag vielleicht einen Blick in das Buch David P. Barash, Judith Eve Lipton, The Myth of Monogamy. Fidelity and Infidelity in Animals and People. New York 2001, werfen. Der Psychologie-Professor und seine Frau, eine Psychiaterin, sehen Monogamie quer durchs Tierreich und damit auch für uns vom Affen abstammende Wesen nicht als Regel, sondern als Ausnahme.

14 Interview von Thorsten Schmitz mit Alain de Botton

15 Erich Fromm, Die Kunst des Liebens, 21. Auflage München 2020, S. 138 ff.

16 Ebd., S. 140

17 Karig, Machen monogame Beziehungen überhaupt Sinn?

18 Wer sich dennoch auf diesen Weg begeben will, dem sei das Buch *Soul Sex. Die körperliche Liebe neu entdecken* von Eva-Maria Zurhorst empfohlen (München 2014). Sie schreibt, wie jahrelange Verletzungen, Missverständnisse, mangelhafte Kommunikation unsere Liebesfähigkeit stören können. Und zeigt Wege, wie man dem aktiv entkommen und zu neuer Lebendigkeit in der körperlichen Liebe finden kann.

19 Interview d. Autorin mit Professor Michael Vogt am 10.12.2019

20 Crowley, Gray Divorce, S. 13

21 Julia Bredtmann, Christina Vonnahme, Less Alimony after Divorce. Spouses' Behavioral Response to the 2008 Alimony Reform in Germany, IZA Institute of Labor Economics, June 2017, http://ftp.iza.org/dp10864.pdf, abgerufen am 23.09.2020

22 Ebd. (unsere Übersetzung)

23 Zitiert aus: Marit Rullmann, Werner Schlegel, Frauen denken anders. Philo-Sophias 1x1, Frankfurt am Main 2000, S. 55

24 Esther Geisler u. a. (Hrsg.), Familien nach Trennung und Scheidung in Deutschland, Hertie School of Governance, Universität Rostock, Universität Magdeburg, März 2018 https://www.soz.ovgu.de/isoz_media/Methoden/Familien_Trennung_Scheidung-p-1282.pdf

25 Ebd.
26 Oder wie Andreß/Bröckel schreiben: »although a rather comprehensive system of (legal) maintenance regulations exists in Germany, it is not the former spouse who bears the main burden of income maintenance after separation«. Bröckel, Andreß, The Economic Consequences, S. 294
27 Ebd., S. 307
28 Geisler u. a. (Hrsg.), Familien nach Trennung und Scheidung
29 Ebd.
30 https://www.ikw-boomerstudie.org/wp-content/uploads/2020/09/20_0809_BOOMER_Storyline_DE.pdf
31 Ebd.

Kapitel 2

1 Siehe Zweiter Gleichstellungsbericht der Bundesregierung, Deutscher Bundestag, Drucksache 18/12840, 21.06.2017, S. 9, https://www.bmfsfj.de/resource/blob/117916/7a2f8ecf6cbe805cc80edf7c4309b2bc/zweiter-gleichstellungsbericht-data.pdf
2 Gärtner, Scambor, Caring Masculinities
3 BMFSFJ, Gender Care Gap – ein Indikator für die Gleichstellung, 27.08.2019, https://www.bmfsfj.de/bmfsfj/themen/gleichstellung/gender-care-gap/indikator-fuer-die-gleichstellung/gender-care-gap-ein-indikator-fuer-die-gleichstellung-137294
4 Barbara von Würzen, Traditionelle Rollenverteilung in Corona-Krise belastet die Frauen, Online-Umfrage der Bertelsmann-Stiftung, Dezember 2020, https://www.bertelsmann-stiftung.de/de/themen/aktuelle-meldungen/2020/dezember/corona-traditionelle-aufgabenverteilung-im-haushalt-belastet-frauen-stark, abgerufen am 22.12.2020.
5 Susanne Garsoffky, Britta Sembach, Die Alles ist möglich-Lüge. München 2014

6 Würzen, Traditionelle Rollenverteilung, S. 3

7 Sabine Beckmann, Sorgearbeit (Care) und Gender. Expertise zum Siebten Altenbericht der Bundesregierung. Hrsg. J. Block, C. Hagen und F. Berner. Berlin 2016

8 Ebd., S. 7

9 Ebd., S. 23

10 Susanne Garsoffky, Britta Sembach, Der tiefe Riss. Wie Politik und Wirtschaft Eltern und Kinderlose gegeneinander ausspielen. München 2017

11 Elisabeth Beck-Gernsheim, Das halbierte Leben. Männerwelt Beruf – Frauenwelt Familie. Frankfurt am Main 1993, S. 69

12 Claire Samtleben, Auch an erwerbsfreien Tagen erledigen Frauen einen Großteil der Hausarbeit und Kinderbetreuung, in: DIW Wochenbericht 10/2019. Berlin, 06.03.2019, S. 140, https://www.diw.de/de/diw_01.c.616037.de/publikationen/wochenberichte/2019_10_3/auch_an_erwerbsfreien_tagen_erledigen_frauen_einen_grossteil_der_hausarbeit_und_kinderbetreuung.html, abgerufen am 27.12.2020

13 Mit diesem Spruch forderte der Deutsche Gewerkschaftsbund ab 1956 die 40-Stunden- und 5-Tage-Arbeitswoche. Denn bei einer wöchentlichen Arbeitszeit von 48 Stunden im Jahre 1950, und sogar 49 Stunden 1955, blieb nicht mehr viel Zeit für die Familie.

14 Samtleben, Auch an erwerbsfreien Tagen, S. 143

15 Ebd., S. 144

16 Christine Henry-Huthmacher, Neujustierung der Geschlechter. Die neue Unübersichtlichkeit in der Geschlechterdebatte, in: Die Politische Meinung, Ausgabe 552, 10.10.2018, Hrsg. Konrad Adenauer Stiftung, https://www.kas.de/de/web/die-politische-meinung/artikel/detail/-/content/neujustierung-der-geschlechter, abgerufen am 10.03.2020

17 Thomas Ribi, Ein drittes Geschlecht räumt die Probleme transsexueller Menschen nicht aus der Welt, Neue Zürcher Zeitung, 25.11.2017, https://www.nzz.ch/meinung/der-kampf-um-das-geschlecht-ld.1331892, abgerufen am 10.03.2021

18 Henry-Huthmacher,, Neujustierung der Geschlechter

19 Exemplarisch dafür sei hier auf den Zweiten Gleichstellungsbericht der Bundesregierung hingewiesen.

20 Einen guten Überblick über die Debatte liefert der Beitrag von Ingeborg Breuer, Gender Trouble. Warum Geschlechterforschung so umstritten ist, in: Deutschlandfunk, 17.10.2019, https://www.deutschlandfunk.de/gender-trouble-warum-geschlechterforschung-so-umstritten-ist.1148.de.html?dram:article_id=461009, abgerufen am 29.01.2020.

21 Thomas W. Laqueur, Making Sex. Body and Gender from Greeks to Freud. Cambridge, Massachusetts 1992. Bei seiner Darstellung beruft sich Laqueur vor allem auf die Schriften des griechischen Arztes Galenos aus dem 2. Jahrhundert nach Christus.

22 Zusammenfassung auch in Christa Spannbauer, Das verqueere Begehren. Sind zwei Geschlechter genug? Würzburg 1999

23 Ebd.

24 Eine kurze Einordnung und Kritik der These Laqueurs von Olivia Maier, Biologisches und soziales Geschlecht. Eine Unterscheidung mit Tücken, in: Reatch. Research. Think. Change, 13.05.2020, https://reatch.ch/publikationen/biologisches-und-soziales-geschlecht-eine-unterscheidung-mit-tuecken, abgerufen am 04.04.2021

25 Markus C. Schulte von Drach, Aufstieg und Niedergang des Patriarchats, Süddeutsche Zeitung, 03.07.2016, https://www.sueddeutsche.de/politik/emanzipation-aufstieg-und-niedergang-des-patriarchats-1.2971721-0, abgerufen am 13.04.2021. Schulte von Drach bezieht sich in diesem Essay vor allem auf den Biologen und Philosophen Ekart Voland, Die Natur des Menschen. Grundkurs Soziobiologie. München 2007

26 Schulte von Drach bezieht sich dabei auf den Biologen und Philosophen Eckart Voland, auf dessen Thesen wir weiter hinten noch ausführlich eingehen werden.

27 Siehe Weltbevölkerungsbericht der UNFPA, https://drive.google.com/file/d/1ksOG1YexanyOo5q-thmbGQ16808pfHuO/view, abgerufen am 14.04.2021.

28 Agentur der Europäischen Union für Grundrechte, Gewalt

gegen Frauen. Eine EU-weite Erhebung, Luxemburg 2014, https://bukof.de/wp-content/uploads/fra-2014-vaw-survey-at-a-glance_de_0.pdf, abgerufen am14.04.2021

29 Siehe auch die kurze Zusammenfassung: Historie der »Gender Studies«, Deutsche Stiftung Frauen- und Geschlechterforschung, http://www.stiftung-frauenforschung.de/index.php/historie-der-gender-studies, abgerufen am 29.01.2020.

30 Rund 60 Jahre später, 1791, erschien in Frankreich die »Erklärung der Rechte der Frau und der Bürgerin« von Olympe de Gouges. Hier setzt de Gouges der Erklärung der Menschenrechte, mit der die Demokratie in Europa ihren Anfang nimmt, einen Text entgegen, der zum ersten Mal ausdrücklich darauf verweist, dass Freiheit, Gleichheit und Brüderlichkeit ohne die weibliche Hälfte der Menschheit nicht legitim proklamiert werden könnten. Es ist die Geburtsstunde des Feminismus. Siehe Barbara Holland-Cunz, Was ihr zusteht. Kurze Geschichte des Feminismus, in: APuZ, 17/2018, https://www.bpb.de/apuz/267936/was-ihr-zusteht-kurze-geschichte-des-feminismus, abgerufen am 04.05.2021.

31 Einen guten Überblick dazu gibt Uta Meier-Gräwe in ihrem Artikel: Wirtschaft neu ausrichten

32 Siehe Charles Darwin, Die Abstammung des Menschen und die geschlechtliche Zuchtwahl, II. Band, Stuttgart 1875, und Florian Freistetter, Hier irrt die Wissenschaft. Charles Darwin und die Unterlegenheit der Frau, in: Standard, Ressort Wissenschaft, 23.01.2018, https://www.derstandard.de/story/2000072780950/charles-darwin-und-die-unterlegenheit-der-frau, abgerufen am 29.01.2020.

33 Anna-Sophia Schönfelder, Sigmund Freuds Weiblichkeitsbild. Mythos und Realität der »kastrierten« weiblichen Sexualität. Osnabrück 2010, S. 19

34 Einen guten Überblick dazu gibt: Holland-Cunz, Was ihr zusteht

35 Simone de Beauvoir, Das andere Geschlecht. Sitte und Sexus der Frau. Reinbek 1992 (erste Auflage 1949)

36 Siehe zu diesem Diskurs unter anderem: Susanne Schröter,

»Essentialismus« und »Konstruktivismus« in der feministischen Forschung, in: Peripherie, Nr. 77-78 (2000), S. 9–27, http://www.susanne-schroeter.de/files/essentialismus_und_konstruktivismus_in_der_feministischen_forschung__in_peripherie__kopie.pdf, abgerufen am 04.05.2021.

37 Uns ist auch die aktuelle Debatte über Risse etwa in der US-amerikanischen Frauenbewegung, der Konflikt über Repräsentation und wer in der Diskussion überhaupt für wen sprechen darf, bekannt. Wir wollen uns hier aber auf die Ursprünge der Geschlechterdebatte konzentrieren.

38 Judith Butler, Gender Trouble. Feminism and the Subversion of Identity. New York 1990

39 Ebd., S. 218

40 Gut zusammengefasst wird die Debatte auch in der Sammelschrift: Der Streit um die Differenz. Feminismus und Postmoderne in der Gegenwart. Berlin 1993

41 Barbara Duden, Die Frau ohne Unterleib. Zu Judith Butlers Entkörperung, in: Feministische Studien, 11 (1993), S. 24– 33

42 Die schwedische Gesundheitsbehörde hat Anfang 2020 einen Bericht veröffentlicht, wonach Transgender-Diagnosen von 13- bis 17-jährigen Mädchen zwischen 2008 und 2018 um 1500 Prozent zugenommen haben. Siehe: Birgit Schmid, Immer mehr Mädchen wollen Jungen sein – und Ärzte geben dem Transgender-Trend trotz Risiken nach, in: Neue Zürcher Zeitung, 05.11.2020, https://www.nzz.ch/meinung/transgender-diagnosen-nehmen-zu-mit-teils-bedenklichen-folgen-ld.1585147, abgerufen am 04.05.2021. Und auch das Ärzteblatt berichtet, dass Ärzte und Psychologen immer mehr Fälle von Kindern und Jugendlichen registrieren, die sich fremd in ihrem Körper fühlen und ihr Geschlecht ändern wollen. So hätten sich die Behandlungszahlen alleine in der Münchner Universitätsklinik zwischen 2013 und 2018 verfünffacht. »Das widerspricht jeder medizinischen Wahrscheinlichkeit«, vermutet ein Kinder- und Jugendpsychiater in dem Beitrag. Siehe: Ärzteblatt, Zahl transsexueller Kinder gestiegen, 21.11.2018, https://

www.aerzteblatt.de/nachrichten/99311/Zahl-transsexueller-Kinder-gestiegen, abgerufen am 04.05.2021.

43 Holland-Cunz, Was ihr zusteht

44 Eckart Voland, Krieg der Keimzellen, Frankfurter Allgemeine Zeitung, 01.08.2006, https://www.faz.net/aktuell/wissen/leben-gene/grundkurs-in-soziobiologie-6-krieg-der-keimzellen-1357449.html, abgerufen am 03.02.2020

45 Eckart Voland, Johannes Johow, Geschlecht und Geschlechterrolle. Soziobiologische Aspekte, in: APuZ, 20-21/2012, 08.05.2012, https://www.bpb.de/apuz/135433/geschlecht-und-geschlechterrolle-soziobiologische-aspekte?p=all, abgerufen am 14.04.2021

46 Zu diesem Ergebnis kommt auch eine großangelegte Studie des Psychologen David A. Frederick, Upset Over Sexual Versus Emotional Infidelity Among Gay, Lesbian, Bisexual and Heterosexual Adults, in: Archives of Sexual Behavior, 45 (2016), S. 175–191, https://link.springer.com/article/10.1007/s10508-014-0409-9, abgerufen am 14.05.2021

47 Voland, Johow, Geschlecht und Geschlechterrolle

48 Ebd.

49 Bundeszentrale für politische Bildung, Alleinerziehende nach Geschlecht, 23.3.2021, https://www.bpb.de/nachschlagen/zahlen-und-fakten/soziale-situation-in-deutschland/61581/alleinerziehende

50 Teresa Bücker, Zeit, die es braucht. Care-Politik als Zeit-Politik – Essay, in: APuZ, 45/2020, https://www.bpb.de/apuz/care-arbeit-2020/317843/zeit-die-es-braucht-care-politik-als-zeit-politik, abgerufen am 14.05.2021

51 Ebd.

52 Garsoffky, Sembach, Der tiefe Riss

53 Gärtner, Scambor, Caring Masculinities

54 Ebd.

55 Doris Bischof-Köhler, Von Natur aus anders. Die Psychologie der Geschlechterunterschiede. Stuttgart 2011, S. 40 ff.

56 Ebd., S. 326 ff.

57 Ebd., S. 349

58 Susan Pinker, Das Geschlechter-Paradox. Über begabte Mädchen, schwierige Jungs und den wahren Unterschied zwischen Männern und Frauen. München 2008, S. 340 ff.

59 Ebd., S. 100

Kapitel 3

1 Siehe Artikel bei faz.net: Familienministerin Giffey: »Homeoffice und Homeschooling geht nicht zusammen«, 06.01.2021, https://www.faz.net/aktuell/karriere-hochschule/buero-co/giffey-homeoffice-und-homeschooling-geht-nicht-zusammen-17132705.html

2 Schnerring, Verlan, Equal Care, S. 28

3 Vgl. Adelheid Biesecker, »Vorsorgendes Wirtschaften«. Zum Verhältnis von Zeit- und Güterwohlstand aus der Geschlechterperspektive, 9 Thesen. Beitrag beim WSI-Herbstforum 2014, 27./28.11.14 in Bremen, https://www.boeckler.de/pdf/v_2014_11_28_biesecker.pdf. Ebenfalls ans Herz zu legen ist dieser Aufsatz von Biesecker: Neue Formen des Wirtschaftens aus (re)produktionstheoretischer Sicht. In: Zeitschrift für Sozialökonomie, 51 (Oktober 2014), S. 52–59

4 Eva Beaujouan, Caroline Berghammer, The Gap between Lifetime Fertility Intentions and Completed Fertility in Europe and the United States. A Cohort Approach, in: Population Research and Policy Review 38/4 (2019), S. 507–535

5 Ebd.

6 Holger Balodis, Dagmar Hühne, Die große Rentenlüge. Warum eine gute und bezahlbare Alterssicherung für alle möglich ist. Frankfurt am Main 2017

7 Teilzeiterwerbstätigkeit: Überwiegend weiblich und im Durchschnitt schlechter bezahlt, in: DIW-Wochenbericht 46/2019, https://www.diw.de/de/diw_01.c.697152.de/publikationen/wochenberichte/2019_46_1/teilzeiterwerbstaetigkeit_ueberwiegend_weiblich_und_im_durchschnitt_schlechter_bezahlt.html

8 Entnommen aus: Balodis, Hühne, Die große Rentenlüge. Es handelt sich hier um die Nettorente nach Abzug von Krankenkassen- und Pflegebeitrag, vor Steuern, berechnet von den Autorinnen mit dem damaligen Rentenwert in Höhe von 31,03 Euro (West).

9 Alexandra Wagner, Christina Klenner, Peter Sopp, Alterseinkommen von Frauen und Männern. Neue Auswertungen aus dem WSI GenderDatenPortag, in: WSI Report, 38, 12/2017

10 Siehe dazu auch Bericht der Bertelsmann-Stiftung, Entwicklung der Altersarmut bis 2036. Trends, Risikogruppen und Politikszenarien, erstellt vom Deutschen Institut für Wirtschaftsforschung (DIW) und dem Zentrum für Europäische Wirtschaftsforschung (ZEW), 2017, https://www.bertelsmann-stiftung.de/fileadmin/files/BSt/Publikationen/Graue Publikationen/Entwicklung_der_Altersarmut_bis_2036.pdf

11 Tagesschau, Grundsicherung auf Rekordstand, 25.05.2021, https://www.tagesschau.de/wirtschaft/grundsicherung-senioren-101.html. Die Zahlen stammen laut tagesschau aus einer Antwort der Bundesregierung auf eine Anfrage der Linkspartei im Bundestag.

12 »Armutsrisikoquote« wird in der Studie so definiert: Danach gelten Personen als armutsgefährdet, wenn ihr bedarfsgewichtetes verfügbares Einkommen geringer als 60 Prozent des Medianeinkommens in der Bevölkerung ist. Unter dem Medianeinkommen (auch mittleres Einkommen) versteht man laut DIW das Einkommen, bei dem es genauso viele Menschen mit einem höheren wie mit einem niedrigeren Einkommen gibt. DIW: »Würde man die Bevölkerung nach der Höhe ihres Einkommens sortieren und dann zwei gleich große Gruppen bilden, würde die Person, die genau in der Mitte dieser Verteilung steht, das Medianeinkommen beziehen« (Quelle: diw.de, https://www.diw.de/de/diw_01.c.413351.de/medianeinkommen.html). Mitte 2019 etwa lag das bundesdeutsche Medianeinkommen bei 2503 Euro brutto im Monat.

13 Bericht der Bertelsmann-Stiftung, Entwicklung der Altersarmut bis 2036, S. 7

14 Ebd., S. 8
15 Ebd., S. 9
16 Ebd., S. 78
17 Vgl. Garsoffky, Sembach, Der tiefe Riss, S. 127. Dort zitieren wir die Soziologin Arlie Russel Hochschild.
18 Irene Götz (Hrsg.), Kein Ruhestand. Wie Frauen mit Altersarmut umgehen. München 2019
19 Siehe dazu ausführlich: Garsoffky, Sembach, Der tiefe Riss
20 Katja Möhring, Andreas Weiland, Ausgleich oder Verschärfung von Einkommensrisiken? Lebensläufe und Alterseinkommen in Deutschland aus der Paarperspektive, in: Zeitschrift für Sozialreform, 64 (2018), S. 463–493
21 Ebd.
22 Oxfam-Studie zu sozialer Ungleichheit, 12 Milliarden Stunden Arbeit – ohne bezahlt zu werden, 20.01.2020, https://www.oxfam.de/ueber-uns/aktuelles/oxfams-studie-sozialer-ungleichheit-12-milliarden-stunden-arbeit-ohne-bezahlt
23 Zitiert nach: Alisha Haridasani Gupta, Women, Burdened With Unpaid Labor, Bear Brunt of Global Inequality, in: New York-Times, 23.01.2020, https://www.nytimes.com/2020/01/23/us/unpaid-work-economy-davos.html, basierend auf dem Oxfam-Report zum Weltwirtschaftsforum in Davos: https://www.oxfam.org/en/not-all-gaps-are-created-equal-true-value-care-work
24 Vgl. Anna Saave-Harnack, Die Care-Abgabe. Ein Instrument Vorsorgenden Wirtschaftens?, in: D. J. Petersen u. a. (Hrsg.), Perspektiven einer pluralen Ökonomik, Wirtschaft + Gesellschaft. Wiesbaden 2019, S. 367–393. Die Statistikerinnen bewerteten dabei Arbeitsstunden nach dem Nettolohn einer Hauswirtschafterin oder eines Hauswirtschafters.
25 Mascha Madörin, Neoliberalismus und die Reorganisation der Care-Ökonomie. Eine Forschungsskizze, in: Jahrbuch Denknetz 2007. Zur politischen Ökonomie der Schweiz. Eine Annäherung, S. 141–162, http://www.denknetz.ch/wp-content/uploads/2017/07/Madorin.pdf
26 Saave-Harnack, Die Care-Abgabe

27 Zitiert nach: Gupta, Women, Burdened With Unpaid Labor (unsere Übersetzung)

28 Zum Beispiel der Verein Finanzfachfrauen, https://www.finanzfachfrauen.de, oder der Blog der Finanzexpertin Natascha Wegelin, https://www.madamemoneypenny.de. Sie hat auch ein Buch geschrieben mit dem Titel: Madame Moneypenny. Wie Frauen ihre Finanzen selbst in die Hand nehmen können. Hamburg 2018

29 Helma Sick, Ein Mann ist keine Altersvorsorge. Warum finanzielle Unabhängigkeit für Frauen so wichtig ist. München 2019. Hier findet man etwa auch Mustervorlagen für einen fairen Ehe- und Partnerschaftsvertrag.

30 Zweiter Gleichstellungsbericht der Bundesregierung, S. 188

31 Ebd.

32 Sarah Heidi Engel, Wenn der andere nicht zahlt, Zeit Online, 05.10.2021, https://www.zeit.de/arbeit/2021-09/unterhalt-kinder-arbeit-partnerschaft-unterhaltszahlungen-deutschland?wt_zmc=fix.int.zonaudev.push.lesetipp.zeitde.iospush.link.x&utm_campaign=lesetipp&utm_medium=fix&utm_source=push_zonaudev_int&utm_content=zeitde_iospush_link_x

33 Ebd.

34 Zweiter Gleichstellungsbericht der Bundesregierung, S. 186

35 Ebd.

36 Kleine Randnotiz: In der DDR gab es diesen Güterstand bis zur Wiedervereinigung. Wer ihn behalten wollte, hätte das auf Antrag machen können. Es verwundert nicht, dass diese Tatsache vielen Menschen in den Wiedervereinigungsjahren entgangen ist und sie so stillschweigend in den Zugewinnausgleich übergegangen sind, als die Fristen abgelaufen waren.

37 Zweiter Gleichstellungsbericht der Bundesregierung, S. 187, Hervorhebung der Autorinnen

38 Zweiter Gleichstellungsbericht, S.195f. Die Sachverständigenkommission schlägt das Anwartschaftssplitting sogar als Regelmodell für die Zukunft vor, allerdings nur für neu geschlossene Ehen und Eingetragene Lebenspartnerschaften. Wir finden: Davor müsste es noch vereinfacht und nachgebessert

werden, grundsätzlich ist es aber schon mal ein Schritt in die richtige Richtung. Für Details der schon jetzt geltenden Regelungen und Wahlmöglichkeiten siehe die Website der Deutschen Rentenversicherung: https://www.deutsche-rentenversicherung.de/DRV/DE/Rente/Familie-und-Kinder/Rentensplitting/rentensplitting_node.html, abgerufen am 07.02.2022

39 Garsoffky, Sembach, Der tiefe Riss, S. 160 ff.

40 Ein kleiner Exkurs zum rentensystematischen Hintergrund (so wie in *Der tiefe Riss*): Die Schweiz und auch die nordischen Staaten sowie Großbritannien gehören zu den sogenannten Beveridge-Ländern. W. Beveridge, ein britischer Ökonom, hat in den frühen 40er Jahren des vergangenen Jahrhunderts ein neues Konzept für den Wohlfahrtsstaat entworfen: Es war weitgehend steuerfinanziert, staatlich organisiert und schloss alle Bürger in Form einer egalitären Einheitsversicherung ein. Deutschland dagegen entschied sich für das Bismarck'sche Modell, nach dessen Logik die Höhe der Renten einkommens- und beitragsabhängig ist und die einen hohen Anteil des letzten Erwerbseinkommens für diejenigen ersetzen, die während ihrer gesamten Erwerbszeit in die Rentenkassen eingezahlt haben. Dieses Konzept folgt dem Brotverdienermodell. In den meisten Ländern dieser Gruppe sind Formen der Nicht-Erwerbsarbeit seit den 80er Jahren des vorigen Jahrhunderts als rentenrelevant anerkannt worden, doch die so gewonnenen Ansprüche sind natürlich erheblich niedriger als die durch Erwerbstätigkeit.

41 Gemma Hartley, Es reicht. Warum Familien- und Beziehungsarbeit nicht nur Sache der Frau ist. München 2019. Siehe auch Patricia Cammarata, Raus aus der Mental Load-Falle. Wie gerechte Arbeitsteilung in der Familie gelingt. Weinheim 2020

42 Podcast »Happier with Gretchen Rubin« etwa auf Spotify und anderen Podcast-Kanälen. Rubin hat an der Elite-Universität Yale in den USA Jura studiert und als erfolgreiche Rechtsanwältin gearbeitet. Sie hat ein schönes Zuhause, eine Familie, und eigentlich könnte alles ganz wunderbar sein. Dennoch nörgelte sie herum und war generell unzufrieden mit sich und ihrer Umwelt. Also startete sie ihr persönliches Happiness-

Projekt und schaute, was sie in ihrem Leben verändern muss, um glücklicher zu werden. Ihr Buch gibt es auch auf Deutsch: Gretchen Rubin, Das Happiness-Projekt. Oder: Wie ich ein Jahr damit verbrachte, mich um meine Freunde zu kümmern, den Kleiderschrank auszumisten, Philosophen zu lesen und überhaupt mehr Freude am Leben zu haben. Frankfurt am Main 2011. Den englischen Untertitel finde ich persönlich noch schöner: »Why I spent a year trying to sing in the morning, clean my closets, fight right, read Aristotle, and generally have more fun«. Aber das wahrscheinlich nur, weil ich selber gerne singe. Und noch etwas: Das klingt jetzt vielleicht ein bisschen wie das Luxusprojekt einer verwöhnten Mittel- oder Oberschichtsamerikanerin. In ihrem Podcast aber zeigt sich Rubin als enorm warme, kluge und lebenskundige Frau, die tief in die Erkundung von Möglichkeiten zum Glücklichsein eingetaucht ist und diese Erkenntnisse sehr liebevoll und freigiebig teilt.

43 Österreich und Deutschland zählen zu den Ländern mit der höchsten Zahl osteuropäischer sogenannter Live-Ins, also Pflegern und Pflegerinnen, die bei den Betreuten leben. Es sind ca. 60.000 bis 85.000 in Österreich, 300.000 bis 400.000 in Deutschland. Vgl. Zuzana Uhde, Das europäische Care-Grenzregime in einem »Europa ohne Grenzen«, in: APuZ, 45/2020, S. 35-41, https://www.bpb.de/apuz/care-arbeit-2020/317857/das-europaeische-care-grenzregime-in-einem-europa-ohne-grenzen. Sie zitiert Miloslav Bahna, Martina Sekulová, Crossboarder Care. Lessons from Central Europe. Cham 2019, S. 31

44 Ann Esswein, Agentur für Ausbeutung, in: Die Zeit, 04.10.2021, https://www.zeit.de/arbeit/2021-09/pflegekraefte-ukraine-ausbeutung-agentur-vermittlung-pflegenotstand-legalitaet-arbeitsrecht

45 Arlie Russell Hochschild, The Outsourced Self. What Happens When We Pay Others to Live Our Lives For Us, New York 2012, S. 154

46 Ebd., S. 154f

47 Uta Meier-Gräwe, Caring, Cooking, Cleaning. Warum wir die

Arbeit des Alltags gesellschaftlich neu und geschlechtergerecht verteilen müssen, in: Haushalt in Bildung und Forschung, 4/3 (2015), S. 31–38, https://shop.budrich.de/wp-content/uploads/2019/05/2193-8806-2015-3.pdf. Sie erwähnt in diesem Beitrag fast nebenbei, dass es zwar eine erfreuliche Entwicklung bei den Männern gebe, die sich zunehmend als aktive Väter um ihre Kinder kümmerten. Allerdings, so verweist sie auf aktuelle Studien, zeige sich dieser verstärkte Einsatz gerade nicht bei den von ihr so genannten Arbeiten des Alltags, also kurz gesagt, der gewöhnlichen Hausarbeit.

48 Ebd.

49 Barbara Duden, Arbeit aus Liebe – Liebe als Arbeit. Ein Rückblick. In: Olympe, 30 (Dezember 2009), S. 16–26; auch in Schattenblick, 30.7.2010, http://www.schattenblick.de/infopool/politik/soziales/psdis013.html

50 Ebd.

51 Ebd.

52 Ebd.

53 Silvia Federici etwa schreibt in »Die Reproduktion der Arbeitskraft im globalen Kapitalismus und die unvollendete feministische Revolution«: »Mir scheint, dass Marx die Reproduktionsarbeit auch deswegen ignorierte, weil er einem technizistischen Revolutionskonzept verhaftet blieb, das menschliche Befreiung an die Errungenschaften großmaßstäblicher Industrialisierung und Automatisierung knüpft und die Steigerung der Arbeitsproduktivität zur materiellen Vorbedingung des ›Übergangs‹ zum Kommunismus erklärt. ... Mit anderen Worten: Marx verkannte die Bedeutung der Reproduktionsarbeit, weil er die kapitalistischen Kriterien dafür, was Arbeit und Wohlstand sind, akzeptierte und der Ansicht war, die Entwicklung der Industriearbeit habe ein Stadium erreicht, in dem der Kampf um die Emanzipation der Menschheit von der Ausbeutung bevorstehe«, in: Silvia Federici, Aufstand aus der Küche. Kitchen Politics – Queerfeministische Interventionen, Bd. 1. Münster 2020, S. 21–86, S. 32

54 Ebd., S. 82

55 Ebd., S. 83
56 Ina Praetorius, Wirtschaft ist Care oder: Die Wiederentdeckung des Selbstverständlichen. Schriftenreihe Wirtschaft und Soziales der Heinrich-Böll-Stiftung, Band 16, 2015, https://www.boell.de/sites/default/files/2015-02-wirtschaft-ist-care.pdf
57 Ebd., S. 10
58 Ebd., S. 47
59 Saave-Harnack, Die Care-Abgabe
60 Zitiert nach: ebd.
61 Zweiter Gleichstellungsbericht der Bundesregierung
62 Interview der Autorin mit Claire Funke am 16.02.2021
63 Gabriele Winker, Soziale Reproduktion in der Krise. Care-Revolution als Perspektive, in: Das Argument, 292 (2011), S. 1–12, S. 9
64 Zitiert nach: Praetorius, Wirtschaft ist Care, S. 74
65 Großputz! Care nach Corona neu gestalten. Ein Positionspapier zur Care-Krise aus Deutschland, Österreich, Schweiz. August 2020, https://care-macht-mehr.com
66 Meier-Gräwe, Wirtschaft neu ausrichten

Kapitel 4

1 Garsoffky, Sembach, Die Alles ist möglich-Lüge, S. 168.
2 Beauvoir, Das andere Geschlecht
3 Alice Schwarzer, Das ewig Weibliche ist eine Lüge. Interview im SPIEGEL, 05.04.1976, zitiert nach: APuZ, 51/2019, https://www.bpb.de/apuz/302115/das-ewig-weibliche-ist-eine-luege-1976, abgerufen am 20.09.2021
4 Luce Irigaray, Ethik der sexuellen Differenz. Frankfurt am Main 1991
5 Silvia Stoller, Existenz – Differenz – Konstruktion. Phänomenologie der Geschlechtlichkeit bei Beauvoir, Irigay und Butler. Zürich 2010
6 Beate Hausbichler, Differenz muss viel radikaler gedacht wer-

den. Interview mit Silvia Stoller, in: der Standard, 17.02.2011, https://www.derstandard.at/story/1297818177880/diestandar dat-interview-differenz-muss-viel-radikaler-gedacht-werden, abgerufen am 20.09.2021

7 Ebd.

8 Maya Götze, Elisabeth Prommer, Geschlechterstereotype und Soziale Medien. Expertise für den Dritten Gleichstellungsbericht der Bundesregierung, Berlin 2020, https://www.dritter-gleichstellungsbericht.de/kontext/controllers/document.php/124.7/f/6001aa.pdf, abgerufen am 20.09.2021

9 Ebd., S. 71 ff.

10 Ebd., S. 64

11 Einen guten Überblick über die Geschichte des Antifeminismus bietet Vincent Streichhahn, Antifeminismus damals und heute. Eine Geschichte ohne Ende?, in: Institut für Demokratie und Zivilgesellschaft, https://www.idz-jena.de/wsddet/wsd7-3/, abgerufen am 02.08.2021. Hier soll allerdings noch einmal darauf hingewiesen werden, dass die Verschmelzung von Feminismus und Genderbewegung nicht unproblematisch ist. Wir haben das bereits in Kapitel 2 angesprochen.

12 Franziska Schutzbach, »Gender raus!« 12 Richtigstellungen zu Antifeminismus und Gender-Kritik, Hrsg. Heinrich-Böll-Stiftung und Rosa-Luxemburg-Stiftung, Berlin 2014, http://www.gwi-boell.de/sites/default/files/gender_raus_epdf_2.pdf, abgerufen am 02.08.2021

13 Ebd., S. 3

14 Frederik Müller, Hä, was heißt Toxic Masculinity?, in: Missy Magazine, 16.08.2018, https://missy-magazine.de/blog/2018/08/16/hae-was-heisst-toxic-masculinity/, abgerufen am 02.08.2021.

15 Ralf Bönt, Das entehrte Geschlecht. Ein notwendiges Manifest für den Mann. München 2012

16 Einen guten Überblick – zumindest über den Beginn der Forschung – gibt nach wie vor der Artikel von Lothar Böhnisch, Männerforschung. Entwicklung, Themen, Stand der Diskussion, in: APuZ, 40/2021, https://www.bpb.de/apuz/144853/

maennerforschung-entwicklung-themen-stand-der-diskussion?p=all, abgerufen am 02.08.2021

17 Bernhard Borgeest, »Ich lerne, mich nachts in leeren Straßen zu fürchten«. Interview mit Raewyn Connell, in: Fokus 20/2021, S. 121

18 Raewyn Connell, Masculinities, 2. Auflage Oxford 2005, Deutsch: Raewyn Connell, Der gemachte Mann. Konstruktion und Krise von Männlichkeit, Geschlecht und Gesellschaft, Bd. 8. 3. Auflage Wiesbaden 2006

19 Borgeest, »Ich lerne, mich nachts in leeren Straßen zu fürchten«, S. 122

20 Ebd.

21 Böhnisch, Männerforschung

22 Chantal Louis, »Wir sind kein drittes Geschlecht«, in: EMMA online, https://www.emma.de/artikel/etwas-war-merkwurdig-falsch-mit-meiner-position-der-geschlechterwelt-335765, abgerufen am 02.08.2021

23 Carsten Wippermann, Männer-Perspektiven. Auf dem Weg zu mehr Gleichstellung? Sozialwissenschaftliche Repräsentativbefragung der Bevölkerung, im Auftrag des Bundesministeriums für Familie, Senioren, Frauen und Jugend, Penzberg 2016, https://www.bmfsfj.de/resource/blob/115580/5a9685148523d2a4ef12258d060528cd/maenner-perspektiven-auf-dem-weg-zu-mehr-gleichstellung-data.pdf, abgerufen am 02.08.2021

24 Carsten Wippermann, Marc Calmbach, Katja Wippermann, Männer: Rolle vorwärts, Rolle rückwärts? Identitäten und Verhalten von traditionellen, modernen und postmodernen Männern. Sozialwissenschaftliche Studie gefördert vom Bundesfamilienministerium, Opladen 2009, Zusammenfassung der wichtigsten Ergebnisse: https://www.sinus-institut.de/fileadmin/user_data/sinus-institut/Dokumente/downloadcenter/Soziales_und_Umwelt/Handout_Maenner_Rolle_vorwaerts_-Rolle_rueckwaerts.pdf, abgerufen am 10.08.2021

25 Ebd., S. 9

26 Zahlen des Statistischen Bundesamtes, Vollzeit- und Teilzeitquote von erwerbstätigen Männern und Frauen mit minder-

jährigen Kindern im Haushalt im Jahr 2019, veröffentlicht 2020, https://de.statista.com/statistik/daten/studie/38796/umfrage/teilzeitquote-von-maennern-und-frauen-mit-kindern/#professional, abgerufen am 02.08.2021

27 Wippermann, Männer-Perspektiven, S. 13

28 Ebd.

29 Ebd., S. 14

30 Female Shift: Die Zukunft ist weiblich. Zusammenfassung der Megatrend Dokumentation 2012 des Zukunftsinstituts, https://www.zukunftsinstitut.de/artikel/die-zukunft-ist-weiblich-megatrend-female-shift/, abgerufen am 26.09.2021

31 Daniel Dettling, Frauen sind die Verlierer der Coronakrise – doch der Trend wird sich umkehren, Gastkommentar im Handelsblatt, 28.05.2020, https://www.handelsblatt.com/meinung/gastbeitraege/gastkommentar-frauen-sind-die-verlierer-der-coronakrise-doch-der-trend-wird-sich-umkehren/25869412.html, abgerufen am 26.09.2021

32 Familie in der Corona-Krise. Die Frauen verlieren ihre Würde, DIE ZEIT, 12.05.2020, https://www.zeit.de/zustimmung?url=https%3A%2F%2Fwww.zeit.de%2Fgesellschaft%2Fzeitgeschehen%2F2020-05%2Ffamilie-corona-krise-frauen-rollenverteilung-rueckentwicklung, abgerufen am 29.09.2021

33 Siehe dazu auch: Durchschnittsalter junger Menschen beim Verlassen des elterlichen Haushalts nach Geschlecht in der EU im Jahr 2020, https://de.statista.com/statistik/daten/studie/73631/umfrage/durchschnittliches-alter-beim-auszug-aus-dem-elternhaus/, abgerufen am 28.09.2021

34 Telefonat mit Dr. Daniel Dettling, geführt im Mai 2021.

35 Walter Hollstein, Ein Geschlecht in der Krise. Männer haben keine Zukunft, in: Frankfurter Allgemeine Zeitung, 29.03.2017: https://www.faz.net/aktuell/feuilleton/debatten/maenner-haben-keine-zukunft-14942443.html?printPagedArticle=true#pageIndex_2, abgerufen am 29.09.2021

36 Walter Hollstein, Die Angst der Männer vor der Weiblichkeit, in: Geschlechterdemokratie. Männer und Frauen: Besser miteinander leben. Wiesbaden 2004, S. 92–95.

37 Ebd., S. 92

38 Interessant ist in diesem Zusammenhang der relativ neue Ansatz der archäologischen Geschlechterforschung. Wir empfehlen den Aufsatz der Archäologin Katharina Rebay-Salisbury, Big Mamas? Mutterschaft und sozialer Status im eisenzeitlichen Mitteleuropa, in: Christin Kelle, Katja Winger (Hrsg.), Frauen an die Macht? Neue interdisziplinäre Ansätze zur Frauen- und Geschlechterforschung für die Eisenzeit Mitteleuropas, Bonn 2017, S. 57 ff, https://www.researchgate.net/publication/331284329_Rebay-Salisbury_K_2017_Big_Mamas_Mutterschaft_und_sozialer_Status_im_eisenzeitlichen_Mitteleuropa_in_C_Keller_and_K_Winger_eds_Frauen_an_der_Macht_Neue_interdisziplinare_Ansatze_zur_Frauen-_und_Geschl, abgerufen am 30.0.2021

39 Meg Wolitzer, Das weibliche Prinzip, Köln 2018

40 Nina May, Wie wurden Sie mit 14 Feministin, Meg Wolitzer, in: Göttinger Tagblatt, 13.10.2018, https://www.goettinger-tageblatt.de/Nachrichten/Kultur/Weltweit/Wie-wurden-Sie-mit-14-Feministin-Autorin-Meg-Wolitzer-im-Interview, abgerufen am 02.08.2021.

Kapitel 5

1 Rebecca Traister, Good and Mad. The Revolutionary Power of Women's Anger. New York 2018, S. xxiv

2 Johanna Schoener, Unverzichtbar, aber unsichtbar. In der Pandemie zeigt sich, wer das Land zusammenhält. Doch was ist uns die Familie wert?, in: DIE ZEIT, 21.01.2021, S. 29

3 Erwiesenermaßen zahlt sich vor allem die Investition in die Bildung und Ausbildung von Frauen aus.

4 Teresa Bücker, Nur Utopien sind realistisch – über eine feministische Zukunft, Vorlesung an der Universität Bonn am 5. Februar 2020, https://teresabuecker.de/2020/02/10/nur-utopien-sind-realistisch-ueber-eine-feministische-zukunft/, abgerufen am 20.12.2021

5 Ebd.
6 Felicitas Wilke: Ungerechter Lohn verschwindet nicht, wenn mehr Frauen programmieren. In: ZEIT Online, 25.07.2018: https://www.zeit.de/arbeit/2018-06/gehaltsunterschiede-frauenberufe-loehne-gender-pay-gap?, abgerufen am 20.12.2021
7 Ebd.
8 Anja Maier, Wir waren schon mal weiter, in: Süddeutsche Zeitung, 07.11.2019
9 Barbara Vorsamer, Geben und Nehmen, in: Süddeutsche Zeitung, 15.03.2019, https://www.sueddeutsche.de/leben/historie-geben-und-nehmen-1.4368787, abgerufen am 20.12.2021
10 Der Staat will in einem ersten Schritt Familien, Alleinerziehenden und Menschen, die Angehörige pflegen, einen Zuschuss von maximal 2000 Euro im Jahr geben, damit sie sich legale Hilfe im Haushalt leisten können, so Arbeitsminister Hubertus Heil (SPD) im Interview mit der B.Z. am Sonntag, 28.11.2021. Staat und Familie teilen sich in diesem Konzept die Kosten, 40 Prozent werden durch den Zuschuss abgedeckt, 60 Prozent müssen die Bürger selber leisten.
11 Daniela Lorenz, Haushaltsnahe Dienstleistungen. Zuschüsse von Arbeitgebern wirken sich positiv aus, in: Deutsche Handwerkszeitung, 14.11.2019, https://www.deutsche-handwerks-zeitung.de/haushaltsnahe-dienstleistungen-zuschuesse-von-arbeitgebern-wirken-sich-positiv-aus/150/3099/395214, abgerufen am 20.12.2021
12 Hier noch ein paar Details aus der Studie: Es wurde zum einen ein Modell mit steuerbegünstigten Arbeitgeberzuschüssen untersucht. Darin werden die Unternehmen als Förderer der Inanspruchnahme haushaltsnaher Dienstleistungen für ihre Mitarbeiter einbezogen. Der Staat beteiligt sich hier nur indirekt durch den Verzicht auf Einnahmen bei Steuern und Sozialabgaben. Im anderen Modell gibt es ausschließlich öffentliche Zuschüsse. So könnten auch Bevölkerungsgruppen mit besonderem Unterstützungsbedarf und niedrigen Einkommen erreicht werden. Um eine möglichst breite Nutzergruppe zu erreichen, schlagen die Expertinnen eine Kombination beider

Modelle vor. Allerdings bedürfe es noch weiterer flankierender Maßnahmen, um die vielfältigen Hemmnisse, die die Inanspruchnahme haushaltsnaher Dienstleistungen behindern, zu beheben. Aus unserer Sicht gehört dazu sicher auch eine kleine Kulturrevolution: Wir haben einfach keine entspannte Haltung dazu, uns für diese Aufgaben Hilfe und Unterstützung zu suchen. Zu sehr haftet ihm der Makel der Großbürgerlichkeit an. Wenn es allerdings selbstverständlicher wäre, für alle und aus allen Schichten, könnte dieser Makel über die Zeit vielleicht verschwinden. Es käme auf einen Versuch an!

13 Lorenz, Haushaltsnahe Dienstleistungen

14 Wir haben in Deutschland ziemlich rigide Regelungen, was das Renteneintrittsalter angeht. Damit gehen nicht nur extrem schlechte Verdienstmöglichkeiten einher, etwa für Frauen, die erst später im Leben etwa wegen einer Trennung wieder voll arbeiten müssen. Nein, sie tragen auch zu einer übermäßigen Altersdiskriminierung bei. In den USA sieht das ein bisschen anders aus: Dort wurde der verpflichtende Ruhestand bereits 1986 gesetzlich verboten. Sicher, das schafft neben Möglichkeiten auch mehr Druck. Führt aber immerhin zu mehr Flexibilität im Lebensverlauf und – wie gesagt – existenzsichernden Einkommenschancen, auch und vor allem für Frauen. Vgl. dazu auch das sehr lesenwerte Buch von Irene Götz (Hrsg.), Kein Ruhestand

15 Cinzia Arruzza, Tithi Bhattacharya, Nancy Fraser, Feminism for the 99 %. A Manifesto. London, New York 2019

16 Vgl. Torsten Riecke, Kann der Kapitalismus überleben?, in: Der Tagesspiegel, 05.12.2020, S. 20

17 Sahra Wagenknecht, Die Selbstgerechten. Mein Gegenprogramm – für Gemeinsinn und Zusammenhalt. Frankfurt am Main 2021, S. 249 f.

18 Garsoffky, Sembach, Die Alles ist möglich-Lüge, S. 211

19 Silvia Federici, Der Feminismus und die Politik der Commons, in: dies.: Aufstand aus der Küche, S. 101